Wilhelmine Goldmann

»Rote Banditen«

*mit einem Nachwort von Ferdinand Lacina*

Gefördert vom Zukunftsfonds der Republik Österreich
und der Arbeiterkammer Wien

HSF
INSTITUT FÜR HISTORISCHE SOZIALFORSCHUNG

AK WIEN

Bibliografische Information der Deutschen Bibliothek:
Die Deutsche Bibliothek verzeichnet diese Publikation
in der Deutschen Nationalbibliografie.
Detaillierte bibliografische Daten sind im Internet über
http://dnb.ddb.de abrufbar.


Coverfoto: Verein für Geschichte der ArbeiterInnenbewegung
Druck: CPI – Clausen & Bosse, Leck
Printed in Germany
ISBN: 978-3-85371-523-9

Promedia Verlag
E-Mail: promedia@mediashop.at
Web: www.mediashop.at
www.verlag-promedia.de

Wilhelmine Goldmann

# „ROTE BANDITEN“

## Geschichte einer sozialdemokratischen Familie

PROMEDIA

## Über die Autorin

*Wilhelmine Goldmann,* geboren 1948 in Traisen/Niederösterreich, Studium an der Hochschule für Welthandel, Ausbildung zur Diplomkauffrau. Nach 20 Jahren Tätigkeit in der Arbeiterkammer Wien wirkte sie 16 Jahre lang als Managerin in Führungspositionen der Österreichischen Industrieholding Aktiengesellschaft (ÖIAG), beim Postbus und in der ÖBB Personenverkehr AG. Danach war sie Aufsichtsrätin in verschiedenen Unternehmen, Kuratoriumsvorsitzende der Salzburger Festspiele und Universitätsrätin an der Kunstuniversität Graz. Sie lebt in Wien.

*Für Agnes, Bruno, Lilly, Hannah, Laura und Fabio*

# Inhalt

## ERSTER TEIL: MEINE ELTERN – HERKUNFT, ILLUSIONEN UND DAS JAHR 1934

## ZWEITER TEIL: DIE ZWEITE REPUBLIK – LAST DER VERGANGENHEIT UND BEFREIUNG

# ERSTER TEIL:

# MEINE ELTERN – HERKUNFT, ILLUSIONEN UND DAS JAHR 1934

# 1. »Rote Banditen« oder Falltür in die Vergangenheit

Es war Ende der 1980er-Jahre in Israel. Ich war damals Vizepräsidentin des Forschungsförderungsfonds für die gewerbliche Wirtschaft und Teil einer Delegation, die die erfolgreiche Forschungspolitik des Landes studierte. Untertags besichtigten wir israelische Forschungseinrichtungen und diskutierten anschließend unsere Eindrücke. Nach einem Abendessen im Hotel in der Jerusalemer Altstadt unterhielten wir uns in entspannter Atmosphäre auch über andere Themen. Wir sprachen über Politik und bestimmte Bücher. Die Stimmung war freundlich, »sozialpartnerschaftlich«, bis die Rede auf Norbert Lesers Buch *»Zwischen Reformismus und Bolschewismus«* kam, das 1968 erschienen war. An Lesers Einschätzung der Rolle der Sozialdemokratie in der Zwischenkriegszeit und an der Rolle Otto Bauers entzündete sich eine immer emotionaler werdende Diskussion.

»Rote Banditen!«, entfuhr es plötzlich einem älteren Herrn, den ich bis dahin als freundlichen Mitreisenden wahrgenommen hatte. Es war der Präsident meines Fonds, ein Funktionär der Industriellenvereinigung. Ich glaubte zunächst, mich verhört zu haben. Hatte er wirklich »rote Banditen« gesagt? Ich war fassungslos. Ich dachte sofort an meine sozialdemokratischen Eltern, aufrechte, überzeugte Demokraten – die sollen also Banditen, Verbrecher gewesen sein? Das war ein Schlag in die Magengrube. Was erlaubte sich dieser Kerl?! Einen Augenblick rang ich nach Luft, wäre gern auf den kleinen, alten Mann losgegangen. Aber ich war wie gelähmt und brachte kein Wort heraus. Ich stand auf und ging auf mein Zimmer. Dort heulte ich hemmungslos und schlug mit der Faust in blinder Wut auf mein Bett.

Die Wucht der Emotionen, die da plötzlich über mich hereinbrachen, überraschte, ja erschreckte mich, ich hatte dafür keine Erklärung. Was war los mit mir? Wieso regte mich der alte Herr so auf? Warum zitterte ich vor Wut? Und gegen wen richtete sich diese Wut eigentlich? Auf die Feinde meines Vaters und meiner Mutter? Was haben ihre Gefühle und ihre Geschichte mit mir zu tun? Und warum ging mir das so nahe, dass ich mich an diesem Abend so hilflos, fast ohnmächtig fühlte?

Heute frage ich mich, ob es die gleiche Wut war, die meine Eltern damals gegenüber der Heimwehr und den Christlichsozialen empfunden haben müssen. Sie hatten 1934 für die Demokratie gekämpft und dabei alles verloren: Die christlichsoziale Diktatur ermordete ihre Freunde und nahm ihnen Freiheit, Wohnung und Arbeit.

Zum ersten Mal wurde mir bewusst, wie sehr ich mich mit meinen Eltern und deren politischer Geschichte identifizierte. Die war fünfzig Jahre lang eher verdrängt worden, aber nun hatte sich eine Falltür in die Vergangenheit geöffnet. Ja, die Dreißigerjahre hatten offenbar auch etwas mit mir zu tun, aber mir war noch nicht klar, was genau.

Damals lebte mein Vater noch. Er hatte nie über seine persönlichen Erlebnisse in der Bürgerkriegszeit gesprochen. Und ich hatte ihn nie gefragt. Nun, als ich anfing, über all das nachzudenken, tauchte ein wenige Jahre zurückliegendes Ereignis in meiner Erinnerung auf, das ich scheinbar schon vergessen hatte, weil es mir unbedeutend, vielleicht sogar ein wenig peinlich erschienen war – dabei hatte sich mein Vater darauf wie auf kaum etwas anderes vorbereitet: Es war die Gedenkfeier zum 50. Jahrestag der Februarereignisse in Traisen.

## 2. Mein Vater, der Schutzbündler

Der 12. Februar 1984 war ein Sonntag, ein kalter, grauer Tag. Es war genau eine Woche nach dem Begräbnis meiner Mutter. Ich kam nun öfter an den Wochenenden mit meiner Familie nach Traisen. In dem kleinen Industrieort südlich von St. Pölten hatte ich meine Kindheit verbracht. Bis heute ist der Ort nicht nur mit wichtigen Erinnerungen verbunden, die Bedeutung meiner sozialen Herkunft, meiner späteren Entwicklung – und indirekt auch die meiner Kinder – ist untrennbar mit ihm verknüpft. Das wurde mir vielleicht erst damals, an diesem Februarsonntag, so richtig bewusst.

Nach dem Mittagessen begann mein Vater nervös im Haus herumzulaufen. Er zog Anzug und Krawatte an und suchte einige Zettel auf seinem Schreibtisch zusammen. Auf meine Frage nach seinem Vorhaben antwortete er knapp wie immer: »Ich muss ins Volksheim, zur 12.-Februar-Veranstaltung.« Da kam mir der Gedanke, ihn zu begleiten. »Ich würde gern mitkommen«, sagte ich. Er zuckte mit den Schultern und nickte. Er war verwundert und vielleicht auch ein wenig erfreut über mein plötzliches Interesse.

Ich wusste, dass er 1934 Parteiobmann der SDAP[1]-Ortsorganisation Traisen gewesen war, dass er den örtlichen Schutzbund mitbegründet hatte, und wie viele seiner Genossen war er damals bereit, Freiheit und Demokratie gegen die austrofaschistische Diktatur zu verteidigen. Es war selbstverständlich, dass er bei der Gedenkfeier zum 50. Jahrestag der Februarkämpfe das Wort ergreifen würde. Schließlich war er einer der wenigen noch lebenden Zeitzeugen. Fast jeder im Ort kannte ihn, er war hier jahrelang Bürgermeister gewesen, und er hatte Bücher zur Geschichte der Arbeiterbewegung im Traisental geschrieben.

Ich begleitete meinen Vater mit zwiespältigen Gefühlen: Einerseits war ich stolz, die Tochter eines Februarkämpfers zu sein, und freute mich auf die Veranstaltung, andererseits bangte ich um die Konstitution meines Vaters. Er war sechsundachtzig und nicht mehr gut auf den Beinen, und er hatte eben erst seine Frau verloren, die er über alles geliebt hatte.

Ich hängte mich bei ihm ein und spürte seine Aufregung. Wir gingen schweigend und vorsichtig durch matschige Straßen, wichen mehr oder weniger geschickt den Pfützen aus, die der schmelzende Schnee hinterlassen hatte. Viel zu früh kamen wir beim Volksheim an, wie immer, wenn mein Vater einen Termin wahrnahm. Aber wir waren nicht die Ersten. Der nunmehrige Bürgermeister, sein politischer Ziehsohn, Honoratioren der Partei und einige ältere Weggefährten meines Vaters waren auch schon da. Sie empfingen uns geradezu ehrerbietig, und ich war in diesem Augenblick sehr stolz auf meinen Vater, der sichtlich bewegt das Volksheim betrat.

Sein Volksheim! Wie sehr hatte er darum gekämpft, dass es 1961 endlich errichtet werden konnte. Als Parteiobmann und Bürgermeister war ihm für seine Gemeinde nicht nur ein großer Veranstaltungs- und Versammlungsraum wichtig, auch eine Bibliothek und einen Lesesaal musste das Volksheim beherbergen. Immer schon war ihm die Bildung der Parteigenossen und -genossinnen ein großes Anliegen gewesen. Schon in den Zwanziger- und Dreißigerjahren hatte er Spenden für die Errichtung eines Arbeiterbildungsheimes gesammelt und dann diese damals beträchtliche Summe von 5000 Schilling im Jahr 1938 an die Nazis abliefern müssen. Bis er seinen Traum von einem Volks- und Bildungsheim für die Traisener Arbeiterschaft verwirklichen konnte, musste er noch lange warten, und eigentlich war es dafür 1961 schon zu spät, denn die Bibliothek im Volksheim, in der man die wichtigsten Tageszeitungen lesen konnte, wurde mangels Nachfrage bald wieder geschlossen – das Fernsehen hatte die »Bildung« der Arbeiterklasse übernommen. Vom Bildungsanspruch meines Vaters blieb in Traisen nur ein großer, bis heute vielseitig verwendbarer Veranstaltungsraum.

Vater nahm mit seinen Genossen in der ersten Reihe Platz, ich setzte mich in eine der hinteren Reihen und folgte den üblichen Begrüßungsansprachen. Dann wurde mein Vater aufs Podium begleitet und begann zu sprechen.

Er war nervös. Seine Stimme war anfangs leise, seine Aussprache undeutlich. Mein Vater Franz Lettner, der bei seinen Auftritten immer Souveränität und Routine ausgestrahlt hatte, stand verloren auf dem Podium. Jetzt erst fiel mir auf, wie klein seine Gestalt wirkte, wie der zu groß gewordene Anzug an ihm herunterhing. Dieser Anzug war mir seit meiner Jugend vertraut: aus grün-braun-kariertem Stoff und mit einem Schnitt, der längst aus der Mode war. Mein Vater hatte nie Wert auf seine äußere Erscheinung gelegt, sehr zum Leidwesen meiner stets elegant gekleideten Mutter.

Nach einigen Sätzen schien er sich zu fangen. Er sprach über das Elend der Arbeitslosen in den Zwanziger- und Dreißigerjahren in Traisen und im Bezirk Lilienfeld. Über die Provokationen der Heimwehr und des austrofaschistischen Staates, der die Meinungs-, Presse- und Versammlungsfreiheit immer weiter eingeschränkt und die Sozialdemokraten verfolgt hatte. Deshalb seien er und seine Genossen entschlossen gewesen, gegen die Diktatur zu kämpfen und die Republik zu verteidigen. Notfalls mit Waffengewalt. Aber die Sache ging nicht gut aus. Zwar war es in Traisen zu keinen Kampfhandlungen gekommen, dennoch wurden alle Schutzbündler und viele Vertrauensleute verhaftet.

Vater erzählte von der Schießerei in Rohrbach an der Gölsen. Dort hatte die Heimwehr die Wohnung des sozialdemokratischen Parteiobmanns Hois gestürmt. Es war zum Schusswechsel gekommen, dem der Heimwehrobmann Lintner zum Opfer fiel, der Schutzbündler Rauchenberger hatte ihn, möglicherweise in Notwehr, erschossen. Daraufhin ergaben sich die Schutzbündler. Sie wurden von der Heimwehr und den Sturmscharen mit Ochsenziemern und Gewehrkolben traktiert und arg zugerichtet. Hois und Rauchenberger wurden schließlich vom Standgericht in St. Pölten zum Tod verurteilt und hingerichtet.

Bis dahin war Vaters Stimme einigermaßen fest und sachlich geblieben. Dann erzählte er vom Gefängnis und jener Nacht des 15. Februar 1934, die er in derselben Zelle wie der zum Tod verurteilte Viktor Rauchenberger verbracht hatte, und seine Stimme wurde immer zittriger. Er schilderte die letzten Stunden im Leben Rauchenbergers. Die ganze Nacht lang hatte sich mein Vater flüsternd mit ihm unterhalten, und obwohl das nun fünfzig Jahre her war, schien die Situation meinem Vater wieder ganz nah. Er stockte, und dann versagte ihm seine Stimme langsam den Dienst. Als er die Worte des 26-jährigen Rauchenberger zitierte – *»Vergesst uns nicht, damit wir nicht umsonst gestorben sind«* –, liefen ihm die Tränen über sein Gesicht. Er brachte gerade noch den Satz *»Und wir haben euch nicht vergessen«* hervor, als ihn die Rührung endgültig am Weitersprechen hinderte. Rasch war der Bürgermeister aufgesprungen und geleitete ihn vom Podium zu seinem Sitz in der ersten Reihe. Im Saal herrschte betretene Stille.

Wie hätte ich wohl reagiert, wenn ich neben meinem Vater gesessen hätte? Ich war unangenehm berührt, ja, einigermaßen verwirrt. Ich hatte meinen Vater noch nie so emotional erlebt. Es war nicht bloß die Schwäche eines alten Mannes, der gerade Witwer geworden war, ich spürte, da ging es um mehr. Natürlich kannte ich die Geschichte von der Hinrichtung

Hois' und Rauchenbergers. Vater hatte darüber in einem seiner Bücher geschrieben. Aber dort war es ein sachlicher Bericht. Auch über sich selbst hatte er völlig distanziert, in der dritten Person, fast unnahbar geschrieben. Nie hatte er zu Hause über diese Geschehnisse gesprochen. Und jetzt dieser starke Gefühlsausbruch, der mich unvorbereitet traf.

Er hätte nicht kommen sollen, dachte ich. Sentimentalität war hier fehl am Platz. Aus dem tapferen Februarkämpfer und reformbewegten Bürgermeister von einst war ein alter Mann geworden, den die Rührung übermannte, wenn er an seine ermordeten Kameraden dachte, und natürlich auch an seine erst kürzlich verstorbene Frau. Nein, er hätte nicht reden sollen, nicht so kurz nach dem Begräbnis meiner Mutter, das hatte alles wieder aufgewühlt. Hätte ich ihn warnen, hätte ich ihn nicht besser zurückhalten sollen? In diesem Augenblick schämte ich mich für ihn.

Aber es geschah noch etwas anderes. Ich blickte in die Gesichter der anwesenden sozialdemokratischen Funktionäre. Ihnen waren die dramatischen Ereignisse des Februar 1934 fern. Für sie war diese Gedenkfeier nicht mehr als eine parteipolitische Pflichtübung, und einige schienen sich zu fragen: Was geht mich der Februar 1934 an? So wie ich waren sie in einer völlig anderen Zeit sozialisiert worden. Niemand verfolgte uns, die Sozialdemokratische Partei war weder verboten noch unterdrückt, sondern trug als gleichwertige Partnerin Regierungsverantwortung, stellte Minister und Staatssekretäre (in unserer Jugend tatsächlich nur Männer!). Die Zeit nach dem Zweiten Weltkrieg war in vieler Hinsicht nicht vergleichbar mit der nach dem Ende des Ersten Weltkriegs. Die Staatsform der Republik war nach 1945 unumstritten, niemand hatte Zweifel an der Lebensfähigkeit Österreichs, kein tiefer Graben ging durch die Gesellschaft, der jederzeit zu einem offenen Konflikt werden konnte. In den Jahrzehnten nach 1945 waren wir sogar eine Wohlstandsgesellschaft geworden. Warum saßen wir eigentlich hier?

Dieser Gedanke war natürlich dumm, so wie es unpassend von mir war, mich für meinen Vater zu schämen. Was wusste ich schon über den 12. Februar 1934? Wie konnte ich überhaupt beurteilen, was die damaligen Sozialdemokraten gedacht und ertragen haben? Ich konnte an diesem

Gedenktag nur eines erahnen: Die Hinrichtungen der Genossen aus Rohrbach, die mein Vater aus nächster Nähe mitbekommen hatte, waren für ihn ein traumatisches Erlebnis. Er hatte das nie überwunden.

Vielleicht hätten wir zu Hause darüber reden, vielleicht hätte ich ihn fragen sollen, viel früher schon. Ich brauchte jedenfalls viele Jahre, um das alles zu verstehen.

# 3. Der 12. Februar 1934: Kampf und Niederlage

Den ganzen Tag über waren Gerüchte nach Traisen gelangt. In Wien und Linz würde gekämpft. Niemand wusste etwas Genaues. Alle Versuche, über die Schutzbundorganisation Näheres zu erfahren, das einen Hinweis geben konnte, wie man sich im Ernstfall verhalten solle, schlugen fehl. Die Kommunikationskette war nicht mehr intakt, nachdem die Behörden in den vorangegangenen Wochen viele Schutzbundkommandanten verhaftet hatten. Es war ihnen gelungen, die bereits ohnehin schwache Organisation mehr oder weniger außer Gefecht zu setzen.

So waren die Traisener Genossen am 12. Februar auf sich gestellt. Im Vorfeld hatte es zwar immer wieder Kontakt zu einzelnen Wiener Genossen, insbesondere zu Rosa Jochmann und Franz Rauscher, gegeben, aber es gab keine Pläne für ein koordiniertes Vorgehen. Rauscher hatte den Traisener Genossen eingebläut, unbedingt zu kämpfen und die Wiener nicht im Stich zu lassen. Das Schicksal des Roten Wien hinge auch von ihrem Kampfesmut ab. Aber wie sollte das ablaufen und was wäre der Preis des Kampfes? Die Drohungen Rauschers machten meiner Mutter Angst, wie sie wenig später einem Arzt anvertraute.[2]

Am Abend des 12. Februar berief mein Vater einen Krisenrat ein. Als Parteiobmann bat er die Schutzbundkommandanten und seine engsten Vertrauten zu sich in die Wohnung. Hier, im ersten Gemeindebau Traisens, um 1930 im Stil der Wiener Gemeindebauten errichtet, hatten schon viele

Treffen der sozialdemokratischen Freunde meiner Eltern stattgefunden, fröhliche und ernste: Es wurde gelacht und gesungen, man traf sich zum Kartenspielen, und natürlich wurde, mitunter heftig, politisch diskutiert.

An jenem Abend war die Stimmung überaus angespannt. Auf der Küchenbank drängten sich die Genossen. Jedem war der Ernst der politischen Lage klar, wobei man kaum brauchbare Informationen hatte. Am wenigsten machte man sich darüber Sorgen, dass hier ein »illegales« Treffen stattfand: Der Schutzbund war im März des Vorjahres von der Regierung verboten worden,[3] aber das war nun zweitrangig. Es war zu Hausdurchsuchungen gekommen, Waffen wurden beschlagnahmt. Männer wie mein Vater standen unter ständiger Beobachtung der Behörden. Pistolen oder Gewehre hätten sich freilich in der kleinen Wohnung im Gemeindebau nicht finden lassen.

Der wichtigste Mann an diesem Abend, Kommandant Schönleitner, fehlte. Von den Schutzbundobmännern waren lediglich zwei Stellvertreter erschienen. Die wichtigste Frage, die alle bewegte: Würde der Generalstreik stattfinden oder nicht? Von ihm hing ab, ob es zum Kampf kommen würde. Entscheidend war das Verhalten der Eisenbahner. Wenn sie streikten, dann würde der Frühzug am nächsten Morgen nicht fahren. Das wäre das Signal für die Traisener Genossen, sich zu bewaffnen und Rathaus und Kinderfreundeheim gegen allfällige Angriffe zu verteidigen. Als sozialdemokratische Hochburg musste die Gemeinde befürchten, dass Einheiten der Heimwehr und der militanten niederösterreichischen Sturmscharen den Konflikt suchen würden. Aber wie genau sollte man sich wehren, wie weit dabei gehen? Es war schon 22 Uhr, und der Schutzbundkommandant war noch immer nicht erschienen, obwohl er von dem geheimen Treffen wusste.

Meine Mutter machte sich erbötig, Schönleitner zu holen. Er wohnte genau gegenüber. Allerdings musste sie einen großen, leeren Platz überqueren und durfte dabei nicht den Gendarmen in die Hände laufen. Sie meinte, eine Frau würde weniger Verdacht erregen, hatte sie doch schon früher in ihrer Einkaufstasche Handgranaten für die Schutzbündler transportiert und war nie entdeckt worden. Sie ging also zur Wohnung des

Schutzbundkommandanten und klopfte ihn heraus. Er war schon zu Bett gegangen, versprach jedoch, gleich zu kommen. Die Genossen warteten, aber Schönleitner tauchte nicht auf. Meine Mutter machte später in ihren Erzählungen kein Hehl aus ihrer Verachtung für ihn. Für Feigheit hatte sie nichts übrig.[4]

Es musste also ohne den Kommandanten eine Entscheidung getroffen werden. Die Genossen waren sich einig, noch in der Nacht daranzugehen, die Waffen zu verteilen und sich längs der Straße zu postieren. Willert, einer der beiden Schutzbund-Stellvertreter, erklärte sich bereit, Schönleitner zu vertreten und das Kommando zu übernehmen. Alles Weitere machte man davon abhängig, ob der Frühzug fahren würde oder nicht. Es sollte nur im Angriffsfall gekämpft, unnötiges Blutvergießen auf alle Fälle vermieden werden.

Um etwa drei Uhr früh lief Franz Bruckner, der beste Freund meines Vaters, von Wohnung zu Wohnung, weckte die Genossen und beorderte sie zum vereinbarten Sammelplatz. An die achtzig Mann kamen zum alten Walzwerk der Lenz'schen Fabrik, wo die Waffen versteckt waren. Sie stammten noch von den abgerüsteten Soldaten der Volkswehr, bei der auch mein Vater ein Jahr Dienst getan hatte. Jahrelang waren sie von den Uskowicz-Brüdern instand gehalten worden. Einer der beiden Brüder verteilte die Waffen, der junge Franz Sattler gab die Patronen aus.

Nun ging es um die Organisation der Aktivitäten. Mein Vater und Willert teilten die Männer in Gruppen ein und schickten sie an verschiedene strategisch wichtige Stellen. Manche sollten auch als Kuriere zwischen den Gruppen fungieren. Da man im Traisental einen Angriff der steirischen Heimwehr von Süden her befürchtete, standen sie in ständiger Verbindung mit den Schutzbündlern in St. Ägyd, einer, wie es hieß, starken Gruppe.[5] Die größte Abordnung – mit Willert und meinem Vater – kletterte den Abhang zum Reisenberg, gegenüber der Fabrik, hinauf. Dort bezogen die Männer mit ihren Waffen Stellung.

Es war eisig kalt, der Schnee lag kniehoch. Franz Sattler, ein enger Freund meines Vaters, hat mir später als alter Mann anschaulich die Szene geschildert, wie sie damals auf dem Reisenberg auf das Zeichen warteten:

Es war vereinbart, dass Hubert Traxler (er wechselte später die Seiten und ging zu den Nazis) die Bahnstrecke überwachen und sofort melden sollte, ob der Frühzug fährt. Als Traxler um 6 Uhr 15 durchgab, der Frühzug habe soeben die Station passiert, war die Sache entschieden: Kein Eisenbahnerstreik. Sie wussten, es wäre sinnlos zu kämpfen. Die Enttäuschung über die Eisenbahner, die die Arbeiterschaft im Stich gelassen hatten, war groß. Willert und mein Vater gaben den Befehl, die Waffen sofort wegzuwerfen und nach Hause zu gehen. Der Aufstand war schon im Vorfeld gescheitert.

Franz Sattler erzählte mir später, dass sich unter den Schutzbündlern auch ein Wilderer namens Toni Bloder befunden hatte, der es nicht übers Herz brachte, sein mit Einlegearbeiten verziertes Gewehr im Schnee zu vergraben. Er kletterte auf einen Baum und hängte den Stutzen an einen Ast. Doch bei der Suche nach Waffen in den nächsten Tagen entdeckte ein Gendarm das Gewehr, das er stolz seinen Freunden zeigte. Das Gewehr eines Wilderers und Schutzbündlers wurde als Trophäe präsentiert.[6]

Wenige Stunden später, noch am Vormittag, rückte das Bundesheer in Traisen ein, und die Gendarmerie verhaftete alle Schutzbündler, derer sie habhaft werden konnte. Auch etliche »Heimwehrler« waren bereits im Ort und unterstützten die Exekutive. Mein Vater und Fritz Tauber wurden am Nachmittag auf der Straße festgenommen und auf den Gendarmerieposten gebracht. Anschließend kamen sie nach Lilienfeld in den Gemeindekotter, wo bereits »Sturmschärler« auf sie warteten. Die Ostmärkischen Sturmscharen waren 1930 unter führender Mitwirkung Kurt Schuschniggs gegründet worden. Sie waren katholisch ausgerichtet, nicht so radikal wie die Heimwehren, aber in Niederösterreich unterschieden sie sich in ihrer Skrupellosigkeit wenig von den Heimwehrmännern.[7] Die Gefängniszellen befanden sich im Keller, und auf beiden Seiten des Abgangs dorthin hatten sie sich postiert. Sie begannen nun, die beiden Gefangenen mit Fausthieben und Fußtritten zu traktieren. Das war ihr Begrüßungsritual. Erst als der Bezirkshauptmann erschien, wurden die Misshandlungen eingestellt.

Mein Vater und Tauber wurden in getrennten Zellen untergebracht. Sie mussten auf dem nackten Boden schlafen. In der Nacht kamen zwei Gendarmen in die Zelle meines Vaters, einer beschimpfte und ohrfeigte ihn. Am nächsten Morgen um acht Uhr früh wurden sie gefesselt und von zwei Gendarmen in einem Auto ins Kreisgericht nach St. Pölten gebracht. Insgesamt wurden am 14., 15. und 16. Februar 24 Schutzbündler aus Traisen verhaftet und ins Kreisgericht eingeliefert,[8] unter ihnen auch Bruckner, Kettler und die Sattler-Brüder Gustl, Sepp und Franz. »Besonders brutal gingen sie gegen Franz Lettner vor«, berichtete Konrad Kettler nach dem Krieg.[9]

Ein großer Teil der aufgebotenen Schutzbündler konnte jedoch nicht gefasst werden. Die Behörden verkündeten eine allgemeine Amnestie und sicherten Straffreiheit zu, wenn die Waffen abgeliefert würden. Dies wurde auch befolgt: Die eingemauerten Handgranaten und das Maschinengewehr samt Munition, das der Schutzbund Traisen besaß, wurden der Gendarmerie übergeben.[10]

Die Heimwehr beschlagnahmte das Vermögen der sozialdemokratischen Partei und der ihr nahestehenden Organisationen (Kinderfreunde, Radfahrerorganisation, Gesangsverein und Naturfreunde). Protokolle, Sparbücher, sogar Musiknoten und Bücher wurden mitgenommen. Die Partei und die Kinderfreunde hatten eine für die damalige Zeit reichhaltige Bibliothek, denn Franz Lettner war, wie schon erwähnt, um Bildung sehr bemüht. Viele Bücher wurden gestohlen, ein großer Teil vor dem Kinderheim verbrannt.[11] »Bücherverbrennungen sind ein typisches Kennzeichen für jeden Faschismus«, schrieb mein Vater später.[12]

Die verhafteten Schutzbündler wurden im Kreisgericht eingehend verhört. Von wenigen Ausnahmen abgesehen waren die meisten bemüht, Lettner und Willert nicht zu belasten. Trotzdem wurde gegen beide Anklage wegen Hochverrats erhoben. Die übrigen Schutzbündler wurden nach einigen Monaten entlassen. Sie verloren ihren Arbeitsplatz. Einige mussten ihre Gemeindewohnungen räumen, darunter auch meine Mutter Wilhelmine Lettner, die von einem Tag auf den anderen nicht mehr wusste, wie es weitergehen sollte. Wo sollte sie nun unterkommen? Und vor allem: Würde sie ihren Mann noch einmal wiedersehen?

Einer der Verhafteten, August Sattler, beschrieb später in seinen Erinnerungen, wie er in der entscheidenden Nacht, nachdem sie die Waffen entsorgt hatten, nach Hause gegangen war, verzweifelt und desillusioniert. In der Nacht habe er begriffen, »dass jetzt irgendwas zerbrochen war, im persönlichen Leben sowie im Staate«.[13]

Für meine Mutter war es der schmerzlichste Einschnitt in ihrem damaligen Leben. Sie war seit 1931 mit meinem Vater verheiratet, und sie hatte bisher alles mit ihm geteilt, auch die politische Arbeit. Beide waren, unabhängig voneinander, schon früh überzeugt gewesen, dass die Sozialdemokratie der einzig richtige Weg sei. Daran hielten sie in den bittersten Stunden erst recht fest. Ihr Leben hatte sich in diese Richtung entwickelt, hatte ihr Denken, ihren Alltag und auch meine Geschichte bestimmt.

## 4. Der Metallarbeiterstreik in Traisen

Als mein Vater siebzig war, legte er sein Bürgermeisteramt zurück und begann ein Buch über die Arbeiterbewegung im Traisental zu schreiben. Das war 1968. Seit den Februarereignissen waren über drei Jahrzehnte vergangen. Mit der Arbeiterbewegung war mein Vater von früh an eng verbunden gewesen, und es war ihm ein Anliegen, die Geschichte der Arbeiterschaft und ihren Kampf um gerechte Behandlung schriftlich festzuhalten. Als Autodidakt tat er sich beim Formulieren etwas schwer und zog von Zeit zu Zeit meine Schwester, die Germanistik studiert hatte, zu Rate. Ihm war wichtig, die Dinge nüchtern und geradlinig darzustellen, besonders jene Ereignisse, die er selbst erlebt und die ihn persönlich berührt hatten.

Eines Tages alarmierte er aufgeregt meine Mutter und meine Schwester: Bei seinen Recherchen über den Metallarbeiterstreik bei der Firma Lenz im Jahr 1905 war er auf eine Notiz in einer lokalen Zeitung gestoßen, die über die gewaltsame Sprengung einer Streikversammlung durch einen gewissen Karl Reiter berichtete. Karl Reiter war der Vater meiner Mutter. Mein Vater war schockiert – er, der sozialistische Vollblutpolitiker, war also mit der Tochter eines Streikbrechers verheiratet! Halb belustigt, halb vorwurfsvoll konfrontierte er seine Frau mit dieser Tatsache. In Bezug auf ihre Familie verstand meine Mutter aber keinen Spaß. »Erstens war das lange vor meiner Geburt«, erwiderte sie patzig, »außerdem ist er mein Vater, und zu ihm halte ich, basta!«[14]

Mein Großvater Karl Reiter war – nach den Worten meiner Mutter – »groß und stark, ein Kasten von einem Mann und blond«.[15] Er arbeitete als Gießer in der Metallfabrik Lenz in Traisen. Noch bis weit in die Sechzigerjahre des 20. Jahrhunderts waren die Arbeitsbedingungen für Gießer äußerst hart: In einer stickigen, rauchigen Halle gossen sie bei größter Hitze und unvorstellbarem Lärm glühend heißes, brodelndes Eisen in einen riesigen Topf, und das ohne Schutzvorrichtung unter gefährlichem Funkensprühen. Sie arbeiteten im Schichtbetrieb rund um die Uhr, kein Tageslicht drang je in die finstere Halle.

So war es auch in der Metallgießerei in Traisen gewesen. Die Weicheisen- und Stahlgießerei von Berthold Fischer, dem Erfinder des Temperguss-Verfahrens, hatte 1894 einen neuen Besitzer bekommen. Der Wiener Munitionsfabrikant Alfred von Lenz – er war zugleich Politiker und saß als Vertreter der Deutschliberalen jahrelang im niederösterreichischen Landtag und im Reichsrat – hatte das Werk mit seinen Söhnen Alfred, Guido und Edgar erworben. Nach seinem Tod bauten Alfred und Guido das Werk aus und stellten die Produktion auf Patronenhülsen um.[16]

Es war Schwerarbeit, die in den Werkshallen verrichtet wurde, und sie wurde schlecht entlohnt. Ein Arbeitstag dauerte damals elf Stunden. Der einzige freie Tag war der Sonntag, doch häufig wurden in den Fabriken die gesetzlichen Regelungen missachtet. Seit der 1.-Mai-Feier 1890 forderten die Sozialdemokraten eine Acht-Stunden-Woche, immer wieder demonstrierten sie für Erleichterungen, die die Arbeitgeber aber nicht zugestehen wollten. Kann man das überhaupt aushalten, habe ich mich später oft gefragt, jeden Tag, auch samstags, elf Stunden lang mit glühendem Eisen zu hantieren?

Mein Großvater muss wirklich sehr stark gewesen sein, wenn er tatsächlich einen vollen Wirtshaussaal allein räumen konnte. In ihren Erinnerungen schreibt meine Mutter, dass er »Krowodn« (kroatische Arbeiter) aus dem Werksgasthaus, der »Trakterie«, vertrieben haben soll. Die Kroaten wurden damals von der Firmenleitung als Streikbrecher eingesetzt. Wenn Karl Reiter jedoch das Gasthaus von Kroaten gesäubert hatte, dann hat er Streikbrecher hinausgeworfen und nicht eine Streikversammlung gesprengt. Ob es tatsächlich so war, lässt sich nicht bestätigen. Sicher ist nur, dass er nach Ende des Arbeitskampfes nicht wie alle Streikenden gekündigt wurde, sondern weiterhin beschäftigt blieb.

Über den mehrere Wochen dauernden Metallarbeiterstreik in Traisen berichtete regelmäßig die *Volkstribüne*, das offizielle Organ der Sozialdemokraten in Niederösterreich und Wien.[17] In den Berichten ist nur einmal von einer Streikversammlung im Gasthaus Brem die Rede, die gewaltsam gesprengt wurde. Mein Großvater wird dabei mit keinem Wort erwähnt. Eine andere Quelle konnte ich nicht finden.

Bei dem elterlichen Zwist war ich zwanzig Jahre alt und interessierte mich wenig für das Buchprojekt meines Vaters. Gefühlsmäßig war ich eher auf der Seite meiner Mutter und ihres starken Vaters, der mich beeindruckte und dem ich mich immer schon sehr zugehörig fühlte, obwohl ich ihn nur aus Mutters Erzählungen kannte. Ich fühlte mich ihm ähnlich, war ich doch schon als Kind sehr stark und auch kampflustig und in meiner Wildheit eher wie ein Bub.

Der erbitterte Arbeitskampf in der Fabrik von Alfred Lenz dauerte fast den ganzen Sommer des Jahres 1905. Vom 30. Juni bis 22. August streikten fast 400 Schlosser, Dreher, Hilfsarbeiter und Hilfsarbeiterinnen. Sie forderten eine wöchentliche Lohnauszahlung, statt monatlich ihr Geld zu bekommen, verlangten Mindestlöhne und die Anerkennung der gewerkschaftlichen Organisation. Unterstützt wurden sie dabei von der Metallarbeitergewerkschaft unter der Führung von Franz Domes und durch den sozialdemokratischen Reichsratsabgeordneten und Arbeiterführer Franz Schuhmeier.[18]

Alfred von Lenz, der gemeinsam mit seinem Bruder Guido die Fabrik leitete, reagierte mit beispielloser Härte und Brutalität: Nicht nur, dass er die »Krowodn« mit der Eisenbahn nach Traisen kommen ließ, um sie als Streikbrecher einzusetzen, ließ er sie auch bewaffnen und die Streikenden

»niederknütteln«. Zudem sorgte er auch noch dafür, dass seine um bessere Arbeitsbedingungen und Löhne kämpfenden Arbeiter von der Gendarmerie schikaniert wurden.[19] Lenz wurde drei Jahre später zum Bürgermeister von Traisen gewählt und nach seinem Ausscheiden aus dem Amt im Jahr 1917 sogar mit der Ehrenbürgerwürde der Gemeinde bedacht.[20]

Der Metallerstreik von Traisen und die unerbittliche Haltung des Fabrikbesitzers gingen sogar in die Literatur ein: »So ein Fall ist mir bekannt. Beim Lenz in Traisen«, heißt es in einer Szene der *Letzten Tage der Menschheit.* Dort lässt Karl Kraus einen nicht minder arbeiterfeindlichen Fabrikanten sagen: »wenn diese Gewerkschaftshunde mit ihren Hetzereien nicht aufhören [...]«.[21]

Die Metallergewerkschaft blieb aber beharrlich. Eine Delegation mit Domes und Schuhmeier intervenierte beim Bezirkshauptmann in Lilienfeld, der die Streikbrecher schließlich entwaffnen ließ. Danach trugen sie statt der Waffen gelbe Mascherln mit der Geschäftsstampiglie der Lenz-Fabrik. Am 22. August 1905 wurde der Streik schließlich für beendet erklärt, nahezu alle Forderungen konnten durchgesetzt werden. Die Früchte des Kampfes ernteten allerdings nicht die Streikenden, denn Lenz entließ alle 389 Arbeiter, die sich dem Streik angeschlossen hatten. Sie fanden in Traisen keine Arbeit mehr und verloren mit der Entlassung auch ihre Heimat.

Diese Tatsache bestimmte meine Familiengeschichte. Nicht nur, weil mein Großvater mütterlicherseits, Karl Reiter, in das Geschehen involviert war; der Ausgang des Arbeitskampfes hatte zur Folge, dass auch die Eltern meines Vaters nach Traisen kamen. Denn nach der Entlassung des Großteils ihrer Arbeiter brauchte die Firma Lenz dringend neue Kräfte und warb an verschiedenen Industriestandorten Arbeiter an. Meine Großeltern väterlicherseits stammten ursprünglich aus Baumgartenberg im oberösterreichischen Mühlviertel und waren um 1900 nach Steyr gegangen, um sich dort als Fabriksarbeiter zu verdingen. Nun, 1905, wechselten sie aufgrund der besseren Arbeitsbedingungen in die Metallgießerei nach Traisen, vermutlich weil ihnen dort auch eine Wohnung angeboten wurde. Eine richtige Wohnung! So kamen meine Großeltern Josef und Josefa

Lettner als neu angestellte Hilfsarbeiter schließlich in den Genuss der von den Streikenden erkämpften Rechte.

In den folgenden Jahren herrschte in der Fabrik Hochbetrieb. Bei der Firma Lenz wurden ab 1905 Patronenmagazine für Mannlicher-Gewehre fabriziert. Der Ausbau der Munitionserzeugung führte zu einer gänzlichen Umstellung auf Rüstungsproduktion, sodass die Fabrik bald mehr Arbeiter als Traisen Einwohner hatte. Im Ersten Weltkrieg beschäftigte das Werk 6000 Arbeiter – das Doppelte der Einwohnerzahl. In Tag- und Nachtschichten wurde nun für den Krieg produziert. Auch das ist die Geschichte der Arbeiterschaft von Traisen.

## 5. Vom Bauern- zum Proletarierkind

Mein Vater Franz Lettner kam 1898 in Baumgartenberg als Sohn einer Bauerntochter und eines Bäckers zur Welt. Die Bäckerei des Josef Lettner, in der er aufwuchs, lag in Sichtweite der mächtigen Stiftskirche, die den kleinen Ort im südlichen Mühlviertel nicht nur optisch dominierte. Folgt man den von der Donau ansteigenden Hügeln bis zur Burg Clam, kommt man am Geburtshaus der Mutter meines Vaters, Josefa Kaindl, in Amesbach vorbei. In einem damals ebenerdigen und noch mit Stroh gedeckten Bauernhaus wurde sie 1877 als eines von sechzehn Kindern geboren. Daneben gab es noch sechs Halbgeschwister: Ihr Vater, Franz Kaindl, rühmte sich gerne damit, mit zwei Frauen insgesamt 22 Kinder gezeugt zu haben. Der kleine Bauernhof gehörte seiner zweiten Frau, er hatte also, wie man sagt, »auf das Haus geheiratet«.

Es waren ärmliche Verhältnisse, in die meine Großmutter hineingeboren wurde. Die Wirtschaft bestand aus einem kleinen Acker und Wiesen mit Obstbäumen, im Stall hatten sie gerade einmal drei Kühe, ein paar Schweine und Hühner. Zu wenig, um davon eine Großfamilie ernähren zu können. Auch sonst war es keine glückliche Kindheit. Ihr Vater war ein großer, starker Mann mit einer lauten Stimme, die ihr Angst machte.

Er trank viel und wurde dabei oft gewalttätig. Die kleine Josefine, Josefa genannt, stieß er einmal im Zorn so heftig gegen einen Fensterrahmen, dass sie eine böse Kopfverletzung davontrug. Als sie mit siebzehn aus dem Elternhaus kam, war es für sie wie eine Befreiung. Aber war es das wirklich?

Wie damals in vielen Familien auf dem Land üblich, wurden die Kinder schon früh zum Arbeiten fortgegeben. Sie kamen als Mägde und Knechte zu größeren Bauern oder wurden in die Stadt geschickt, nach Linz oder Wien, wo die Mädchen meist in einem bürgerlichen Haushalt als Dienstbotinnen arbeiten mussten. Aus den jungen Burschen wurden Handwerker oder Fabriksarbeiter. Meine Großmutter Josefa wurde, obwohl sie noch viel zu jung dafür war, von einem ortsbekannten Kuppler an den um zwölf Jahre älteren Bäcker Josef Lettner im nahen Baumgartenberg vermittelt. Sie war ein fröhliches, pausbäckiges Mädchen mit langen, braunen Zöpfen und völlig unaufgeklärt. Wie sie ihrer Cousine Annerl einmal anvertraute, hatte sie keine Ahnung gehabt, was Männer von Frauen begehrten und umgekehrt diese von ihren Männern zu erwarten hätten.

Josef Lettner war ihr völlig fremd. Hatte sie eine Idee davon, was auf sie zukommen würde? Hatte sie Angst vor einem Leben mit ihm? Was muss man da machen, als Ehefrau, und wie wird das werden? Vermutlich hatte sie gar keine Fragen gestellt, so wie sie auch keine rechte Vorstellung von ihrem künftigen Ehemann hatte, als sie vor dem Traualter der Kirche von Baumgartenberg einer ungewissen Zukunft ihr Jawort gab. Auf diese Weise verheiratet zu werden, war für jemanden, der aus ärmlichen Verhältnissen stammte, nicht ungewöhnlich. Zumindest damals, kurz vor der Jahrhundertwende, aber auch noch lange danach wurden auf diese Weise Ehen geschlossen und Familien gegründet. Vielleicht hatte man ihr gesagt: Ein Bäcker, das ist was, da bist du versorgt. Vielleicht war sie sogar insgeheim froh, denn zu Hause in Amesbach war das Leben durch den Alkoholmissbrauch des Vaters alles andere als einfach gewesen. Dem würde sie nun entkommen, sie würde nicht mehr geschlagen werden und sie bräuchte nicht mehr zu hungern, sie war nun versorgt. Auf jeden Fall war die Heirat ein sozialer Aufstieg für sie, eine Chance, die man so oft nicht bekommt.

Doch Josefa Kaindl, nun Josefa Lettner, war nicht vom Glück verfolgt, sie kam sprichwörtlich vom Regen in die Traufe, denn der Mann, den sie geheiratet hatte und mit dem sie von nun an ihr Leben teilen sollte, war ebenfalls Alkoholiker. Das sollte nicht nur die Ehe der beiden empfindlich stören, es hatte auch gravierende wirtschaftliche Auswirkungen. Josef Lettner führte die kleine Bäckerei, die er von seinem Vater geerbt hatte und die eine gesicherte Existenz für die Familie gewesen wäre, bald in den Ruin. Er musste die Bäckerei schließlich verkaufen, um die Schulden, die ihm über den Kopf wuchsen, bezahlen zu können.

Die Familie stand vor dem Nichts. Meine Großmutter, die auf Gedeih und Verderb mit ihrem Mann verbunden war, konnte von niemandem Hilfe erwarten. Ihre Vorstellungen von einem besseren Leben als Bäckersfrau wurden bitter enttäuscht. In den ersten sieben Jahren ihrer Ehe hatte sie fünf Kinder geboren, von denen nur zwei überlebten: mein Vater Franz, 1898 geboren, und seine um zwei Jahre jüngere Schwester Anna. Nach der Pleite der Bäckerei mussten sie ihr Zuhause verlassen und nach Steyr übersiedeln.

Es muss für meine Großmutter eine gewaltige Umstellung gewesen sein, als sie zuerst vom Bauernhof auf dem Land in den kleinen Ort Baumgartenberg und Jahre später in die Industriestadt Steyr zog. Aus ihr und ihrem Mann waren Proletarier geworden. Die Arbeit in einer Fabrik und die Unterkunft in finsteren Mietskasernen oder noch elenderen Behausungen bestimmten ihr weiteres Leben. Diese Tatsachen trennten sie von nun an nicht nur räumlich, sondern auch sozial von ihrer Herkunft. Wenn sie aus dem Fenster blickten, sahen die beiden nicht mehr die mächtige Klosterkirche von Baumgartenberg, von nun an hatten sie die riesige Waffenfabrik im Wehrgraben von Steyr vor Augen.

Eine tiefe Kluft war in der damaligen Gesellschaft entstanden, die sich in der Folge durch unterschiedliche politische und religiöse Ansichten noch vergrößerte: auf der einen Seite katholische Bauern, von denen später viele Nazis wurden, und auf der anderen Seite kirchenfeindliche Proletarier, die noch dazu gern aufrührerische Reden schwangen. Ich wüsste gerne, wie sich meine Großeltern in diesem für sie völlig neuen Milieu zurechtfanden. Steyr war nur die erste Station in diesem neuen Leben.

Im Herbst 1905 wurden die Eltern meines Vaters von der streikgeschwächten Firma Lenz angeworben und übersiedelten nach Traisen. Mein Vater war damals sechs Jahre alt. Er staunte nicht schlecht über den neuen Wohnort. Im Vergleich zur Stadt Steyr war Traisen ein kleiner Ort in ländlicher Umgebung, umschlossen von Wiesen und bewaldeten Hügeln. Die Straßen waren nicht gepflastert und damals auch noch kaum befahren. Gegenüber der Fabrikshalle, direkt an der Hauptstraße, standen (und stehen noch immer) wie Zwillinge zwei dreistöckige Häuser, die »Kretzer-Häuser« genannt, erbaut 1902. In einem der beiden wurde der Familie Lettner eine Zimmer-Küche-Wohnung im zweiten Stock zugewiesen. So schön hatten sie in Steyr nicht gewohnt. Dort war eine ebenerdige, zugige Baracke ihr Zuhause gewesen.

Zwar hatte die Wohnung kein fließendes Wasser, aber in jedem Stockwerk gab es eine Bassena, und man musste nicht wie in Steyr zum Wasserholen aus dem Haus gehen. Hinter den Häusern standen Schuppen, in denen Holz und Kohle gelagert wurden, und noch weiter hinten befanden sich Gartenstreifen, für jede Familie einer. Hier konnte Gemüse angebaut werden, was für die Selbstversorgung überaus wichtig war. Für die Kinder waren die Klopfstangen im Hof interessant, weil man auf ihnen turnen konnte. Es gab also auch Platz zum Spielen. Das kam den Kindern, die vorher ganz anderes gewohnt waren, paradiesisch vor. Vor allem die Landschaft mochte meinen Vater an seine allerersten Jahre im Mühlviertel erinnern. Er und seine Schwester schliefen in der Küche auf Matratzen, die untertags unter das Bett der Eltern geschoben wurden. Im Winter war es zwar kalt, weil es von der einfach verglasten Pawlatschen-Veranda hereinzog, aber wenn man sich angezogen ins Bett legte, war es auszuhalten.

Allerdings dachte Franz mit etwas gemischten Gefühlen an die neue Schule, die er seit Jänner besuchte. Er war im September 1905 noch in Steyr eingeschult worden, nun musste er in die Volksschule in Traisen gehen, wo er niemanden kannte. Er war klein und schmächtig, weil er nur mangelhaft ernährt war. Dazu die ärmliche Kleidung, wie sie die Arbeiterkinder damals trugen: aus Resten von Erwachsenenkleidern zusammengenäht, meist aus grobem Stoff und vielfach geflickt. Dass er die erste Volksschulklasse wiederholen musste, war wohl der Unterbrechung des Schulbesuchs durch die Übersiedlung geschuldet. Den fehlenden Unterricht hatten seine Eltern nicht ausgleichen können. Vielleicht hatten auch sein schüchternes, verschlossenes Wesen und sein breiter Mühlviertler Dialekt dazu beigetragen, dass er sich anfangs in der neuen Schule schwertat.

Doch schon bald ergriffen ihn Wissensdurst und Lerneifer, und er wurde einer der besten Schüler. Dieser damals entfachte Bildungshunger verließ ihn sein Leben lang nicht. Er beobachtete, er stellte Fragen, er las mit Begeisterung jedes Buch, das ihm unterkam. Im Laufe seines Lebens eignete er sich autodidaktisch jene Bildung an, die ihm seine Herkunft nicht in die Wiege gelegt hatte. Später, als Funktionär der SDAP, der Sozialdemokratischen Arbeiterpartei, organisierte er Lesungen und richtete in der Gemeinde eine gut bestückte Bibliothek ein. Schlussendlich schrieb er auch selbst Bücher.[22]

## 6. Der Kaiser und das proletarische Elend

Wenn ich als Volksschulkind, in den Fünfzigerjahren, an der Hand meines Vaters durch Traisen ging, kamen wir nur sehr langsam voran. Alle Menschen grüßten ihn, und viele hatten ein Anliegen. Er war ein sehr engagierter Gemeindepolitiker und allgemein geschätzt und beliebt, auch bei den Bauern, obwohl er Sozialist war. Vielleicht spürten sie ja seine bäuerliche Herkunft oder er zeigte deshalb ihnen gegenüber Verständnis. Er hatte jedenfalls für alle ein offenes Ohr, und nach jedem Gespräch verabschiedete er sich mit einem freundlich-ehrerbietigen »D' Ehre«, während er mit einem Finger an seine Pullmannkappe tippte. Das Grußwort verstand ich nicht, und die Menschen, mit denen er sprach, waren mir fremd. Wenn ich ihn fragte: »Wer war das?«, bekam ich meist zur Antwort: »Keine Ahnung«. Mein Vater hatte ein denkbar schlechtes Personen- und Namensgedächtnis, was ich leider von ihm geerbt habe. Aber damals ärgerte ich mich über ihn, weil ich glaubte, er wolle es mir nur nicht sagen. Auf einem dieser Spaziergänge, zwischen Schule und Bahnhof, erzählte er mir folgende Geschichte:

1908 – mein Vater war neun Jahre alt – wurden alle Schüler in ihren besten Kleidern auf den Bahnhof in Traisen beordert. Der Kaiser wurde erwartet! Anlässlich seines 60-jährigen Thronjubiläums bereiste Franz Joseph damals einen Teil seiner »Erblande« und kam auch durch das Traisental. Zwar war der Industrieort keinen Halt wert, doch rollte der Zug, in dem der Kaiser saß, ganz langsam durch die Station, sodass die am Bahnsteig versammelten Schulkinder ihn deutlich sehen konnten. Er stand am Fenster und winkte ihnen zu. Für meinen Vater sah er aus wie auf dem Bild, das in seinem Klassenzimmer hing: die mit Orden geschmückte blaue Uniform, der typische, weiße Backenbart. Nur war der Kaiser, den er nun am Fenster des Zuges sah, schon etwas älter.

Ich fand es ungeheuer faszinierend, ja, romantisch, dass mein Vater die Monarchie und den Kaiser noch aus nächster Nähe erlebt hatte, gab es Kaiser für mich doch sonst nur im Märchen. Mein Vater wirkte bei seiner Erzählung allerdings weniger begeistert. Er dachte wohl mehr an das Elend zu Hause, das sein damaliges Leben bestimmte. In diesem Leben spielte der Kaiser keine Rolle. Alles drehte sich um Essen und Kleidung, ständig fehlte es an Geld, in den Arbeiterwohnhäusern war die Armut groß. Der Hilfsarbeiterlohn seines Vaters, Josef Lettner, reichte kaum für das Notwendigste, unter anderem auch deshalb nicht, weil er viel Geld ins Wirtshaus trug. War der Vater betrunken, verprügelte er seinen Sohn. Manchmal ging er nach Schichtende mit dem soeben erhaltenen Wochenlohn gleich ins Wirtshaus und kam am Sonntag gar nicht nach Hause. Dann musste Franz seine Mutter zum Wirtshaus begleiten, um den Vater heimzuholen. Dieses Schicksal teilte er mit vielen Kindern von Fabriksarbeitern. Oder er wurde von seinem Vater ins Wirtshaus geschickt, um Wein zu holen, was ihm besonders unangenehm war. Einmal lief er wieder mit einer leeren Dopplerflasche los, er sollte beim Wirt anschreiben lassen. Er schämte sich für seinen alkoholkranken Vater, und es genierte ihn das Anschreiben, wenn das Geld zu Monatsende fehlte. Er beschloss, das

Problem anders zu lösen: Er pinkelte in die Weinflasche und füllte den Rest mit Wasser auf. Die Farbe ähnelte durchaus einem billigen Weißwein, und ein bisschen hoffte der Bub, dass sein ohnehin schon betrunkener Vater den Schwindel nicht merken würde. Natürlich war eine gehörige Tracht Prügel die Folge. Mein Vater schmunzelte, als er mir diese Geschichte erzählte. Erst viel später begriff ich, dass dieser Bubenstreich in erster Linie die triste Situation daheim widerspiegelte.

1912, mit dem letzten Jahr der sechsklassigen allgemeinen Volksschule, endete für ihn die Schulpflicht. Damals gab es noch keine Bürgerschule, die er weiter hätte besuchen können. Er war vierzehn Jahre alt, und sein Abschlusszeugnis wies bis auf das Fach Schreiben, wo er einen Zweier hatte, lauter Einser auf. Er lernte leicht. Er las alles, was ihm in die Hände kam, Bücher, Zeitungen, er interessierte sich für Literatur und Politik. Das war dem katholischen Pfarrer von Traisen aufgefallen. Er sprach mit den Eltern und schlug ihnen vor, den aufgeweckten Buben in ein Priesterseminar einzuschreiben. Das war damals für begabte Schüler aus armen Verhältnissen die einzige Möglichkeit, weiter zu lernen.

Aber auch das Priesterseminar kostete Geld. Mein Vater war zwar katholisch getauft, gegenüber der Kirche empfand er jedoch schon früh eine tiefe Abneigung, weil sie nichts tat, um die Armut zu lindern. Im Gegenteil, sie schien die Besitzenden moralisch von der Kanzel herab noch zu unterstützen, indem sie die aufständischen Arbeiter zu Gehorsam aufrief. Wo blieb da der gerechte Gott, fragte sich mein Vater. Vielleicht war aber der wahre Grund, warum er nicht ins Priesterseminar kam, ein ganz profaner. Seine Eltern hatten vielleicht nicht einmal genug Geld für die vorgeschriebene »ordentliche Kleidung«. So war es nämlich einige Jahrzehnte zuvor Franz Schuhmeier ergangen, der ebenfalls ein guter Schüler und dessen Vater ebenso Alkoholiker war.

# 7. Sozialdemokrat und Schriftsetzer

Mein Vater orientierte sich lieber an der sozialdemokratischen Bewegung, die sich die Verbesserung der Lebens- und Arbeitsbedingungen der arbeitenden Bevölkerung zum Ziel gesetzt hatte. Diese Bewegung bemühte sich, in seinen Augen, ehrlich und auch wirksam um die Beseitigung des Elends, und so wurde er bereits mit knapp dreizehn Jahren bei ihrer Gründung im Jahr 1911 Mitglied der sozialdemokratischen Jugendorganisation des Bezirks Lilienfeld. Er hatte von Victor Adler gehört, dem Arzt, der die Partei beim Hainfelder Parteitag geeint hatte, der das Elend der Arbeiter kannte und sein Vermögen opferte, um sie zu bilden und zu informieren. Adler war bei den Industriearbeitern des Traisentals hoch angesehen, das hatte auch auf meinen Vater großen Eindruck gemacht. Zwei Jahre später, mit fünfzehn, trat er der sozialdemokratischen Partei bei. Es war das Todesjahr seines Vaters.

Ob auch die Eltern meines Vaters überzeugte Sozialdemokraten wurden? Ihre katholisch-bäuerliche Herkunft hatte keine Bedeutung mehr, in Traisen waren sie Teil der überwiegend sozialdemokratisch eingestellten Arbeiterschaft geworden. Sicher bin ich mir nur bei meiner Großmutter und ihrem zweiten Mann. Von meinem leiblichen Großvater, dem ehemaligen Bäcker aus dem Mühlviertel, habe ich keinerlei Vorstellung. Vielleicht hatte er darüber nicht einmal nachgedacht. Er war ein entwurzelter, beruflich gescheiterter Mann, dessen Alkoholkrankheit die Lebensumstände seiner Familie beeinflusst und erschwert hatte. Sein Sohn Franz musste von sich aus mehr aus dem Leben machen. Franz Lettner sah die Chance – und wollte sie wahrnehmen –, etwas zu erfüllen, was dem Vater aufgrund seiner Herkunft und Persönlichkeit nicht möglich gewesen war. Und er spürte die Verantwortung, die er nun für seine Mutter und seine Schwester übernehmen musste.

Mit seinem Beitritt zur SDAP – ein Jahr vor dem Ersten Weltkrieg – setzte mein Vater ein deutliches Zeichen: Er wollte sich nicht in die etablierte Ordnung einfügen, sondern Teil einer gesellschaftsverändernden

Kraft werden. Das war im durch und durch sozialdemokratischen Traisen ein logischer Schritt. Es war nicht nur die Abkehr von der Kirche, die das Leben seiner Vorfahren bestimmt hatte, er ließ nun auch endgültig die ländlich-katholische Herkunft seiner Eltern hinter sich. Sie ging ihn nichts mehr an. Wären die Eltern im Mühlviertel geblieben, wäre er ein Bäcker oder Landarbeiter geworden. Jetzt hatte er ganz andere Möglichkeiten. Sein gutes Zeugnis und seine Leseleidenschaft ließen ihn den Beruf des Schriftsetzers wählen. Da konnte er selbst Texte setzen, bevor sie zu Lesestoff wurden.

1912 begann er beim Buchdrucker Wurst in Lilienfeld, gemeinsam mit dessen Sohn Ferdinand, eine Lehre als Schriftsetzer. Die beiden wurden Freunde und beendeten im Oktober 1916 mit der sogenannten »Wassertaufe« ihre Lehrzeit. Dabei werden die ausgelernten Gesellen in einen Bottich mit kaltem Wasser getaucht.[23] Der Lehrabschluss erfolgte wenige Wochen vor dem Tod Kaiser Franz Josephs. Die Monarchie ging ihrem Untergang entgegen. Gebracht hatte die Lehre meinem Vater jedoch nichts, die Druckerei Wurst hatte keine Arbeit für ihn. Also begann er noch im selben Jahr als Hilfsarbeiter bei der Metallwarenfabrik Lenz in Traisen, dort, wo auch seine Mutter beschäftigt war und sein Vater bis zu seinem Tod gearbeitet hatte. Sein Werktätigenleben fing anders an, als er es sich vorgestellt hatte.

Einige Jahre nach dem Tod ihres Mannes heiratete Josefa Lettner den sozialdemokratischen Arbeiter Josef Stix, der 1905 ebenfalls aus Steyr nach Traisen gekommen war. Wir Kinder liebten den »Stix-Opa«, und auch meine Großmutter konnte sich endlich geliebt und geborgen fühlen.

## 8. »Arbeitergsindl«

Der Winter 1915/16 war extrem kalt.[24] Zu dieser Zeit kam es in Niederösterreich vereinzelt zu Typhusfällen. In Traisen traf es meine Großeltern mütterlicherseits. Binnen weniger Wochen fielen sie der Seuche zum Opfer.

Das verunreinigte Wasser aus ihrem Brunnen und die Mangelernährung, die im zweiten Kriegsjahr schon deutlich spürbar wurde, waren schuld daran. Mein großer, starker Großvater Karl Reiter, der 1905 – wenn die Geschichte stimmt – einen ganzen Wirtshaussaal geräumt hatte, konnte die Infektionskrankheit nicht besiegen. Seine kleine Frau Maria folgte ihm bald nach. Mit einem Schlag waren die sieben noch unmündigen Kinder – das älteste war vierzehn, das jüngste erst ein halbes Jahr alt – zu Vollwaisen geworden.

Meine Mutter Wilhelmine Reiter, Minna oder Minerl genannt, war vier, als sie nicht nur ihre Eltern, sondern auch ihr Zuhause verlor. Die Geschwister konnten nicht beisammenbleiben und wurden auf Familien aufgeteilt. Die meisten waren evangelische Bauern im Kirchspiel, dem Kirchensprengel, der bis Mitterbach und Annaberg reichte. Sie nahmen die Kinder in Pflege, um sie als Arbeitskräfte einzusetzen.

Auch die Eltern meiner Mutter sind »Evangelische« gewesen. Sie stammten von protestantischen Holzarbeitern ab, die zur Zeit der Gegenreformation aus dem Salzkammergut nach Niederösterreich gekommen waren. Damals, in den 1740er-Jahren, hatte der größte Waldbesitzer im südlichen Niederösterreich, das Stift Lilienfeld, Holzknechte von dort angeworben, um die Urwälder am Ötscher zu bewirtschaften. Zuerst bauten die Holzarbeiter eine kleine Holzkirche im Wald. Darin ließ der katholische Waldbesitzer jeden Sonntag eine Messe lesen und zahlte den Wochenlohn erst nach dem Besuch der Messe aus. Das zwang die Geheimprotestanten, dem katholischen Gottesdienst beizuwohnen. Unter der Woche freilich hielten sie in ihrem Johanneskirchlein illegale Bibellesungen ab. Das Stift Lilienfeld war weit weg, und im Schutz der Wälder waren sie vor den Verfolgungen der Gegenreformation sicher. Dennoch mussten sie ihre Lutherbibeln immer gut versteckt halten. So konservierten sie nicht nur ihren Glauben, sondern auch ihren Widerstandsgeist. Beides gaben sie an die nachfolgenden Generationen weiter.

Mein Großvater war ein bereits proletarisierter Nachfahre dieser protestantischen Holzknechte. Er war arbeitsam wie seine Vorfahren, und mit viel Eifer und Sparsamkeit gelang es ihm, für seine neunköpfige Familie ein kleines Haus in Traisen auf dem Hang gegenüber der Fabrikshalle zu bauen, in der er als Eisengießer arbeitete. Das Haus war das bescheidene Glück der Familie, in dem bis 1916 alle zusammengelebt hatten. Nun löste sich die Familie auf, und das Haus eignete sich die Tochter von entfernten Verwandten an. In der Familienerzählung waren es habgierige Bauern, die die sieben verwaisten Kinder leer ausgehen ließen und um ihr Erbe brachten.

Die Geschwister meiner Mutter fanden sich dort wieder, wo einst ihre Vorfahren gelebt und gearbeitet hatten: bei Bauern in Mitterbach und Annaberg. Die Älteren mussten als Knechte und Mägde schuften, die jüngeren waren schutzlos, wie etwa Steffi, die erst zwei Jahre alt war, oder die siebenjährigen Zwillingsbrüder Josef und Hans, die von den Bauern, die sie aufnahmen, so schlecht behandelt wurden, dass Hans noch im Kindesalter starb. Josef oder Peperl, der Lieblingsbruder meiner Mutter, lief mit vierzehn Jahren davon und rettete sich nach Traisen zur Ziehfamilie meiner Mutter.

Am schlimmsten hatte es die Kleinste erwischt, Aloisia, die erst einige Monate alt war. Sie wurde von einem »Kostburschen«[25] verschleppt und zu seiner alten Mutter auf einen Bauernhof gebracht. Die Bäuerin hatte keine Zeit und vielleicht auch keine Lust, sich um das Kind zu kümmern, sie setzte es einfach auf den »Scherm«, wie der Topf im Dialekt genannt wird, und ging daneben ihrer Arbeit nach. Die Polizei suchte lange nach dem Kind. Als sie es endlich auf dem Bauernhof entdeckte, war ihm der Mastdarm bereits ausgewachsen, sein kleiner Körper war über und über mit Krätze bedeckt. Loisi kam schließlich zu ihrer Tante Milla, die das Kind gesund pflegte.

Der Kostbursche, der sie einfach mitgenommen hatte, dürfte nicht ganz zurechnungsfähig gewesen sein. Nach seinem Motiv befragt, sagte er, dass er die Kleine später einmal hätte heiraten wollen. Er betrachtete das schutzlose Kind als sein Eigentum. Aber waren nicht auch Loisis Geschwister, vor allem die Mädchen, in das Eigentum der Pflegefamilien übergegangen, die nun, wie es ihnen gefiel, über sie verfügen, sie als billige Arbeitskräfte ausbeuten konnten?

Die Kinder waren faktisch rechtlos geworden. Ihre Pflegeeltern ließen sie oft hungern und statteten sie nur mit dürftigster Kleidung aus. Für sie waren die Kinder »Arbeitergesindel«, das man gnadenhalber am Hof hielt. Die Verachtung, die man für sie empfand, wurde ihnen unverhohlen entgegengebracht. Die älteste Schwester meiner Mutter, Viktoria, gebar während ihres Dienstes bei Bauern in Mitterbach drei uneheliche Kinder, von denen sie nur das mittlere, Hermine, behalten durfte. Die anderen beiden musste sie auf Geheiß ihres Dienstherrn in Pflege geben. Ihr Erstgeborener, Hermann, wuchs bei benachbarten Bauern auf, die ihn wie ihren eigenen Sohn aufnahmen, da sie selbst keine Kinder hatten. Ihn konnte seine Mutter wenigstens täglich sehen. Ihr drittes Kind, Ilse, kam als Einjährige zu Bauern nach Hohenberg. Viktoria trauerte ihr ganzes Leben lang um diese verlorene Tochter. Für Hermine, das einzige Kind, das ihr blieb, konnte sie nur wenig tun; die Bauern hatten nichts für sie übrig, solange sie nicht sechs Jahre alt war und auf dem Hof als Arbeitskraft eingesetzt werden konnte. »Wer nicht arbeitet, braucht auch nicht essen«, das ist bei den Bauern ein ungeschriebenes Gesetz. Ein Teller Suppe und ein Stück Apfelstrudel, das war die Ration, die für beide, Mutter und Kind, reichen musste. Dabei musste Viktoria den ganzen Tag hart als Kuhmagd arbeiten. Ihre Tochter war eine unnütze Esserin am Hof. Nur am Sonntag, wenn eine Bedienstete und nicht die Bäuerin kochte, bekamen Mutter und Tochter je einen Teller. Satt essen konnten sie sich nie, sie haben jeden Tag gehungert.

Natürlich hatten die Kinder des »Arbeitergesindels« keine Spielsachen. Sie durften nicht mit den Bauernkindern spielen oder gar deren Spielzeug benutzen. Als Hermine von einer Tante einmal eine Stoffpuppe geschenkt bekam, war sie überglücklich. Sie hatte die Puppe ständig im Arm, so etwas Wertvolles hatte sie noch nie besessen! Eines Tages entriss ihr eines der Bauernmädchen die Puppe und warf sie in einen Topf mit heißer Lauge. Als mir Hermine als 85-Jährige diese Geschichte erzählte, war sie noch immer untröstlich. Seinerzeit hatte sie wochenlang geweint, und ihr Leben lang konnte sie die Gemeinheit nicht vergessen, die sie so geschmerzt und die sie nie verstanden hatte.

Auf Hermines Schicksal bin ich erst im Zuge der Recherchen zu diesem Buch gestoßen. Sie erzählte mir auch, wie ihre Mutter später endlich heiraten, eine Familie gründen und mit ihrem Mann, einem Arbeiter, ein Haus bauen konnte. Dazu gehörte auch ein kleiner Garten zur notwendigsten Versorgung. Einmal bat Hermines Stiefvater bei Bauern in der Nachbarschaft um ein paar Setzkartoffel, um sie im eigenen Garten anbauen zu können. Die Bäuerin, bei der er angefragt hatte, jagte ihn mit den Worten »Für Arbeitergsindl hamma nix!« vom Hof.

## 9. Meine Mutter, die Rebellin

Meine Mutter Minna hatte es besser getroffen als ihre Geschwister. Sie war nicht zu Bauern, sondern zu ihrer Taufpatin, ihrer »Godel«, Maria Kraft, gekommen, die sich fürsorglich um sie kümmerte. Aber etwas bereitete ihr Kummer: Nach überstandenem Typhus standen ihre wenigen Haare kreuz und quer auf dem Kopf, also rasierte ihre Taufpatin sie ab. Nun war Minna erst recht verzweifelt und ging nicht außer Haus, bis die Haare so weit nachgewachsen waren, dass sich wieder seidige, blonde Locken zeigten.

Kleine Freuden konnten aber nicht darüber hinweghelfen, dass das Schicksal auch sie aus ihrem gewohnten Umfeld herausgerissen hatte. Sie war jetzt ein »armes Waisenkind«, und das ließ man sie vermutlich manchmal spüren. Vielleicht war sie deswegen schon früh sehr widerständig. Sie reagierte heftig auf alles, was sie als Ungerechtigkeit empfand, und entwickelte einen erstaunlichen Widerstandsgeist, ja Trotz. Schließlich hatte sie keine richtige Familie, keine Vorbilder, denen sie hätte nacheifern können. Sie hatte auch keine Geschwister in ihrer Nähe. Das ließ sie zu einem selbstbewussten Mädchen, ja einer Rebellin werden. Und die blieb sie ihr Leben lang.

Sie rebellierte gegen ihren Ziehvater, den sie hasste, der ein Säufer und wenig liebevoller Mensch war. Sie rebellierte gegen Essen, das ihr nicht schmeckte. Gegen das Küss-die-Hand-Sagen gegenüber der »Herrschaft«.

Gegen das ihr vorgezeichnete Leben als Dienstmagd. Sie rebellierte dagegen, nicht weiter lernen zu dürfen. Gegen die Bürgerkinder in der Handelsschule, die sie verspotteten. Später rebellierte sie gegen die Diktatur des Austrofaschismus, die die Meinungsfreiheit einschränkte. Aus eigenem Antrieb und nicht nur, weil es die Parteilinie war.

Sie rebellierte gegen die harten Schläge, die sie in ihrem späteren Leben trafen, als 1934 die Welt für sie zusammenbrach. Als man ihr sagte, ihr Mann würde aufgehängt werden und sie müsse als Witwe eines Februarkämpfers weiterleben. Als man sie schließlich in die Psychiatrie einwies (damals wurde noch »Irrenanstalt« gesagt). Dort rebellierte sie gegen das Pflegepersonal und gegen Vorschriften, laut der Krankenakte war sie »widersetzlich«. Sie rebellierte schließlich auch gegen ihren Mann.

Bezeichnenderweise war das Lieblingslied meiner Mutter »Der Lahnsattler Holzknecht«, dessen erste Strophe lautet:

Da Loansadla Holzknecht is a lustiga Bua
Er arbeit' recht fleißig und singt brav dazu
Und wann er auf d'Nacht in da Hüttn tuat sein
Beim Kochen da jodelt er fein.

Sie hat das Lied gerne und oft gesungen und auch uns Kindern beigebracht. Sangen wir zusammen, sang sie mit ihrem samtigen Alt die Unterstimme. »Der Lahnsattler Holzknecht« war das Lied der von der Gegenreformation vertriebenen evangelischen Holzknechte, die in den Wäldern des südlichen Niederösterreichs ihren Beruf und ihre Religion ausüben konnten. Das Lied vermittelt das Ideal des selbstständigen, unabhängigen, von keiner Obrigkeit kontrollierten Holzknechts, der einsam, aber glücklich und frei in seiner Hütte lebt.

Meine Mutter war ihr Leben lang freiheitsliebend und unabhängig. Und unbestechlich und kritisch in ihren Meinungen. Eigenschaften, die sie an uns weitergab und die wohl dazu beitrugen, dass ich keine politische Karriere machte wie mein Vater und auch nie von einer politischen Partei abhängig wurde.

# 10. Das evangelische Ziehkind

Je älter meine Mutter wurde, desto öfter sprach sie von ihrer »Muatta«. »Die Frau Kraft war eine gütige Frau«, sagte sie oft. Ich verstand nicht, warum diese Kraft hieß, wenn meine Mutter doch eine geborene Reiter war. Als Zehnjährige verstand ich vieles nicht. »Was ist ein ›Kostplatz‹?« und »Warum sagst du ›Ziehmutter‹?«, fragte ich. »Na, meine Ziehmutter halt«, bekam ich lapidar als Antwort. Und verstand noch weniger.

Soweit ich mich erinnern kann, sprach sie nie von ihren leiblichen Eltern. Aber selbst wenn, hätte es mein Vorstellungsvermögen überstiegen, zu begreifen, dass ihre Eltern starben, als sie vier Jahre alt war. Ich konnte mir das Leben, das meine Mutter als Mädchen führen musste, schlichtweg nicht vorstellen. Sie sprach auch nie von ihren Geschwistern, die sie aus den Augen verloren hatte. Nur ihr Lieblingsbruder Peperl, der eine Zeit lang auch in Traisen lebte, kam öfter zu uns. Aber ich habe nur eine schwache Erinnerung an meinen Onkel.

Ihre »Muatta« war mit einem Hilfsarbeiter verheiratet. Josef Kraft war ein Trinker, der den geringen Lohn oft an einem Wochenende versoff. Meine Mutter hasste ihn. Sie konnte nie vergessen, wie er ihre Lieblingskatze Minka behandelt hatte, wenn sie begehrlich zum Käfig mit den Kanarienvögeln hinaufsah. Da drückte er sie ganz fest und rieb ihren Rücken an den Gitterstäben. Seinem Hund Beli hingegen war alles erlaubt. Besonders hasste sie es, wenn sie den Ziehvater am Wochenende auf Bitten der »Muatta« vom Wirtshaus heimholen musste. Es war ihr widerlich, in die verrauchten und stickigen Wirtshausstuben zu gehen und dort nach ihm Ausschau zu halten. Wenn sie ihn endlich gefunden hatte, musste sie oft eine ganze Weile auf ihn einreden, bis er sich aufraffte, mit ihr nach Hause zu gehen. Aber sie war die Einzige, die dieses Kunststück zuwege brachte. Oft musste sie Fußtritte austeilen, wenn ihr im Wirtshaus »so ein alter Bock unter den Kittel griff«.[26]

Josef Kraft gab seiner Frau nur wenig Wirtschaftsgeld, sodass sie immer dazuverdienen musste, meist als Wäscherin für die »Burschenzimmer«, in denen die Lehrlinge und ledigen Fabrikarbeiter untergebracht waren. Eines dieser Burschenzimmer befand sich auf dem Dachboden des Hauses, in dem die Familie Kraft wohnte. Es war das sogenannte Herrschaftshaus unmittelbar gegenüber der Fabrik. Die Wohnung selbst befand sich unter dem Dachboden. Sie bestand aus einer finsteren Küche, in der immer Licht brennen musste, und einem größeren Schlafzimmer, dazwischen war eine Holzwand. Als diese eines Tages frisch gestrichen wurde, cremefarben, kam meine Mutter auf die Idee, ihre schmutzigen Füße darauf abzudrücken, weil ihr das gefiel. Die Prügel, die sie dafür bezog, hielt sie sogar für gerechtfertigt, da die Wand noch einmal frisch gestrichen werden musste. Sie schlief damals in einem kleinen Kammerl neben der Küche.

Das Haus hieß Herrschaftshaus, weil im ersten Stock die Familie des Fabriksbesitzers Alfred von Lenz wohnte. Deswegen gab es im Erdgeschoß auch einen Portier. Das war eine andere Welt. Meine Mutter bewunderte zwar die schöne Frau Lenz und die herrlichen Kleider, die sie und ihre ebenfalls schöne Tochter trugen, aber sie brachte es nicht über die Lippen, wie die Ziehmutter es ihr immer wieder auftrug, ehrerbietig »Küss die Hand, gnä' Frau« zu sagen. Auf meine Mutter machte es keinen Eindruck, dass dem Mann der »gnädigen Frau« die Fabrik gehörte und er auch der Bürgermeister von Traisen war. Sie schwieg stattdessen, und jedes Mal musste sie nachher zur Strafe »Scheitel knien«, was die Burschen im Haus, wenn sie an ihr vorbeigingen, sehen konnten. Aber so sehr dies das kleine Mädchen demütigte und so sehr ihre Knie schmerzten, »Küss die Hand« hatte sie auch beim nächsten Mal nicht gesagt. Sie hat es nie gesagt, ihr Leben lang nicht!

Als Minna sieben Jahre alt war, brach die Monarchie zusammen. In Traisen kam es zu einem blutigen Aufstand, bei dem die revolutionären Arbeiter den Betriebsleiter der Fabrik überwältigten. Minna verfolgte das Geschehen verständnislos vom Dachfenster des Herrschaftsgebäudes aus. Dort, auf dem Dachboden, hielt die Familie Kraft Hasen, für die Minna das Futter von den Wiesen der Bauern holen musste. Das führte nicht selten zu Konflikten, und oft wurde ihr das bereits gesammelte Futter – Maistock und Bärentatzen – von den Bauern weggenommen, weil es ja

»gestohlen« war, oder von Erwachsenen, weil auch andere Leute Hasenfutter brauchten. Dann fühlte sich Minna ihrerseits bestohlen, hatte doch sie selbst das Hasenfutter ausgestochen und gesammelt.

Eine andere Aufgabe, die dem Kind überantwortet wurde, war das Milchholen. Einmal in der Woche fuhr Minna nach der Schule mit dem Zug nach Lilienfeld, um in einem kleinen Geschäft mit einer Zweiliterkanne Milch zu holen, die ein evangelischer Bauer »schwarz« dorthin lieferte. Minna war damals größer als gleichaltrige Kinder, deshalb musste sie für die kurze Zugsfahrt ihren Taufschein mitnehmen. Niemand glaubte ihr, dass sie noch keine zehn Jahre alt war. Den Heimweg – mit der vollen Kanne – musste sie jedenfalls zu Fuß nach Traisen gehen. Von Marktl, einem Vorort von Lilienfeld, nach Traisen gibt es auch heute noch zwei Wege: die Bundesstraße und einen kleinen Schleichweg am rechten Traisenufer. Einmal wurde sie auf diesem Schleichweg von Marktler Buben belästigt. Sie wehrte sich und schlug ihnen die schwere Zweiliterkanne um den Schädel. Dabei schrie sie aus Leibeskräften, bis ihr Erwachsene zu Hilfe kamen. Natürlich war nachher die Hälfte der Milch verschüttet, aber die Ziehmutter war gütig und schimpfte nicht. Von da an nahm Minna immer die Straße. Da man nicht jede Woche in Lilienfeld Milch bekam, ging Minna manchmal über einen einsamen Wiesenweg zum »Bachlerhäusl« um Ziegenmilch. Zu Hause sagte sie kein Wort darüber, wie sehr sie sich jedes Mal fürchtete, wenn sie so allein unterwegs war. Auf dem Weg betete sie und schaute sich immer wieder um, ob ihr nicht doch jemand folgte.

Natürlich war das Geld knapp. Ihre Zieheltern litten ständig unter Geldmangel und hatten, wie viele Arbeiterfamilien, Schulden beim »Tichler«, einem jüdischen Geschäft auf dem Hauptplatz. Wenn Minna einkaufen geschickt wurde, musste sie anschreiben lassen. Doch die Ziehmutter zahlte immer alles so schnell wie möglich zurück, das gebot ihr der Anstand. Maria Kraft war eine gläubige Protestantin, eine »Evangelische«. Die Bibel war ihr Lesestoff und Trost, und wenn das Elend wieder einmal groß war und sie weder ein noch aus wusste, las sie in der Bibel und sagte dann zu ihrem Pflegekind: »Wirst schon sehen, Minerl, unser Herrgott hilft schon wieder weiter.« Diese tiefe Gläubigkeit hatte sie auch in das Herz ihrer Ziehtochter gepflanzt, denn meine Mutter blieb Zeit ihres Lebens eine überzeugte und gläubige »Evangelische«. Später spendete meine Mutter viel und wurde Presbyterin in ihrer Kirchengemeinde.

Zum Glauben gehörte in der Familie Kraft aber auch die sozialdemokratische Gesinnung. Schon als Schulmädchen wurde Minerl zu den Kinderfreunden geschickt: mit blauer Knöpfelhose und Leibchen. Wie alle Schulmädchen verehrte auch sie den Leiter der Kinderfreunde-Gruppe: kein Geringerer als Franz Lettner!

Ein Bild aus dieser Zeit zeigt ein hoch aufgeschossenes, sehr hübsches Mädchen zwischen einem kleinen Mann mit großem Schnurrbart und einer stattlichen Frau, alle in Sonntagskleidung. Dieses Foto hatte Minna ihrer Schwester Steffi zu Weihnachten 1924 nach Annaberg geschickt. Sie war dreizehn Jahre alt. »Fröhliche Weihnachten und ein glückliches Neues Jahr wünscht dir deine Schwester Minna samt Familie. Gruß an deine Pflegeeltern«.

Wie haben die beiden Mädchen diese Weihnachten erlebt? Ich glaube nicht, dass Geschenke unterm Christbaum lagen, jedenfalls nicht, was wir uns heute darunter vorstellen. Auch wenn meine Mutter es besser getroffen hatte als die anderen Geschwister, war sie dennoch das Ziehkind einer armen Proletarierfamilie. Ich weiß nicht einmal, ob sie ihre Schwester in Annaberg oft sehen konnte. Zwar liegen die beiden Orte nur 35 Kilometer auseinander, aber dorthin zu kommen war nicht so einfach, und es ist auch kaum vorstellbar, dass Steffis Pflegeeltern, einfache Bauersleute, einmal mit ihr nach Traisen gekommen wären. Dazu hatte man gar keine Zeit, und man wollte wohl auch nicht zusätzlich Geld dafür ausgeben. Vermutlich bestand damals ihr Kontakt nur in Form knapper Grüße auf Postkarten.

# 11. Kennenlernen auf dem Friedhof von Lilienfeld

Als ich meinem Cousin Franz Wegerer von meinem Buchprojekt über meine Eltern erzählte, gestand er mir, dass er schon seit einiger Zeit versuchte, Informationen über seine Mutter Steffi zu erhalten: Stefanie Reiter, die als Zweijährige zu Bauern nach Annaberg gekommen war. Er wusste nur wenig über sie und hatte kaum eine deutliche Erinnerung: Auch Franz war noch sehr klein, erst drei Jahre alt, als er ebenfalls seine Mutter verlor; in diesem Milieu schien sich das Schicksal zu wiederholen. Mit Franz verbindet mich eine vertraute Freundschaft, da er fünf Jahre lang bei uns in Traisen wohnte, als er in die Haupt- und ich in die Volksschule ging.

Seine Mutter Steffi war die nächstjüngere Schwester meiner Mutter und für Franz eine weitgehend unbekannte Frau. Außer einem Bild von ihr, das sie als junges, attraktives Mädchen zeigt, und der besagten Postkarte, die meine Mutter im Jahr 1924 an sie geschrieben hatte, blieb ihm kein sichtbares Zeichen. Er hat nur ihr Grab auf dem Friedhof von Lilienfeld, das er regelmäßig pflegt. Er weiß auch nichts über die Pflegeeltern der Stefanie Reiter und wie es seiner Mutter bei ihnen ergangen war. Mehrmals schon war er nach Annaberg und Partsch gefahren, wo seine Mutter als Mädchen gewohnt hatte. Aber niemand dort konnte sich mehr an sie erinnern. Nur eine alte Nachbarin der Bauern, bei denen Steffi vermutlich aufgewachsen war, erzählte ihm, dass einmal ein junges, freundliches Mädchen ihre Tante gepflegt habe. Sie habe ein sanftes, hilfsbereites Wesen gehabt.

Als junge Frau hatte Steffi in Partsch bei Annaberg den Holzarbeiter Wegerer kennengelernt und geheiratet. Das junge Paar war in eine kleine Keusche in Öd, die dem Stift Lilienfeld gehörte, gezogen. Im Unterschied zu Steffi war ihr Mann katholisch, er arbeitete in den Wäldern des Stifts. Franz erzählte mir von den im Winter tief verschneiten Berghängen, die er während seiner Volksschulzeit täglich hinauf- und hinuntergelaufen war.

Seine Mutter war 31 Jahre alt, als sie sich bei der Arbeit im Stall verletzte. Sie maß der Wunde am linken Bein keine Bedeutung bei. Einige

Tage später wurde sie mit hohem Fieber ins Krankenhaus nach Lilienfeld gebracht, aber man konnte sie nicht mehr retten. Ich weiß nicht, ob die Sepsis bereits zu weit fortgeschritten war oder ob das kleine Spital im Jahr 1946 nicht die nötigen Medikamente hatte, um sie erfolgreich zu behandeln. Sie wurde auf dem Friedhof in Lilienfeld begraben.

Mein Cousin Franz und ich nehmen an, dass unsere Mütter ein gutes Verhältnis zueinander hatten. Ihr Kontakt war als Erwachsene jedenfalls enger geworden, und kurz bevor Steffi starb, war meine Mutter bei ihr im Spital gewesen und hatte ihr versprochen, sich um die Bildung ihres Sohnes zu kümmern. Zu den übrigen Geschwistern – es waren ja insgesamt sieben Kinder, die 1916 plötzlich zu Vollwaisen wurden – bestand damals kaum ein Kontakt. Franz und ich bedauerten, dass wir keinerlei Informationen zu unseren weit verstreuten Onkeln und Tanten und deren Kindern hatten. Dass wir gar nichts oder nur sehr wenig über sie wussten. Wohin waren die anderen fünf Geschwister damals gekommen? Und schon gar nicht wussten wir, wie es ihnen bei ihren jeweiligen Pflegeeltern ergangen sein mag. Wir kannten bis vor wenigen Jahren nur einen weiteren Cousin und zwei Cousinen, die alle in Traisen wohnten. Und ich erinnerte mich an meinen Cousin Hermann, der nach Schweden ausgewandert war – er war vermutlich der Sohn der ältesten Schwester unserer Mütter. Über diese Schwester wussten wir allerdings nichts. Hatte sie noch weitere Kinder? Wie heißen sie? Leben sie noch? Und wo?

Franz beschloss nach unserem Gespräch, die wenigen Cousins und Cousinen, von denen er konkret wusste, aufzusuchen und zu befragen. Es war uns beiden schließlich wichtig, mehr über unsere Familie zu erfahren.

Ein merkwürdiger Zufall kam uns zu Hilfe. Am Grab von Steffi auf dem Friedhof in Lilienfeld. Im Jahr 2015 – er war bereits 72 Jahre alt – hatte sich Franz wieder einmal auf den Weg zum Friedhof in Lilienfeld gemacht, mit Blumen, Gartenschaufel und Kerzen. Er hatte gerade begonnen, Unkraut auszuzupfen, als ihm am gegenüberliegenden Grab eine Frau auffiel, die ebenfalls in der Erde hantierte. Irgendwann drehte sie sich um: »Entschuldigen Sie, aber ich muss Sie was fragen: Warum pflegen Sie das Grab meiner Tante?« Franz richtete sich auf und schaute sie erstaunt an. Sie war einen ganzen Kopf kleiner und etwa zehn Jahre älter als er, ein zarter, sehr drahtiger Körper, lachende blaue Augen in einem faltigen Gesicht. Ihren Händen sah man an, dass sie schwere Arbeit gewohnt waren.

Franz war zunächst sprachlos. Dann stieß es aus ihm heraus: »Hier liegt meine Mutter.« Nun starrte die fremde Frau ihn ungläubig an. »Was, Stefanie Reiter ist Ihre Mutter?« Mit ratlos-staunenden Gesichtern und Erde an den Händen standen sie einander gegenüber. Sie waren also Cousin und Cousine und hatten einander nie zuvor gesehen, ja nicht einmal voneinander gewusst. Eine Tote führte sie zusammen. Die Cousine, also auch meine Cousine, heißt Ilse und ist die uneheliche Tochter Viktorias, der ältesten Schwester meiner und Franz' Mutter. Viktoria hatte ihr Kind »weggeben« müssen. Ilse war ein Jahr alt, als sie zu Pflegeeltern nach Hohenberg kam.

Die Begegnung auf dem Friedhof war der Beginn einer Spurensuche nach den weit verstreuten Mitgliedern unserer Familie. An deren Ende konnte Franz stolz verkünden, sechzehn Cousins und Cousinen ausfindig gemacht zu haben; von den meisten hatten wir nicht einmal gewusst, dass sie existierten. Noch im selben Jahr organisierten wir unser erstes Familientreffen, im Jahr darauf das zweite. Leider viel zu spät, um unsere Onkel und Tanten kennenzulernen. Immerhin wurden uns ihre nicht immer einfachen Lebensumstände von ihren Kindern nahegebracht. Über diese Erzählungen rückte die Familie meiner Mutter wieder zusammen.

## 12. Gemona

Als ich acht oder neun Jahre alt war, vermutlich im Sommer 1957, fuhr unsere Familie – mein Vater, meine Mutter, meine Schwester Gerda und ich – als stolze Besitzerin eines VW-Käfers erstmals auf Campingurlaub an die Adria. Es waren die ersten richtigen Urlaubsreisen der Österreicher nach dem Krieg, und sie hatten alle Italien und das Meer zum Ziel. Der VW-Käfer war der erste Dienstwagen meiner Mutter, ein bescheidenes Symbol der Wirtschaftswunderjahre.

Wir fuhren durchs Kanaltal, weil mein Vater unbedingt nach Gemona wollte, Gemona del Friuli, ein kleiner, sehr alter und schöner Ort am Tagliamento, ungefähr dreißig Kilometer nördlich von Udine. Er wollte uns dort die Druckerei zeigen, in der er als Neunzehnjähriger während des Ersten Weltkriegs gearbeitet hatte. Er hoffte, den jungen Buchdrucker zu finden, mit dem er sich damals angefreundet und den er für den Sohn des Druckereibesitzers gehalten hatte.

Das Problem war, mein Vater wusste weder den Namen der Druckerei noch den des jungen Buchdruckers, und er hatte nicht nur ein sehr schlechtes Namens- und Personengedächtnis, sondern auch einen furchtbar schlechten Orientierungssinn: Wir fanden die Druckerei nicht. Meine Mutter, die das Auto lenkte und endlich ans Meer wollte, wurde in solchen Situationen schnell ungeduldig, sie hinderte uns schließlich daran, nach der Druckerei zu fragen und eingehender nach ihr zu suchen. Also fuhren wir unverrichteter Dinge ans Meer und stellten unser Zelt auf. Mein Vater schwieg; es war ihm anzusehen, wie enttäuscht er war.

Während der Recherche zu diesem Buch fuhr ich im Sommer 2015 in dieses kleine Städtchen, in dem wir damals nicht fündig geworden waren. Ich hatte mir vorgenommen, in der Gemeindebibliothek von Gemona (Biblioteca civica) nach Material über den damaligen Aufenthalt meines Vaters zu suchen. Meine Erwartungen waren nicht groß, ich wusste ja nicht einmal den Namen der Druckerei. Und dass es dort Dokumente über einen unbedeutenden, jungen Rekruten der österreichisch-ungarischen Armee geben sollte, hielt ich für nahezu ausgeschlossen. Aber ich wollte es – um dem Wunsch meines Vaters zu entsprechen – zumindest nicht unversucht lassen.

Umso überraschter war ich, als mich in der Bibliothek eine aufgeschlossene, an meinem Anliegen interessierte Dame empfing und vielsagend meinte: »Warten Sie, vielleicht gibt es sogar ein Bild von Ihrem Vater!«

»Ausgeschlossen«, sagte ich. »Non è possibile!«

Sie bat mich einen Stock höher, wo ein pensionierter Geschichtslehrer gerade an einem Buch über die Besatzungszeit während des Ersten Weltkriegs arbeitete. Ich hatte gerade begonnen, Professor Marini, einen sehr umgänglichen und freundlichen Mann, nach dem Namen der Druckerei zu fragen, als die Bibliothekarin, die inzwischen im Archiv etwas gesucht hatte, aufgeregt mit einem großen Buch angelaufen kam.

»Hier ist vielleicht ein Foto von Ihrem Vater drin!«, rief sie.

Ich lachte ungläubig: »Non ci credo!«

Sie aber legte das Buch vor mich hin, und tatsächlich fand sich darin ein Foto von der Druckerei »Toso«, auf dem die Mitarbeiter der Druckerei im Jahr 1918 abgebildet waren. Ich musste nicht lange suchen und entdeckte meinen Vater: unverkennbar er, der damals Neunzehnjährige, mit seinem dichten Haar und dem niedrigen Haaransatz.

Ich konnte es kaum glauben. Da saß er wirklich, als Zweiter von rechts zwischen einem jungen Burschen und dem Leiter der Druckerei, Leutnant Frisch, neben der Druckerpresse und schaute in die Kamera.

Ich blätterte, glücklich und bewegt, durchs Buch, dem auch alle möglichen Drucksorten beigegeben waren, die die Druckerei Toso in ihrem Sortiment führte, die also mein Vater und seine Kollegen damals hergestellt hatten. Er selbst konnte sich nicht daran erinnern, »welch Zeug« sie damals aus der Presse gezogen hatten. Nun lag es, fein säuberlich eingeklebt, vor mir. Es waren vor allem Kinoprogramme auf Deutsch und Ungarisch, Abholscheine und Listen sowie verschiedene amtliche Mitteilungen, hauptsächlich für Offiziere. Ich blätterte wieder zu dem Foto zurück, neben dem auch etwas über die »feindlichen Österreicher« geschrieben stand, die damals als Besatzer im Ort nicht willkommen waren. Der Text zitierte auch das patriotische Manifest, in dem die Gemeindeverwaltung von Gemona ihrer Bevölkerung den Sieg und die Befreiung von der feindlichen Besatzung verkündete. Das Buch befindet sich nach wie vor in der Biblioteca civica von Gemona.

Ich konnte zunächst nicht glauben, wie weit ich mit diesem Buch in der Geschichte meines Vaters gelandet war. Die riesige Druckerpresse auf dem Foto, die über 300 verschiedenen Drucksorten, bei deren Herstellung auch mein Vater seinen Teil geleistet hatte. Giacomo Toso, der Druckereibesitzer, war beim Einmarsch der Österreicher geflohen und hatte nach seiner Rückkehr das Material, das die abziehenden Feinde hinterlassen hatten, gesammelt und es im Jahr 1937 dem Museum der Bibliothek als Geschenk vermacht.

Professor Marini, der mir aufmerksam zuhörte, zeigte mir Fotomaterial, das er für sein Buch gesammelt hatte: Ansichten von Gemona aus dem Jahr 1918 und der österreichischen Besatzung. Er ging mit mir durch die Stadt und zeigte mir, wo das Wohnhaus der Familie Toso und die Druckerei gestanden hatten, mitten im Zentrum, schräg gegenüber dem Offizierscafé, das jetzt ein Restaurant war. Die Druckerei Toso war die einzige Druckerei im Ort und existierte bis zum Erdbeben 1973, danach wurde sie nicht mehr aufgebaut. Der junge Bursch, mit dem sich mein Vater angefreundet hatte, war aber nicht der Sohn des Signor Toso gewesen. Hätte mein Vater nur ansatzweise einen Orientierungssinn gehabt, er hätte die Druckerei, die es in den Fünfzigerjahren ja noch gegeben hatte, finden müssen: Wir fuhren damals direkt daran vorbei.

Bei einem weiteren Besuch bei Professor Marini erfuhr ich die Geschichte der Bibliothek. Sie wurde von einem Adeligen aus Graz und dessen bibliophilem Freund Baldissera aus Gemona im Jahr 1889 gegründet. Es freut mich, dass die Österreicher nicht nur als Feinde, sondern auch als Freunde Spuren in Gemona hinterlassen haben. Professor Marini schickte mir Fotomaterial über die Besatzungszeit, und ich ließ ihm eine Übersetzung der persönlichen Erinnerungen meines Vaters über seine Zeit in Gemona zukommen. So hatte sich nach fast hundert Jahren ein Kreis geschlossen.

## 13. Mein Vater im Krieg

Warum mein Vater im Jahr 1918 als Drucker nach Gemona kam, hing zum einen mit seiner schwachen Konstitution, zum anderen mit dem Sieg der österreichischen Armee in Karfreit im November 1917 und der anschließenden Besetzung Friauls zusammen.

Nach dem Ausbruch des Ersten Weltkriegs 1914 waren immer mehr junge Männer zum Kriegsdienst einberufen worden. Mein Vater wurde

1916 zum ersten Mal und dann noch einmal 1917 »gemustert«. Beide Male wurde er als »unterentwickelt« zurückgestellt. Er war mit 1,68 Metern nicht groß gewachsen und aufgrund der schlechten Ernährung eher schmächtig. Das Wehrbezirkskommando in Lilienfeld führte ihn als untauglich in Evidenz.

Im Jänner 1918, genau zehn Jahre, nachdem ihm sein inzwischen verstorbener Kaiser huldvoll zugewinkt hatte, wurde auch er an die Front einberufen, allerdings nur zum Arbeitsdienst. Er erhielt eine Uniform und wurde einer Gruppe von ungefähr zwanzig Buchdruckern im Alter von dreißig bis vierzig Jahren zugeteilt. Sie waren zum Einsatz in Felddruckereien vorgesehen. Mein neunzehnjähriger Vater war mit Abstand der Jüngste. Gemeinsam mit einem anderen Schriftsetzer wurde er nach Gemona del Friuli geschickt. Dort hatte das österreichische Militär eine Druckerei beschlagnahmt, dessen Besitzer mit seiner Frau geflüchtet war. Nun machte unter der Leitung eines österreichischen Offiziers ein Angestellter als Kriegsgefangener in Zivil weiter Dienst in der Druckerei, und ein etwa sechzehn Jahre alter Junge bediente die Druckerpresse. Ein katholischer und ein evangelischer Pfarrer überbrachten jeweils die Manuskripte, die zur Veröffentlichung bestimmt waren. Sie mussten von meinem Vater und seinem Kollegen innerhalb weniger Tage gesetzt und gedruckt werden.

Die beiden Österreicher freundeten sich bald mit dem jungen Italiener an, der die Druckerpresse bediente. Sie sprachen über den Krieg. Der Junge konnte etwas Deutsch und war der festen Überzeugung, dass Italien den Krieg gewinnen werde. Er sagte: »Wir Italiener werden siegen und ihr werdet laufen.«

So kam es dann auch. Mitte Oktober 1918 zogen mein Vater und sein Kollege mit den Soldaten ab. Es dürften an die 150 Mann gewesen sein, die nach Tarvis marschierten. In Gemona waren eine österreichische und eine deutsche Einheit stationiert, sie waren auch für die Verpflegung der Buchdrucker verantwortlich. Nun war alles in Auflösung.

Der Eisenbahnzug, der sie von Tarvis nach Hause bringen sollte, war völlig überfüllt. Viele, darunter auch mein Vater, kletterten auf die

Waggondächer, um wenigstens *auf* dem Zug einen Platz zu finden.[27] Sie wussten, der Krieg war verloren und sie mussten unbedingt von hier fort, wenn sie nicht in Gefangenschaft geraten wollten.

## 14. Das Ende der Monarchie

Nicht nur im Leben meines Vaters begann damals ein völlig neues Kapitel. Als im November 1918 die österreichisch-ungarische Armee die Waffen niederlegte und sich von den Fronten zurückzog, brach innerhalb weniger Tage die Habsburgermonarchie auseinander. Auch die Staatsform der monarchischen Herrschaft hatte ausgedient. Eine Woche nach der Unterzeichnung des Waffenstillstands unterzeichnete Kaiser Karl am 11. November auf Drängen der Sozialdemokraten die »Abdankungsproklamation«, mit der er auf eine Teilnahme an den Regierungsgeschäften verzichtete. Es war die Geburtsstunde der Republik. Sie begann in einem heillosen Durcheinander.

Nach vier Jahren Krieg mit Millionen Toten, Unterversorgung und Hungersnot hatten sich soziale Unzufriedenheit und eine lähmende Kriegsmüdigkeit ausgebreitet, die bald ins Chaos führten. Noch während des Rückzugs hatten sich spontan Soldatenräte gebildet, die ihre eigenen Offiziere degradierten.[28] Mit Disziplin und Obrigkeitsgehorsam war es vorbei. Was von der Armee noch übrig war, löste sich auf, kaum dass die ausgehungerten, demoralisierten und mittlerweile oft revolutionär gesinnten Soldaten den Heimweg antraten. Tschechen, Slowaken, Ungarn, Polen, Slowenen, Bosnier, Serben, sie alle strebten in ihrer jeweiligen Heimat die Gründung eigener Staaten an.

Auf dem Wiener Westbahnhof rollte in den ersten Novembertagen alle 20 bis 25 Minuten ein Zug ein, bis aufs Dach gefüllt mit vor Schmutz und Ruß starrenden Soldaten. Der Südbahnhof zeigte das gleiche Bild. Auf dem Dach eines derartigen Zuges war auch mein Vater, er gelangte so bis Wiener Neustadt. Auf der Fahrt passierten sie immer wieder Gegenzüge, voll mit ehemaligen italienischen Kriegsgefangenen, die nun auch nach Hause, in die Freiheit, fuhren.[29]

Entlang der Bahnstrecken war es in Niederösterreich und Tirol vielfach zu Plünderungen gekommen. Um marodierende Soldaten und revolutionäre Arbeiter abzuwehren, wurden auf dem Land sogenannte Heimatwehren aufgestellt. Auf der anderen Seite hatten auch die Arbeiterinnen und Arbeiter in den Betrieben Arbeiterräte gebildet. Viele von ihnen waren noch radikalisiert vom Jännerstreik 1918, als die Regierung die Mehlration halbiert hatte und die Arbeiterinnen und Arbeiter in den Wiener Neustädter Daimler-Motorenwerken daraufhin spontan in Streik getreten waren – ein Streik, der sich kurz darauf in viele Teile der Monarchie ausgebreitet hatte. Schon damals hatten die Arbeiterinnen und Arbeiter ihre Widerstandsbereitschaft gezeigt, und nun organisierten sie sich, so wie die revolutionären Kriegsheimkehrer in den Soldatenräten.

Aus Sicht der staatlichen Ordnung bildete sich eine gefährliche Gemengelage, umso mehr, als die Menschen, vor allem in den Städten, Hunger litten und es an so gut wie allem mangelte. Zeitgenössische Fotos von Holzsammlerinnen im Wienerwald, von Frauen und Kindern, die auf Mistplätzen nach Essbarem suchen, bezeugen das Elend der Menschen.[30] Tuberkulose war die Volkskrankheit Nummer eins, es gab kaum ein Proletarierkind, das damals nicht rachitisch war. Zu Tausenden erlagen die geschwächten Menschen außerdem der Spanischen Grippe.[31]

Meine Mutter war damals sieben Jahre alt. Aus einem Fenster der dunklen Dachwohnung ihrer Pflegeeltern konnte sie beobachten, wie aufgebrachte Arbeiter aus der Metallfabrik Lenz stürmten und den Direktor sowie leitende Angestellte verprügelten und vom Firmengelände vertrieben. Der Fabrikbesitzer Lenz hatte sich mit seiner Frau und seiner Tochter rechtzeitig in Sicherheit gebracht. Er hatte wohl geahnt, dass es auch in Traisen zu einem Arbeiteraufruhr kommen würde. Angesichts der schlimmen Arbeitsbedingungen in seiner Fabrik, die in Tag- und Nachtschichten für die Kriegswirtschaft produziert hatte, war das auch zu erwarten gewesen.

Von den politischen Ereignissen hatte meine Mutter damals noch nichts begriffen, sie mochte sich höchstens gefragt haben, wo nun die

Frau Lenz und ihre Tochter waren, deren schöne Kleider sie so sehr bewundert hatte. Schöne Kleider, wer konnte sich die damals schon leisten? Aber darum ging es jetzt gar nicht, die meisten Menschen hatten andere Sorgen und fragten sich, wie es überhaupt weitergehen und wer nun die Ordnung wiederherstellen würde. Es war alles so ungewiss wie unsicher, in Traisen genauso wie in den anderen Orten.

## 15. Die Gründung der Republik

In diesem Chaos und machtpolitischen Vakuum fanden sich die Führer der drei schon in der Monarchie tonangebenden Parteien – Christlichsoziale, Deutschnationale und Sozialdemokraten – zusammen und riefen am 12. November 1918 die Republik aus. Es blieb ihnen auch gar nichts anderes übrig: Der Kaiser hatte auf die Regierungsgeschäfte verzichtet, und auch wenn er formal nicht abgedankt hatte, war die Monarchie als Staatsform faktisch beendet. Keiner der Parteiführer wollte das Land in eine blutige Revolution stürzen, nur um die eigenen Interessen durchzusetzen. Man suchte daher nach einer gemeinsamen Klammer, einer Notlösung: die Republik als neue Staatsform.

Bereits im Oktober war die Provisorische Nationalversammlung unter dem Vorsitz des Sozialdemokraten Karl Seitz zusammengetreten, und der gemäßigte Sozialdemokrat Karl Renner wurde von allen Parteien zum Staatskanzler gewählt und mit der Bildung einer Regierung betraut.[32] Die Ausrufung der Republik am 12. November 1918 war dann eine logische Folge der Auflösung der Monarchie und fand ohne viel Pathos und ohne Enthusiasmus, immerhin aber ohne Blutvergießen statt. Am Abend dieses denkwürdigen Tages vermerkte Arthur Schnitzler in seinem Tagebuch lapidar: »Ein welthistorischer Tag ist vorbei. In der Nähe sieht er nicht sehr großartig aus.«[33]

Die Hoffnungen im Land waren tatsächlich nicht groß. Kaum jemand wollte damals an die Lebensfähigkeit jenes neuen Staatsgebietes glauben, das der französische Ministerpräsident Clemenceau angeblich als den »Rest« bezeichnet hatte. Es war das kleine, deutschsprachige Kerngebiet, das von der Monarchie im wahrsten Sinn des Wortes *übrig geblieben* war. Es war sozusagen die Restmasse, und diese verkörperte Österreich damals wohl auch in den Augen der handelnden Politiker, die nun die ganze Verantwortung übernehmen mussten. Die Sozialdemokratische Partei war dabei nicht nur die stärkste politische Kraft im kleinen Rest-Österreich, sie war entscheidend für die demokratische Entwicklung des Landes.

Erschwert wurde der Neubeginn von enormen wirtschaftlichen Schwierigkeiten. Mit einem Schlag war der neue Staat von den wichtigsten Rohstoff- und Produktionsstätten der ehemaligen Monarchie abgeschnitten, unentbehrliche Güter wie Kohle konnten nur noch schwer und gegen Entrichtung hoher Zollgebühren eingeführt werden, was die Wirtschaft empfindlich belastete.

Zunächst aber hatte die Republik ein ganz anderes Problem. Es gab nämlich weder eine militärische noch eine polizeiliche Macht, die das Gewaltmonopol des Staates hätte ausüben können. Repräsentanten der Habsburgerarmee bekamen den Hass und die Enttäuschung der Bevölkerung zu spüren. Einfache, abgerüstete Soldaten rissen auf offener Straße ihren ehemaligen kaiserlichen Offizieren die Rangabzeichen von der Uniform. In ihren Händen lag in den Umsturztagen die ganze Staatsgewalt, denn auch im zivilen Bereich füllten die revolutionär gesinnten Soldaten das entstandene Machtvakuum aus.

An ihnen kam man in dieser Situation nicht vorbei. Um dem Chaos entgegenzuwirken, gründete der erste Staatssekretär für das Heerwesen, der Sozialdemokrat Julius Deutsch, ein ehemaliger Artillerieoffizier, noch 1918 die sogenannte »Volkswehr«, die dem sozialdemokratischen Gedanken einer Volksmiliz entsprach. Es war ihm dabei gelungen, die kommunistisch dominierte »Rote Garde« in die gemäßigte (sozialdemokratische) Volkswehr zu integrieren und damit eine revolutionäre Situation zu entschärfen, wie sie im benachbarten Ungarn und Bayern zur Gründung von Räteregierungen geführt hatte. Dem Aufruf von Deutsch an alle aus dem Krieg heimgekehrten Soldaten, sich mit ihren Waffen der Volkswehr zur Verfügung zu stellen, wurde in Arbeiterkreisen fast lückenlos Folge geleistet.

Auch mein Vater meldete sich, als er wieder zurück in Traisen war, als abgerüsteter Soldat und verblieb bis November 1919 in der Volkswehr. Sie war in seinen Augen eine notwendige Ordnungsinstanz. In seinem Heimatort erlebte mein Vater, dass sich auch im ersten Jahr des Friedens an den elenden Lebensverhältnissen der Bevölkerung kaum etwas änderte. Hunger, Mangel an den wichtigsten Bedarfsartikeln und Krankheiten beherrschten weiter das Leben. Und es gab die langsam spürbaren Spannungen zwischen den politischen Lagern. Aber nicht nur die Soldaten der Volkswehr hatten Waffen. Abgerüstete Soldaten bildeten auf dem Land Bauernwehren, die in erster Linie gegen die »rote Gefahr« kämpfen wollten.[34] So gelangten große Waffenbestände der ehemaligen kaiserlichen Armee in den Besitz konterrevolutionärer Kräfte, was innerhalb der Sozialdemokratie die Befürchtung nährte, dass durch einen Handstreich legitimistischer Offiziere die Monarchie wieder zurückkehren könnte.[35]

Julius Deutsch versuchte beiden Tendenzen gegenzusteuern. Eine legitimistische Restauration sollte ebenso verhindert werden wie die Entstehung einer bolschewistischen Räterepublik. Die Gefahr eines in diesem Spannungsfeld ausbrechenden, blutigen Bürgerkriegs war real und die Angst bürgerlicher Kreise davor berechtigt.

Ein Problem der neuen Republik war der enorme Waffenbestand der Habsburgerarmee, der in den Händen der abgerüsteten Soldaten verblieben war. 1920 wurde die Volkswehr auf Druck der italienischen Siegermacht, die eine Rückeroberung Südtirols befürchtete, aufgelöst. Deren Waffenbestand ging in vielen Orten später in den Grundbestand des neu gegründeten *Republikanischen Schutzbunds*, der paramilitärischen Organisation der Sozialdemokraten, über. Die größten Waffenbestände der ehemaligen k. u. k. Armee aber lagerten im Wiener Arsenal und sollten von den Koalitionsparteien gemeinsam bewacht werden. Durch einen Trick des christlichsozialen Heeresministers Vaugoin wurde den Sozialdemokraten der Zutritt zu diesem Waffenarsenal verwehrt. Neben dem Bundesheer konnte sich auch die christlichsoziale, ebenfalls paramilitärische

»Heimwehr« dieser Bestände bemächtigen, wodurch die Gefahr eines Bürgerkrieges wesentlich erhöht wurde. Die Sozialdemokraten wurden bei dieser Aktion übertölpelt und wehrten sich kaum.[36]

## 16. Ein beispielloses Reformwerk

In der provisorisch gebildeten Regierung, zu deren Staatskanzler der Sozialdemokrat Karl Renner gewählt wurde, gaben die Sozialdemokraten den Ton an. Bei den Wahlen zur konstituierenden Nationalversammlung (dem Parlament) im Februar 1919 gewannen sie die Mehrheit und stellten die wichtigsten Minister.

In nur eineinhalb Jahren bewirkten diese Minister ein beispielloses Reformwerk. Allein der Textilarbeiter-Gewerkschafter Ferdinand Hanusch als erster österreichischer Sozialminister bewältigte ein ungeheures Arbeitspensum: Täglich suchten ihn hunderte verzweifelte Arbeitslose, Kriegsheimkehrer, Invaliden, Kriegerwitwen und -waisen in seinem Staatsamt auf, deren akute Not er zu lindern suchte. Gleichzeitig verfasste er mit seinen Beamten, die er mit seinem gewinnenden Wesen und seinem kollegialen Führungsstil zu motivieren verstand, in nur zwei Jahren 83 Gesetze und Verordnungen zur Verbesserung der sozialen Lage der österreichischen Bevölkerung.[37] Achtstundentag, Arbeitslosenversicherung, gesetzlicher Anspruch auf Urlaub, Nachtarbeitsverbot für Frauen und Lehrlinge, Verbot von Kinderarbeit, Betriebsrätegesetz, Invalidenentschädigungsgesetz, Arbeiterkammergesetz, Kollektivvertragsgesetz und Verbot für Betriebe, Arbeiter zu entlassen, waren nur einige der Maßnahmen.[38] »Diese Gesetze«, schreibt mein Vater in seinem Buch über die Arbeiterbewegung, »bedeuteten einen großen Fortschritt für die arbeitenden Menschen und wurden der Grundstein für den vorbildlichen Ausbau der Sozialgesetze in der Zweiten Republik.« Nicht zuletzt waren damit auch »wesentliche Forderungen« erfüllt, die auf dem Einigungsparteitag der Sozialdemokratischen Partei in Hainfeld 1888/89 aufgestellt worden waren.[39]

Die Unternehmerparteien schäumten, doch Hanusch nützte den Druck der Straße und der radikalen Arbeiterräte, um möglichst viele Reformen durchzusetzen. Er überspannte jedoch nie den Bogen und blieb stets im Bereich des auch für die andere Seite Zumutbaren. Hanusch war nicht nur ein genialer Sozialreformer, sondern auch der Begründer der modernen Sozial- und Wirtschaftspartnerschaft. Die bereits in der Monarchie bestehende, nunmehr aber autonom von Arbeitgeber- und Arbeitnehmerorganisationen beschickte paritätische Industriekommission wurde zur Drehscheibe für Arbeitsvermittlung und Arbeitslosenunterstützung und fungierte als Einigungsamt. Die Gründung der Arbeiterkammer als gesetzliche Interessensvertretung der Arbeitnehmer und gleichwertige Partnerin der Wirtschafts- und Handelskammer war ein weiteres wichtiges Projekt. Nach seinem Ausscheiden aus der Regierung wurde Hanusch ihr erster Direktor.

Typisch für ihn ist folgende Aussage: »Für die Arbeiterbewegung ist die Betätigung auf dem Gebiet der Wirtschaftspolitik von größter Bedeutung [...]. Nur wenn die Arbeiterschaft Gelegenheit findet, sich mit den Fragen der Wirtschaftspolitik eingehend zu beschäftigen, wird sie auch jeweils den Wert und das Ausmaß der erforderlichen Sozialpolitik zu überblicken vermögen.«[40]

Trotz seiner Kompromissbereitschaft hassten ihn die Bürgerlichen. Die Büste Ferdinand Hanuschs auf dem 1928 von der Gemeinde Wien errichteten »Denkmal der Republik« wurde von den Austrofaschisten 1934 nicht nur mit der Kruckenkreuzfahne überhängt und schließlich – wie die Büsten Victor Adlers und Max Reumanns – abgetragen, sondern so stark beschädigt, dass sie nach dem Krieg wiederhergestellt werden musste.

Laut Karl Renner bestand Hanuschs Größe neben seinem unermüdlichen Arbeitseinsatz vor allem darin, dass er von Emotionen aufgeputschte Menschen an den Verhandlungstisch brachte und damit das Land vor Mord, Plünderungen und anderen Katastrophen bewahrte.[41] Es war das ausschließliche Verdienst der Sozialdemokratie, die revolutionär gesinnten Massen zu beruhigen und einen kommunistischen Umsturz wie in Budapest oder München zu verhindern.

Bei der Abwendung der Revolutionsgefahr muss auch das besonnene Agieren Friedrich Adlers erwähnt werden. Der Sohn des SDAP-Gründers Victor Adler war von Anfang an gegen den Krieg gewesen und hatte 1916 als Pazifist den Ministerpräsidenten Karl Stürgkh erschossen. Er war zunächst zum Tode, dann zu einer langen Haftstrafe verurteilt und nach dem Krieg amnestiert worden. Er genoss hohes Ansehen in der Bevölkerung und übte ebenfalls einen mäßigenden Einfluss auf die revolutionären Arbeiterräte aus, als deren Führer er zwei Mal einen kommunistischen Umsturzversuch verhinderte. Adlers Einfluss auf die Arbeiterräte, die unmittelbar wirksamen Reformen Hanuschs, die Durchsetzungskraft der Volkswehr und nicht zuletzt die revolutionäre Rhetorik Otto Bauers bewirkten, dass es weder zu einer Revolution noch, wie in Deutschland, zu einer Spaltung der Linken in Sozialdemokraten und Kommunisten kam. Die Sozialdemokratische Partei in Österreich konnte die Kommunisten mehrheitlich in ihr Lager ziehen und damit die Gefahr eines revolutionären Umsturzes bannen.

Aus heutiger Sicht ist schwer zu verstehen, dass die bürgerliche Seite nicht sehen und begreifen konnte oder wollte, wie wichtig die Sozialdemokratie in dieser Gefahrensituation zu Beginn der Republik war. Adel und Bürgerliche lehnten die neue, republikanische Ordnung mit solcher Entschiedenheit ab, dass sie blind für die echten Leistungen der Sozialdemokratie und deren Schutzfunktion in der Abwehr des Kommunismus waren.[42]

Während der ersten zwei Jahre der Republik kam es immer wieder zu tumultartigen Szenen im Parlament, weil die Konservativen gegen die rasante Reformpolitik der Sozialdemokraten opponierten, während umgekehrt die Sozialdemokraten, die unter dem Druck der Straße standen, über die Vielzahl von Kompromissen, die sie eingehen mussten, stöhnten. Beide Parteien bedauerten, nicht die absolute Mehrheit im Parlament zu haben. Beiden mangelte es an demokratischem Verständnis. Gleichzeitig erledigten sie in diesen zwei Jahren gemeinsam eine ungeheure Reformarbeit, von der Österreich bis heute profitiert: Das kleine Österreich hatte damals den modernsten Sozialstaat in Europa. Unter Federführung der Sozialdemokraten wurden sowohl die Grundlagen unseres modernen

Rechtsstaats gelegt als auch die Basis für unser heutiges Sozialsystem geschaffen. Für Letzteres hatte Hanusch bahnbrechend gewirkt.

Als Hanusch 1923 starb, hielt der Bürgermeister von Traisen, Gottfried Stamberg, bei der Gemeinderatssitzung am 1. Oktober 1923 einen tiefgehenden Nachruf. Er sprach von einem »unersetzlichen Verlust«, den »die deutschösterreichische Arbeiterschaft durch das Hinscheiden dieses großen Mannes erlitten« habe, und hob dessen »große Bedeutung für die Schaffung und Durchsetzung der österreichischen Arbeiterschutzgesetze« hervor. Hanuschs »segensreiche Wirksamkeit«, so der Bürgermeister, »hat Unvergängliches geschaffen. Und unvergänglich wie seine Werke wird die Erinnerung an ihn bleiben. Neben den größten unter unseren Toten wird er fortleben, solange in unserem Land Arbeiterherzen schlagen.« Die Gemeinderäte erhoben sich zum Zeichen der Trauer von den Sitzen.[43]

Von den Bürgerlichen aber wurde Hanusch gehasst. Da es keinen Repressionsapparat der alten Staatsmacht mehr gab, mussten Christlichsoziale und Großdeutsche akzeptieren, dass alle Gesetze mit den außerparlamentarischen Machtpositionen der Arbeiterschaft konsensual abgestimmt wurden. Die Regierung fungierte, vor allem in der ersten Zeit, eher als Geschäftsführung des Parlaments und implementierte die Gesetze mithilfe der Bürokratie. Gleichzeitig verzichtete die Sozialdemokratie darauf, ihre faktische Stärke gegenüber der schwächeren Bourgeoisie auszunützen.

Insofern war das Verantwortungsbewusstsein der Sozialdemokraten, die Grenze des Zumutbaren nicht zu überschreiten, wesentlich größer als auf der Seite ihrer politischen Gegner, die hauptsächlich ihren Machtverlust beklagten.

## 17. Die Verfassung

Als Bundespräsident Van der Bellen im Jahr 2019 bei der Angelobung der Interimsregierung die »Schönheit« unserer Verfassung rühmte, rief er auch den Namen ihres Verfassers, Hans Kelsen, in Erinnerung. Diese

»schöne« Verfassung wurde 1920 mit Zweidrittelmehrheit im österreichischen Parlament beschlossen. Damals mahnte Kelsen – leider vergebens – die Abgeordneten der beiden großen politischen Lager, dass das Wesen der Demokratie nicht die Herrschaft der Mehrheit über die Minderheit, sondern der Schutz der Minderheit sei.[44] Ein solches demokratisches Verständnis hatten damals weder die Christlichsozialen noch die Sozialdemokraten ausgebildet. Beide strebten die Mehrheit im Parlament an und glaubten, in der Folge mit dieser Mehrheit uneingeschränkt herrschen zu können. Die Verfassung hob zwar das Recht der Regierung, den Ausnahmezustand zu verhängen, auf, übernahm aber aus der alten Verfassung der Monarchie den § 14 mit dem »Kriegswirtschaftlichen Ermächtigungsgesetz« (KWEG) aus dem Jahr 1917.

In der Diskussion um die Verfassung erhob gleichsam die Demokratie selbst ihre Stimme im Parlament. Bemerkenswert ist, dass nicht die konservativen Kräfte das KWEG in der neuen Verfassung verankert wissen wollten. Der großdeutsche Abgeordnete Kraft beantragte sogar die Aufhebung des »potentiell die Demokratie gefährdenden« Gesetzes.[45] Und auch der christlichsoziale Abgeordnete Heilinger äußerte seine Bedenken und machte Renner darauf aufmerksam, dass mit der Interpretation dieses Paragrafen »alles möglich« sei. Renner aber schätzte die Möglichkeit eines Missbrauchs als »obsolet« ein, und die Verfassung wurde schließlich mitsamt diesem Paragrafen beschlossen.[46]

Aus heutiger Sicht erscheint es als Ironie der Geschichte, dass die Sozialdemokratie die Warnung in den Wind geschlagen, ja, dass ein Christdemokrat einen Sozialdemokraten auf einen möglichen Missbrauch dieses Paragrafen aufmerksam gemacht hatte. Nur dreizehn Jahre später kramte Dollfuß das Kriegswirtschaftliche Ermächtigungsgesetz auf Rat seines Sektionschefs Hecht aus der Mottenkiste und errichtete mit Hilfe dieses Paragrafen eine Diktatur. Ab 1933 regierte Dollfuß mit Verordnungen auf Basis des KWEG außerhalb der Verfassung und ohne Parlament. Genau wie Hitler 1933 und Viktor Orbán 2020, als er sich vom Parlament Sondervollmachten ausstellen ließ und seither auf dem Verordnungsweg regieren kann. Ermächtigungsgesetze sind der erste Schritt Richtung Diktatur. Die politische Debatte im Jahr 1920 zeigte, wie die Mehrheit im Parlament die Gefahr unterschätzt hatte.

Nach zwei Jahren Koexistenz waren beide Parteien koalitionsmüde, und am Konflikt über das neue Wehrgesetz – die Alliierten verlangten ein Berufsheer anstelle des Milizheeres – zerbrach die Allianz. Als nach den Wahlen im September 1920 die Christlichsoziale Partei (CSP) stärkste Kraft wurde und die Sozialdemokratie (SDAP) mit 36 % auf den zweiten Platz abrutschte, beschloss der Parteivorstand der SDAP auf Betreiben Otto Bauers, aus der Regierung auszuscheiden. Aus heutiger Sicht ist es völlig unverständlich, mit der Unterstützung von 36 % der Wählerinnen und Wähler keine Regierungsbeteiligung anzustreben.

Otto Bauer offenbarte damals sein mangelndes politisches Geschick und wohl auch seine Abneigung, Verantwortung zu übernehmen. Er scheute sie generell, die Regierungsverantwortung schien den Theoretiker zu überfordern: Bauer war, fast ausschließlich, ein Mann der Worte, nicht der Taten. Zwar gab es in der Sozialdemokratie Menschen wie Renner und Ellenbogen, die vermutlich in der Parteivorstandssitzung im Oktober 1920 gegen den Austritt aus der Regierung argumentiert hatten, doch stimmten letztendlich auch sie dafür. Einstimmigkeit und Einheit der Partei waren seit dem Einigungsparteitag in Hainfeld 1888/89 oberstes Gebot. Doch in diesem Fall war das Bedürfnis nach Einheit kontraproduktiv: Der Austritt aus der Regierung war zweifellos ein grober strategischer Fehler und der erste Schritt in die Katastrophe von 1934.

Die bürgerlichen Parteien allerdings frohlockten und waren froh, dem (aus ihrer Sicht) »Reformfuror« der Sozialisten entronnen zu sein. Möglicherweise hätten sie auch ohne deren freiwilligem Rückzug die Regierungsarbeit mit den Sozialdemokraten nicht mehr weitergeführt. Der »revolutionäre Schutt«, wie Seipel deren Reformarbeit bezeichnete, sollte so schnell wie möglich beseitigt werden.[47]

Die Sozialdemokraten aber bildeten eine starke Opposition und konnten nicht zuletzt dank steigender Wahlerfolge zumindest den Abbau des Sozialstaates abfangen. Es waren Jahre der rhetorischen Kämpfe im Parlament, die zwar die unterschiedlichen Standpunkte schärften, gleichzeitig aber das politische Klima zusehends vergifteten und die Parteien weiter auseinandertrieben. Die spätere politische Katastrophe konnte oder wollte man nicht aufhalten.

Heute ist man sich weitgehend einig, dass das mangelhafte demokratische Verständnis von Christlichsozialen und Sozialdemokraten der Ersten Republik zum Verhängnis wurde. Keine der beiden Parteien war willens, die andere zu verstehen, geschweige denn deren Leistungen anzuerkennen. Beide waren der Meinung, nur wer die Mehrheit habe, solle die Regierung bilden. Die Mahnung Hans Kelsens verhallte ungehört. Otto Bauer behauptete sogar, dass »die logische Rolle des Proletariats die Opposition sei!«[48] Wie großartig und zukunftsweisend wäre es gewesen, hätten sich die beiden großen Parteien auf der Basis der »schönen« Verfassung zu einer gemeinsamen Politik zusammengefunden. Aber das wurde erst in der Zweiten Republik möglich.

Nach dem Zweiten Weltkrieg schienen die beiden Parteien tatsächlich aus der Geschichte gelernt zu haben: Sie beschlossen, nie wieder aufeinander zu schießen; in großen Koalitionsregierungen gelang es, die anstehenden wirtschaftlichen und sozialen Probleme zum Wohle Österreichs bestmöglich und gemeinsam zu lösen. So kam erstmals auch die 1919 durch Ferdinand Hanusch begründete Sozialpartnerschaft zum Tragen und stabilisierte das Land in vorbildlicher Weise.

## 18. In Traisen gehen die Uhren anders

Ich würde heute gerne meine Eltern fragen, ob sie sich den konsensualen Weg, der das Erfolgsrezept der Zweiten Republik ausmachte, in den Zwanziger- und Dreißigerjahren hätten vorstellen können. Mein Vater hatte sich vom ersten Tag an politisch für das Veränderungsprogramm der Sozialdemokratie engagiert. In seinen Erinnerungen schreibt er dazu leider wenig und schon gar nichts über die Enttäuschungen, als er sah, dass es in die falsche Richtung ging und die großen Reformen der Sozialdemokratie vom konservativen Teil der Bevölkerung vielfach nicht als sinnvoll begriffen wurden.

Während sich die Sozialdemokraten auf Bundesebene also für den Austritt aus der Regierung und für die Oppositionsrolle entschieden, blieben sie im Gemeinderat von Traisen weiterhin tonangebend. Die Industriearbeiterschaft war durchwegs sozialdemokratisch eingestellt, Bauern, Geschäftsleute und Gewerbetreibende blieben stets in der Minderheit. Bei den ersten Wahlen 1919, bei denen die Kommunisten nicht kandidierten, erreichte die SDAP 88 % der abgegebenen Stimmen, die Einheitsliste aus Christlichsozialen und Deutschnationalen kam gerade auf 12 %. Bei allen Wahlen seither – mit Ausnahme jener Zeiten in den 1930er- und 1940er-Jahren, in denen die Partei verboten war – erreichten die Sozialdemokraten in Traisen mühelos die absolute Mehrheit.

Mein Vater, der schon 1913, als Fünfzehnjähriger, der SDAP beigetreten war, hatte von Anfang an eine aktive Rolle eingenommen. Als abgerüsteter Soldat ließ er sich nach seiner Heimkehr Anfang November 1918 sofort bei der Volkswehr einschreiben. Sie bestand in Traisen aus etwa achtzig Mann (in ganz Niederösterreich, damals Wien-Land, waren es 12.800) und hatte im ehemaligen Kindergarten neben der Johanneskirche ihren Sitz.

Mein Vater war bis September 1919 aktives Mitglied. In seinen Erinnerungen betont er, welche Bedeutung diese Organisation für die Sicherheit des damals als Deutschösterreich bezeichneten jungen Staates hatte: »Wenn auch von den bürgerlichen Parteien angefeindet, so darf doch nicht übersehen werden, dass die Volkswehr in dieser schweren Zeit eine Notwendigkeit war. Sie hat ihre Aufgabe, auf Ruhe und Ordnung zu sehen und Schutz der jungen demokratischen Republik zu sein, voll und ganz erfüllt. Aus und in der Not geboren, erwies sich die Volkswehr in einer Zeit des Elends, des Hungers und der Kriegsmüdigkeit als eine der wichtigsten Stützen der jungen österreichischen Demokratie – und als ein würdiger Vorfahre des heutigen österreichischen Bundesheeres.«[49]

Das 1920 gegründete Bundesheer musste auf Wunsch der alliierten Siegermächte ein Berufsheer sein, und es sollte militärisch über nur geringe Stärke verfügen. Anfangs rekrutierte das Bundesheer in den unteren

Chargen Sozialdemokraten, während die Offiziere meist aus bürgerlichem oder nationaldeutschem Milieu stammten.

Da das Bundesheer bald von den Christlichsozialen dominiert wurde und sich bei den als »Heimwehren« zusammengefassten anderen paramilitärischen Verbänden zusehends antidemokratische Tendenzen bemerkbar machten, gründeten die Sozialdemokraten 1923, wie schon erwähnt, eine bewaffnete Arbeiterwehr, den *Republikanischer Schutzbund*. Dabei ging es selbstverständlich auch um die Demonstration von Selbstbewusstsein, um »proletarische Wehrhaftigkeit«, der eigentliche Grund für die Gründung war aber wohl das zunehmende Misstrauen gegenüber dem Bundesheer.[50]

Vor allem in Wien, in den Industriegebieten Nieder- und Oberösterreichs sowie der Steiermark war der Schutzbund eine überaus starke Organisation. In Traisen wurde er mit den Waffen der Volkswehr ausgestattet. Einer der Mitbegründer des Republikanischen Schutzbundes Traisen war mein Vater. Zum einen, weil er sich selbstverständlich der Republik verpflichtet fühlte, zum anderen, weil er das Erstarken der antirepublikanischen Kräfte befürchtete.

In der Ortsgruppe der Sozialdemokratischen Arbeiterpartei war er 1919 zum Obmann der damals 25 Mitglieder zählenden Jugendorganisation der SDAP gewählt worden. Im selben Jahr wurde er Mitglied der *Naturfreunde* in Traisen und beteiligte sich am Bau der Naturfreunde-Schutzhütte auf der Hinteralpe. Das – mittlerweile stark umgebaute – Schutzhaus ist bis heute ein beliebtes Ausflugsziel von Wanderern.

So stark die Sozialdemokratie von Anfang an in Traisen war, durch die im Jahr 1919 gegründete Ortsgruppe der Kommunistischen Partei erhielt sie unangenehme Konkurrenz. Mein Vater erwähnt deren demagogisches Vorgehen, das die Tätigkeit der sozialdemokratischen Ortspartei ziemlich erschwert habe. »Die kommunistischen Funktionäre führten einen persönlichen Kampf gegen die sozialdemokratischen Vertrauensmänner.«[51] Es kamen auch kommunistische Spitzenfunktionäre aus Wien. Franz Koritschoner, Karl Toman, Paul Friedländer oder Karl Steinhardt ergriffen in öffentlichen Versammlungen das Wort. In der sozialdemokratischen Wochenzeitung *Volkswacht* konnte man von erbitterten

Auseinandersetzungen lesen. 1923 hieß es in einem Rückblick auf die Anfangsjahre: »Seit die Kommunisten in Traisen Fuß gefasst hatten – und das war bald nach dem Zusammenbruch –, war es unmöglich, hier eine öffentliche Volksversammlung abzuhalten. Die Kommunisten terrorisierten in brutalster Art unsere Mitglieder und sprengten jede öffentliche Versammlung.«[52] Dabei erweckten sie den Anschein, als würden sie die Mehrheit der Arbeiterschaft hinter sich versammeln, und nannten Traisen gar eine »Hochburg des Kommunismus«. Tatsächlich, so der Artikel in der *Volkswacht*, sei es ihnen gelungen, zahlreiche Arbeiterinnen und Arbeiter »irrezuführen« und »mit allen Mitteln des Terrors« bei der Stange zu halten. Nur langsam hätten sich diese wieder vom »Gesinnungszwang« befreien können.

Nach den Nationalratswahlen von 1920 verloren die Kommunisten rasch an Bedeutung, viele ihrer Mitglieder wechselten zu den Sozialdemokraten. In Traisen blieben sie jedoch eine starke Organisation, auch wenn sie keine bedeutenden Wahlerfolge erzielen konnten. 1923 zählte die SDAP in Traisen weit über 500 Mitglieder, während die Kommunisten nur noch aus einem »kleinen Häuflein ›Unentwegter‹« bestanden. Im Gemeinderat waren sie mit zwei Funktionären, ab 1929 mit einem Mandatar vertreten.

Mein Vater positionierte sich in diesem Konflikt eindeutig aufseiten der Sozialdemokratie. Der sozialdemokratischen Bewegung und der Verteidigung der Demokratie galt sein ganzes Engagement, und wie viele seiner Parteifreunde war er entschlossen, sie gegen jeden Angriff zu verteidigen – wenn es sein musste, mit der Waffe. 1924 wurde er mit nur 25 Jahren schließlich zum Obmann der SDAP-Ortsorganisation Traisen gewählt.

In diesem Jahr veränderte er sich auch beruflich. Er hatte zunächst im September 1919 in der Buchdruckerei Gutenberg in St. Pölten als Schriftsetzer zu arbeiten begonnen, aber im Jahr darauf hatte die Druckerei kaum noch Aufträge. Mein Vater musste sich eine andere Arbeit suchen und fand sie in den Feinstahlwerken Traisen als angelernter Schlosser. Er war dort von September 1920 bis August 1924 beschäftigt. In dieser Zeit muss er dem Nationalratsabgeordneten und Gewerkschafter Pius Schneeberger aufgefallen sein, der das politische Talent meines Vaters erkannte und seine

Einsatzbereitschaft für die Sozialdemokratie schätzte. Vermutlich hatte er dafür gesorgt, dass mein Vater eine Anstellung bei der Krankenkasse in St. Pölten erhielt; Vater wechselte also von der Fabrik ins Büro.

Bei den Gemeinderatswahlen 1927 zog er in den Gemeinderat von Traisen ein und gehörte diesem bis zu seiner Verhaftung im Jahr 1934 an. 1931 wurde er in den Bezirksausschuss der Partei gewählt. Als Delegierter des Bezirks Lilienfeld nahm er am Parteitag 1933 teil. Gemeinsam mit Koloman Wallisch, Käthe Leichter und vielen anderen gehörte er der linken Fraktion an, die sich am Parteitag eindeutig für das Kämpfen aussprach und das Zuwarten der Parteiführung für einen Fehler hielt.

Nur ein Jahr später sollte sich seine Befürchtung bewahrheiten. Der Aufstand wurde nur zögerlich begonnen, der von Vater erhoffte, durchschlagende Kampf blieb am Ende aus. Stattdessen kam er ins Gefängnis, und die Geschichte der Sozialdemokratie im Traisental nahm ein vorläufiges Ende.

## 19. Lernen, lernen!

Meine Mutter blieb in den ersten Jahren der Republik von den politischen Ereignissen noch weitgehend unberührt, aber sie begriff bald, dass nichts wichtiger war als Bildung. Sie war eine gute Schülerin, und sie ging sehr gern in die Schule. Als sie 1925 die Bürgerschule in Traisen verließ, war sie Klassenbeste; sie hielt eine Abschiedsrede und brach dabei in verzweifeltes Schluchzen aus. Sie wollte unbedingt weiter in die Schule gehen, aber ihre Zieheltern konnten sich einen weiterführenden Schulbesuch nicht leisten.

Die Zeiten waren schlecht, die schwierige wirtschaftliche Lage drängte immer mehr Menschen in die Arbeitslosigkeit. Die Rüstungsproduktion in der Metallfabrik in Traisen war mit dem Ende des Krieges zum Erliegen gekommen, die Umstellung auf Friedensprodukte ging nur schleppend voran. Hatte die Fabrik zuvor 6000 Arbeiter beschäftigt, so waren es nach der von den Alliierten befohlenen Einschränkung der Produktion und der notgedrungenen Rationalisierung des Betriebs im Jahr 1922 nur noch 1000 Beschäftigte.

Ihre Ziehmutter Maria Kraft meinte, es gäbe für Minna wohl keine andere Möglichkeit, als »in den Dienst« zu gehen. Das bedeutete, bei Bauern oder einer »Herrschaft« in der Stadt für geringen Lohn und ohne jeglichen arbeitsrechtlichen Schutz von früh bis spät zu arbeiten. Genau so hatte es ihre Geschwister nach dem Tod der Eltern getroffen – ein Schicksal, das meiner Mutter bisher erspart geblieben war.

Sie konnte und wollte sich nicht vorstellen, dass ihre Begabung und Strebsamkeit als Klassenbeste in unterwürfige Putz-, Koch- und Bedienungsarbeit eines Dienstmädchens münden sollte. Das wäre dann alles gewesen? Mit dem Unterwürfig-Sein hatte sie sowieso ihre Probleme. Trotz ihrer Armut und des sozialen Milieus, in dem sie aufwuchs, war sie eine eigenwillige und anspruchsvolle Person, die zum Beispiel viele Speisen nicht essen wollte, was ihre Ziehmutter mitunter zu einem Stoßseufzer veranlasste: »Du könntest von einem Fiaschten (Fürsten) abstammen, so hoagli (heikel) bist du!«

Auch in Bezug auf ihre Zukunft hatte sie ihren eigenen Kopf: Lieber das Unmögliche versuchen, als auf die Entfaltung ihrer Talente verzichten. In ihrer Verzweiflung – vielleicht war es auch der notwendige Lebensmut – schrieb Minna an die Englischen Fräulein in St. Pölten, die dort eine angesehene katholische Privatschule für Mädchen betrieben. Das Schulgeld betrug fünfzehn Schilling im Monat, plus die Fahrtkosten. Wie sollte sich das ausgehen? Fünfzehn Schilling waren mehr als zwei Drittel des Monatslohns einer Buchhalterin, die Schule also unerschwinglich.

Also bemühte sie sich um einen Freiplatz, das Gesuch wurde abgelehnt. Nun wurde aber ihre Ziehmutter aktiv und bewog sie, an den evangelischen Pfarrer Denzel in St. Pölten zu schreiben. Er setzte sich für meine Mutter ein, sprach mit dem Direktor der öffentlichen Handelsschule. Und tatsächlich erklärte sich dieser bereit, ihr bei entsprechender Leistung das Schulgeld zu erlassen.

Pfarrer Denzel fand auch noch einen Kostplatz: Zwei Mal in der Woche durfte meine Mutter zu einer Frau Fiedler, die knapp vorher ihren einzigen

Sohn durch Kinderlähmung verloren hatte, essen gehen. Bei Frau Fiedler, einer strengen, aber gutherzigen Deutschen, selbstverständlich auch evangelisch, lernte das »verwilderte Proletarierkind«, das meine Mutter war, Dinge wie »schön sprechen«, mit Messer und Gabel essen, Tischmanieren und eben bürgerliches Benehmen. »Aber Minna«, ermahnte Frau Fiedler, als meine Mutter das Messer in den Mund steckte, »man isst doch nicht mit dem Messer!« Kann es sein, frage ich mich heute, dass im Arbeiterhaushalt der Krafts nur mit dem Löffel gegessen worden war?

Frau Fiedler ließ von ihrem Zahnarzt auch Minnas von Karies zerfressene Zähne plombieren. Bis ans Lebensende war ihr meine Mutter dafür dankbar. Aber die vornehme Umgebung, in der sie nun regelmäßig zu Gast war, schüchterte sie auch ein: Ihr wurde bewusst, wie arm sie eigentlich war und dass sie nicht wirklich in dieses bürgerliche Milieu passte.

Ich habe Frau Fiedler noch kennengelernt, meine Mutter nahm mich einmal zu einem Besuch mit. Ich erinnere mich an eine kleine, dünne, vornehme alte Dame, die allein in einer Villa am St. Pöltner Schießstattring wohnte. Ich finde es interessant und schön, dass sich meine Mutter viele Jahre später, nach dem Krieg, mit ihrem selbst verdienten Geld ein durchwegs bürgerliches Ambiente in ihrem eigenen Haus schaffen konnte. Sie hat aber nie vergessen, dass sie aus »kleinen« Verhältnissen stammte. Einmal hatte sie aus einer Veranlagung in Aktien oder Gold einen empfindlichen Verlust erlitten. Das war irgendwann in den 1970er-Jahren. Ich erinnere mich an ihre Enttäuschung, aber auch, wie schnell sie sich wieder gefasst hatte und realistisch blieb: »Wenn man aus kleinen Verhältnissen kommt«, meinte sie zu mir, »soll man nicht spekulieren, das ist nur etwas für Reiche.«

In der Schule musste sich meine Mutter gegen die oft überheblichen und feindseligen Buben aus den sogenannten »besseren« Familien durchsetzen. Wegen ihrer geflickten, ärmlichen Kleidung wurde sie oft als »Armeleutekind« beschimpft und gehänselt. Da half es wenig, dass ihre Noten besser waren als die der meisten anderen Schüler; besonders in Mathematik, Buchhaltung und Deutsch konnte sie es den anderen zeigen. Doch meine Mutter wusste sich schon früh zu behaupten: Diese

Rotzbuben konnten sie nicht einschüchtern, ja sie fühlte sich ihnen gegenüber sogar überlegen. Die haben doch in ihrem Leben noch nichts geleistet, sagte sie sich, und in diesem Augenblick konnte es ihr nichts mehr anhaben, dass sie nicht in so »feinen« Verhältnissen lebte. Sie beschwerte sich damals beim Direktor, ihre Peiniger wurden gemaßregelt und mussten sich sogar entschuldigen! Das war dem Arbeiterkind eine Genugtuung!

Im Jahr 1927 war auch die zweijährige Handelsschule zu Ende, Minna hatte mit ausgezeichnetem Erfolg abgeschlossen. Aber die wirtschaftliche Lage hatte sich nicht verbessert, im Gegenteil, viele Betriebe wurden stillgelegt, in Berlin krachte die Börse. Ihre Ziehmutter versuchte es in der Traisener Metallfabrik, sie bettelte Direktor Malzacher an, dass er Minna im Büro einstellen möge. Der schlug die Hände zusammen: »Ja, wie soll ich denn das, bei dieser Lage?« Trotzdem konnte meine Mutter am 1. August als Buchhalterin zu arbeiten beginnen. Sie erhielt einen Monatslohn von 50 Schilling. Kaum hatte Minna im Werk begonnen, als ihr Lieblingsbruder Josef bei der Familie Kraft auftauchte. Er war von seinen Pflegeeltern, Bauern in Mitterbach, schlecht behandelt und ausgebeutet worden, jetzt hoffte er, bei seiner Schwester Minna und deren Pflegeeltern unterzukommen. Wieder ging Frau Kraft um einen Arbeitsplatz betteln. Wieder stöhnte Direktor Malzacher: »Ja, wie viele von den Reiters soll ich denn noch nehmen?!« Er musste Frau Kraft offenbar sehr geschätzt haben, denn Josef kam als Kernmacher im Werk unter. Wie früher sein Vater, arbeitete er in der gesundheitsschädlichen Gießerei, wenn auch als Fach- und nicht als Hilfsarbeiter.

Vielleicht würde nun alles anders werden? Am 5. August bekam die Fabrik einen neuen Direktor namens Subak, ein tschechischer Jude, der das Unternehmen mit geschickter Hand führte und ihm neue Aufträge verschaffte. Das Werk gehörte mittlerweile der Creditanstalt und nannte sich Feinstahlwerke Traisen.

Lernen, lernen! Das war stets der sehnlichste Wunsch meiner Mutter als junges Mädchen gewesen. Als sie später selbst Kinder hatte, wollte sie unbedingt, dass ihre Töchter eine gute Ausbildung bekommen. Die beste Schule war da gerade gut genug. Und Sprachen sollten wir lernen. Damit wir gut Französisch lernten, organisierte sie für meine Schwester und mich über private Kontakte in den Ferien Austauschpartnerinnen in der französischen Schweiz. Und sie war ungemein gastfreundlich. Wenn wir später in- und ausländische Freunde und Freundinnen nach Hause brachten, zeigte sie ihnen die Sehenswürdigkeiten der näheren und weiteren Umgebung.

Als meine Schwester – sie ist die Ältere von uns beiden – mit elf Jahren ein französisches Gedicht aufsagte, rannen unserer Mutter vor Glück und Rührung die Tränen über die Wangen. In den Töchtern fand ihre ungestillte Sehnsucht nach Bildung endlich Erfüllung. Für meinen Vater war das ohnehin selbstverständlich, ohne Bildung gab es für ihn keinen gesellschaftlichen Fortschritt.

## 20. Wie hältst du's mit der Religion?

Wie aber sollte der Fortschritt mit dem aus Sicht von uns Sozialdemokraten rückwärtsgewandten Weltbild der Kirche und jenem Korsett, das die Religion den Menschen zeitlebens gleichsam umgeschnürt hatte, zusammengehen? Der Untergang der Monarchie hatte eine neue Staatsform, weitreichende Reformen und gesellschaftliche Veränderungen zur Folge, aber in vielerlei Hinsicht herrschte in den Köpfen der Bevölkerung das alte Denken. Die Religion bestimmte weiter, bis tief ins Privatleben hinein, den Alltag. War das ein Hindernis, stand sie gar einer neuen, dem Fortschritt verpflichteten, sozial gerechten Gesellschaft im Weg, dieser großen Idee, an die mein Vater glaubte?

1920 trat er als 21-Jähriger aus der katholischen Kirche aus. Dieser Schritt musste seiner Heimatpfarre, in der er 1898 getauft worden war, bekanntgegeben und im dortigen Geburtenbuch eingetragen werden. Damals war das ein aufsehenerregender Akt. Vor allem in einer kleinen Landgemeinde wie Baumgartenberg, wo die Verwandten väterlicher- wie mütterlicherseits lebten, sorgte das für Gespräche. Anders gesagt: Es war ein Skandal.

Bei einer der Sonntagsmessen in der Stiftskirche von Baumgartenberg wurde der Kirchenaustritt meines Vaters von der Kanzel aus verkündigt. Was heute strengem Datenschutz unterliegt, wurde damals offen kundgemacht. Der Pfarrer hielt die Sonntagspredigt, und als er eigentlich schon fertig war, fügte er eine ungewöhnliche Bemerkung hinzu. Sie galt einer an den Atheismus verlorenen Seele. Der Pfarrer sprach von einem »Abtrünnigen« und nannte dessen Namen: Franz Lettner. Und er schüttelte den Kopf: Niemand, der in dieser Kirche getauft worden war, könne einfach so die christliche Gemeinschaft verlassen. Auch nicht dieser Franz Lettner! Dann kam Zorn in seine Stimme. Er mahnte die Kirchenbesucher, dass man dieser Gottlosigkeit Einhalt gebieten müsse, und er rief sie dazu auf, Franz Lettner im Ort die Gastfreundschaft zu verweigern. Niemand dürfe ihn mehr in seinem Haus empfangen.

Man kann sich vorstellen, worüber auf dem Kirchenplatz und im Wirtshaus geredet wurde. Für die Verwandten meines Vaters, die in der Messe gewesen waren und auf diese Weise von seinem Entschluss, aus der katholischen Kirche auszutreten, erfuhren, muss es ein Schock gewesen sein. Wahrscheinlich schämten sie sich und ernteten schiefe Blicke. Gingen sie nach der Messe schnell nach Hause, oder bekundeten sie ebenfalls ihr Missfallen und distanzierten sich von dem offenbar fehlgeleiteten Verwandten in Traisen? Schließlich hatte der Pfarrer eigens betont, dass es sich bei dem Lettner um einen »Sozialdemokraten« handelte. Das wog doppelt schwer.

Lange Zeit getraute sich mein Vater nicht, seine Verwandten in Baumgartenberg zu besuchen. Er war ein Geächteter. Nur im Geburtshaus seiner Mutter waren er und sie nach wie vor willkommen. Seine Tante, deren Mann und Tochter stellten die Blutsverwandtschaft über die Kirche, sie waren verständnisvolle Menschen. Aber dadurch waren auch sie, angestachelt vom Pfarrer, im Ort dem Gerede ausgesetzt.

Mein Vater hatte seine Entscheidung sicher gut überdacht. Er war in Traisen Mitbegründer der Ortsgruppe der Freidenker, die ein Jahr nach ihrer Gründung 1922 immerhin 191 Mitglieder zählte. Diese Organisation entfaltete eine rege Tätigkeit und lud Vortragende zu verschiedenen

Themen ein. Sehr bald aber war mein Vater zu der Auffassung gelangt, dass Religion die Privatsache jedes Einzelnen sein und keine Organisation Vorgaben machen sollte, wie und woran man glauben soll. Daher trat er auch aus dem Bund der Freidenker aus. Seiner Meinung nach sollten Sozialisten allen Religionsgemeinschaften gegenüber Toleranz üben, aber nicht selbst eine Ersatzreligion anbieten. Er selbst hatte diese Toleranz stets gelebt und sich, wie auch Bruno Kreisky, als Agnostiker bezeichnet, was typisch für nicht religiöse Sozialdemokraten war. Die Religiosität seiner Frau hatte mein Vater immer respektiert und auch keinen Einwand dagegen, dass sie die gemeinsamen Töchter protestantisch erzog.

Meine Mutter war eine selbstbewusste, in ihrem Denken unabhängige Frau. Sie fühlte sich, obwohl sie nun Buchhalterin, also Angestellte, war, der Arbeiterklasse zugehörig, aber ihre Religiosität mochte sie nie in Frage stellen. Religion und Partei waren für sie nie ein Widerspruch. Sie war jedenfalls eine sehr überzeugte Protestantin. Den Geist der Toleranz zu leben, war für sie selbstverständlich. Das hatte wohl mit ihrer Herkunft zu tun. Sie empfand sich als Nachfahrin protestantischer Holzarbeiter, die es zur Zeit der Gegenreformation aus dem Dachsteingebiet in die niederösterreichischen Wälder verschlagen hatte.

Mein Cousin Otto Pachler, eines der sechs Kinder der ältesten Halbschwester meiner Mutter, zeigte mir und meiner Schwester einmal voller Stolz die kleine, evangelische Kirche von Mitterbach in der Nähe von Mariazell. Sie war nach dem Toleranzpatent Josephs II. 1783 errichtet und am Christtag 1785 eingeweiht worden. Erst vor wenigen Jahren wurde sie stilvoll restauriert. Dabei wurde den protestantischen Gründervätern der ersten und einzigen niederösterreichischen Toleranzkirche ein Denkmal gesetzt, indem ihre Namen in die Empore geschnitzt wurden. Erst 1849 erhielt das Kirchlein seine jetzige Form, bis dahin war es evangelischen Gotteshäusern verboten, einen Turm und runde Fenster zu haben, auch musste der Eingang, erklärte uns Otto, immer von der Hauptstraße abgewandt sein.

Nicht weit von der Kirche entfernt befindet sich die alte Volksschule, in der die Kinder der protestantischen Holzarbeiter in den Fächern Religion,

Deutsch und Rechnen unterrichtet wurden. Verglichen mit dem protestantischen Schulunterricht, wie es ihn bis zur Gegenreformation geben hatte, war das ein sehr reduziertes Bildungsprogramm. Einst standen Bibelkunde, Katechismus, Dialektik, Griechisch, Latein, Rhetorik, Physik und Philosophie auf dem Lehrplan. Nun erhielten die protestantischen Schulkinder in Mitterbach nur einen dürftigen Unterricht, der überdies durch Heu- und Ernteferien unterbrochen wurde. Aber so war es überall in den entlegeneren Gegenden auf dem Land. Das Schulhaus war 1817 erbaut worden; da es bis 1898 keine öffentliche Schule im Ort gab, erzählte uns Otto, kamen auch die katholischen Kinder hierher zum Unterricht. Die protestantische Schule bestand noch bis 1938, dann wurde sie von den Nationalsozialisten geschlossen.

Unser Cousin Otto ist mit der protestantischen Geschichte des Ortes und unserer Vorfahren bestens vertraut, überhaupt erinnert er mich stark an meine Mutter: ein typischer, engagierter Protestant und Sozialdemokrat. Otto war Eisenbahner von Beruf und viele Jahre lang SPÖ-Gemeinderat in Mitterbach. Wie seine Vorfahren liebt er den Wald und die Holzarbeit. Natürlich hat er sein Haus, mit der Hilfe seiner Brüder, selbst gebaut. Bis vor wenigen Jahren brachte der über Achtzigjährige Baumstämme aus dem Wald und verarbeitete sie zu Brennholz. Er hat sein Leben lang hart gearbeitet und schon als Kind seinem Vater, einem Tagelöhner, bei der Landarbeit geholfen. Das prägt. So wie auch meine Mutter, obwohl sie nichts mehr mit dem Wald zu tun hatte, der ihren Vorfahren Arbeit gegeben hatte, davon nicht unberührt blieb. Soziales Gewissen und protestantischer Glaube gehörten bei ihr zusammen. Mein Vater, der sich ja schon früh von der katholischen Kirche und dem Glauben verabschiedet hatte, konnte mit Religion in seinem Leben nichts anfangen, dennoch hielt er die Existenz eines höheren Wesens für möglich. Das Festhalten meiner Mutter am Glauben stellte er nie in Frage, ebenso wenig die protestantische Erziehung seiner Töchter. Ob das zumindest anfangs vielleicht doch ein Thema gewesen war, als sie sich kennenlernten? Die gläubige Minna und der Agnostiker Franz. Ich habe keine Ahnung, ob es meine Mutter je störte, dass mein Vater in diesem Punkt ganz anders war. Geredet wurde darüber in unserer Familie nicht, und ich habe auch nie gefragt, vermutlich, weil es selbstverständlich war, wie sie damit umging.

Es war ein Begräbnis im Jahr 2017, anlässlich dessen ich mich an den »Bannfluch« erinnerte, mit dem der Pfarrer von Baumgartenberg vor fast hundert Jahren meinen Vater belegt hatte. In Baumgartenberg war meine Großtante Annerl Hochgatterer, eine Cousine meines Vaters, im Alter von 92 Jahren gestorben. Ihr ganzes Leben hatte sie im Geburtshaus meiner Großmutter verbracht. Die Verbindung zu ihr und ihrer Familie riss auch nach dem Tod meines Vaters nie ab, und ich und meine Kinder halten noch heute Kontakt zu den von uns geschätzten Mühlviertler Verwandten.

Ich war mit meiner Schwester nach Baumgartenberg gefahren. Wir saßen in der mächtigen, ursprünglich romanischen Stiftskirche, die im 18. Jahrhundert aufwendig barockisiert worden war. Bis zur Aufhebung des Klosters im Jahr 1783 hatten hier Zisterzienser gewirkt. Heute sind in dem ehemaligen Kloster ein Mädcheninternat und verschiedene Bildungseinrichtungen, etwa das Europagymnasium Baumgartenberg, untergebracht. Immer noch vermittelt die Anlage die jahrhundertelang bestimmende Kraft der Religion.

Mit Großtante Annerls Sarg wurden wir gleich im Vorraum der Kirche konfrontiert. Um ihn herum Kränze und Blumengestecke und – ein Telefon. Meine Schwester sah mich fragend an, aber mir war schnell klar, was das bedeuten sollte: Es war das berührende Symbol für Annerls Redeleidenschaft, die sich ganz besonders in Telefongesprächen äußerte. Fast alle Trauergäste wussten nachher davon zu erzählen, dass ein Telefonat mit Annerl selten unter einer halben Stunde dauerte, ob man das nun wollte oder nicht. Bevor sie nicht alle Geschichten ihrer Verwandten und Bekannten erzählt und das aktuelle politische Geschehen, sofern es ihr bekannte Personen betraf, kommentiert hatte, war ihrem Redeschwall nicht zu entkommen. Manchmal denke ich mir, wäre mein Vater nur halb so gesprächig gewesen, ich wüsste viel mehr von ihm und vor allem seinem politischen »Kampf«, der sein ganzes Leben bestimmt hatte.

Eine junge Vikarin hielt das Requiem. Sie würdigte einfühlsam, auch humorvoll den Lebensweg und die persönliche Eigenart unserer Großtante.

Dann kamen die Fürbitten, sie schienen mir endlos. In diesen langen Minuten blickte ich mich in der Kirche um, sah zur Decke, betrachtete die unzähligen barocken Gipsengel, blickte zum Chorgestühl, zum barocken Hochaltar und zur Kanzel. Von dieser Kanzel, mit mahnend erhobenem Zeigefinger, hatte der Pfarrer 1920 den Messbesuchern den Kirchenaustritt des »Sozi« Franz Lettner verkündet. Jeder in Baumgartenberg sollte das wissen. Irgendeiner von den Mühlviertler Verwandten hatte mir einmal die Szene geschildert, wie der Pfarrer meinen Vater verdammt und sämtliche Einwohner Baumgartenbergs aufgefordert hatte, ihm das Gastrecht zu verwehren. Das musste auf die damaligen Kirchenbesucher eine enorme Wirkung gehabt haben, das Wort eines Pfarrers zählte, es war fast Gesetz.

Würde so etwas heute, fragte ich mich, jemanden beeindrucken? Wie sehr hatte sich doch auch in der Kirche alles gewandelt – aber wie lange hatte es gedauert. Um von einer Angst und Schrecken verbreitenden Autorität zu einer humanen, die Menschen begleitenden Institution zu werden, bedurfte es tiefgehender gesellschaftlicher Umbrüche, die nicht von der Kirche ausgegangen waren. Und auch künftig ist sie einem ständigen Wandel ausgesetzt, wenn sie nicht weiter an Bedeutung verlieren will. Das trifft für eine Religionsgemeinschaft ebenso zu wie für eine politische Partei.

## 21. Liebe und Politik

Meine Eltern lernten sich 1927 auf der Hinteralpe näher kennen, auf der Schutzhütte, die von den *Naturfreunden* errichtet wurde und bei deren Bau auch mein Vater mitgeholfen hatte. Der Ziehvater meiner Mutter, Josef Kraft, war zu dieser Zeit Hüttenwirt, so kamen meine Eltern miteinander in Kontakt und verliebten sich.

Mein Vater, wenn auch nicht sehr groß, war ein attraktiver, dunkelblonder Mann. Aufgrund seiner »Gescheitheit« und besonnenen Art imponierte er meiner Mutter. Er verstand es, dem aufgeweckten und wissbegierigen Mädchen die politische Situation mit einfachen Worten zu erklären. Als Leiter der *Kinderfreunde* hatte er eine Bibliothek eingerichtet, er bemühte sich um die politische Bildung der Bevölkerung, vor allem der jungen Menschen. Da er selbst auch noch relativ jung war, kam er gut bei ihnen an. Und nicht nur, weil er Obmann der sozialdemokratischen Ortsorganisation von Traisen war und seit kurzem Mitglied des Gemeinderates, war er im Ort eine Respektsperson und moralische Instanz.

Meiner Mutter schmeichelte es, dass er sich für sie interessierte, war er doch dreizehn Jahre älter als sie. Schon als fünfzehnjähriges Mädchen hatte sie, wie auch die anderen Mädchen, für ihn geschwärmt. Er wiederum fühlte sich von dem lebenslustigen Mädchen angezogen. Sie war eine Schönheit, hatte Witz, Charme, Mut, spielte Zither, hatte eine schöne Stimme und sang in der linken Kabarettgruppe, den »roten Spielern«, die mein Vater gemeinsam mit dem Lehrer und Dichter Walter Sachs um diese Zeit gegründet hatte. Walter Sachs leitete auch eine Theatergruppe mit jugendlichen Arbeitslosen, die Bühnenstücke von Wildgans, Brecht, Tschechow und Gerhart Hauptmann zur Aufführung brachten. Er übersetzte sogar Hauptmanns Sozialdrama »Die Weber« aus der schlesischen in die Traisener Mundart.

Als *Naturfreunde* machten meine Eltern gern Ausflüge, meist mit Freunden, manchmal auch allein. Einmal erzählten sie mir schmunzelnd, dass sie als noch Unverheiratete bei Minerls Ziehvater Kraft um Erlaubnis hatten fragen müssen, ob sie einmal über Nacht wegbleiben durften. Sie wollten auf den Teufelstein bei Hohenberg wandern und oben im Zelt übernachten. Franz musste dem Ziehvater hoch und heilig versprechen, »dass da oben nichts passieren würde«.

Irgendwann aber passierte es doch. 1929 ließ Minna eine Abtreibung vornehmen. Sie war achtzehn Jahre alt, hatte keine eigene Wohnung und keine Möglichkeit, ein Kind aufzuziehen. Sie trauerte sehr um dieses Kind. Vor allem aber fühlte sie sich von ihrem Franzl zu wenig unterstützt und mit ihrem Kummer allein gelassen. Warum verhielt er sich so? Warum stand er seinem Mädchen in dieser schwierigen Situation nicht bei? Auch als sie zur Abtreibung ging, ließ er sie allein. Vermutlich war ihm die Sache unangenehm, er hatte bestimmt auch Schuldgefühle. Dass er ein sehr verschlossener Mensch war und Gefühle nicht zeigen konnte, macht sein Verhalten aber nicht entschuldbar.

Am 31. Juli 1931 heirateten meine Eltern schließlich in der Bezirkshauptmannschaft Lilienfeld. Minna hätte gern eine kirchliche Hochzeit gehabt, aber das war nicht möglich, da nur Angehörige einer Religionsgemeinschaft in der Kirche heiraten durften und mein Vater das nicht mehr war. Also kam nur eine Zivilehe für Konfessionslose auf der Bezirkshauptmannschaft in Frage. Hier wiederum war das Problem, dass nur mein Vater konfessionslos war. Somit blieb meiner Mutter nichts anderes übrig: Sie trat wenige Wochen vor der Hochzeit aus der evangelischen Kirche aus, heiratete in der Bezirkshauptmannschaft und trat nachher wieder in die Kirche ein. Diese einzige Möglichkeit war vorher mit ihren Zieheltern und dem evangelischen Pfarrer sorgfältig abgesprochen worden.[53]

In einer von der katholischen Kirche dominierten Gesellschaft gehörten beide Ehepartner Minderheiten an: er Agnostiker, sie Protestantin. Noch in den 1960er-Jahren waren sogenannte konfessionelle Mischehen ein Problem. Als meine evangelische Schwester und ihr katholischer Mann 1964 heirateten und eine ökumenische Trauungszeremonie mit beiden Pfarrern wünschten, war dies nicht möglich. Nach langen Verhandlungen wurden sie schließlich vom katholischen Pfarrer in der katholischen Kirche von Annaberg getraut, während der evangelische Pfarrer bei der Trauung nur anwesend war, aber nicht sprach. Das tat er dafür bei der standesamtlichen Eheschließung. Der katholische Priester, obwohl jung und aufgeschlossen, wagte damals keine ökumenische Feier in der Kirche.

Franz und Minerl versuchten, sich trotz deprimierender wirtschaftlicher und politischer Verhältnisse eine Zukunft aufzubauen. Immerhin hatten beide Arbeit, während viele ihrer Altersgenossen und Freunde arbeitslos waren. Sie verband ein starker Freiheits- und Gerechtigkeitssinn, und beide waren der sozialdemokratischen Idee tief verbunden.

Sie zogen in eine neue, hübsche Gemeindewohnung mit Küche, Zimmer, Kabinett. Der Gemeindebau, in dem sie wohnten, war einer der beiden ersten, die die sozialdemokratische Gemeinde Traisen 1929/30 im Stil der

Wiener Gemeindebauten errichtet hatte. Es waren zwei identische Häuser mit der Hausnummer 310 und wurden deshalb 310er-Häuser genannt. Markant ragten sie auf dem großen, freien Platz gegenüber dem Rathaus aus den vielen kleinen Einfamilienhäusern und dahinter liegenden Gärten heraus. Die 310er-Häuser verkörperten architektonisch den politischen Anspruch der Arbeiterklasse auf menschenwürdige und erschwingliche Wohnungen mit modernem Komfort. Die Wohnungen selbst waren klein, doch sie hatten fließendes Wasser, ein Badezimmer, eine Toilette, eine Wohnküche, ein Schlafzimmer und die meisten eben auch ein Kabinett. Die Küche, mit der für damalige Arbeiterwohnungen typischen Sitzecke aus einer weiß lackierten Bank, einem ebensolchen Tisch und passenden Sesseln, war zugleich das Wohnzimmer.

In dieser Wohnküche fanden in der Zwischenkriegszeit die sozialdemokratischen Freunde meiner Eltern häufig zu Diskussionen und auch konspirativen Treffen zusammen. Oder auch nur zu geselligen Runden mit Kartenspiel und Gesang. Franz und seine Freunde trugen im Sommer Lederhosen, deren speckige Hintern schwarze »Fahrer« auf der weißlackierten Küchenbank hinterließen – zum Leidwesen meiner Mutter, die mit dem weißen Lack ihre Probleme hatte. Minna war zwar sehr gesellig und kochte gut, sie legte aber auch großen Wert auf Ordnung und Sauberkeit. Mehr als nur einmal mussten die Gäste in dieser Küche mahnende Worte über sich ergehen lassen. Meine Mutter bestand darauf, dass sie sich auf mit gehäkelten Überzügen bezogene Pölster setzten. Sie konnte dabei ganz schön wütend werden, was die Männer eher gelassen hinnahmen. Einer ihrer besten Freunde, Franz Bruckner, der in den Zwanzigerjahren wie mein Vater sozialdemokratischer Gemeinderat war, erzählte mir mit einem verschmitzten Lächeln über die Zornesausbrüche meiner Mutter und ihre fruchtlosen Ermahnungen. Dabei hob er in gespielter Abwehrhaltung, scheinbar schuldbewusst, die Achseln, wie er es damals wohl auch getan haben mochte, schüttelte sich vor Lachen und legte sein knorriges Gesicht in tausend Falten.

## 22. Arbeitslose und »Tippler«

Franz Bruckner erzählte mir auch von Radausflügen und Bergtouren, die sie als Arbeitslose damals von Traisen aus unternommen hatten: Sie waren bis ins Gesäuse gefahren, mit 1 Schilling und 20 Groschen in der Tasche, im Rucksack einen Laib Brot und ein Viertel Margarine. Sie waren alle bei den *Naturfreunden* und liebten die Berge, sie waren jung und ungebunden. »Vom Burgenland bis zum Dachstein wurden viele Landschaften und Gipfel abgegrast«, schreibt ein anderer Freund meines Vaters, August Sattler, in seinen Erinnerungen.[54] Und man muss hinzufügen, dass sie diese Ausflüge als Arbeitslose unternahmen: Die Touren sollten sie ein wenig von der verzweifelten Lage ablenken, in der sie sich oft schon viele Monate lang befanden.

Dann saßen sie wieder zu Hause und wussten nicht, was sie anfangen sollten. Alle drei Tage mussten sie sich beim Arbeitsamt in der Gemeinde melden, um weiter ihre Arbeitslosenunterstützung beziehen zu können. Wenn sie noch eine bekamen. Denn diese Sozialleistung, die ihr Überleben sichern sollte, wurde einem nicht auf Dauer gewährt.

Nach dem »Schwarzen Freitag« an der US-amerikanischen Börse, der bald auch der Wirtschaft in ganz Europa schwer zusetzte, nahm die Arbeitslosigkeit in Österreich immer größere Ausmaße an, Industriegebiete wie das Traisental waren davon besonders betroffen. Mit der immer schlechter werdenden wirtschaftlichen und sozialen Lage wurden auch die politischen Gewitterwolken immer schwärzer.

Bei der Gemeinderatssitzung am 22. Mai 1930 beantragte mein Vater erstmals eine Unterstützung der Kommune für die Arbeitslosen im Ort. Doch in den Folgemonaten verschlimmerte sich die Lage zusehends. Mehr als ein Jahr später berichtete der Bürgermeister im Gemeinderat über eine von der niederösterreichischen Landesregierung eingeleitete Unterstützungsaktion für die Arbeitslosen, die Sammlungen in den Gemeinden vorsah. Mein Vater wurde als Obmann der sozialdemokratischen Lokalorganisation in das Ortskomitee berufen, das die Verteilung der gesammelten Mittel vornehmen sollte. Er legte großen Wert darauf, und so betonte er es auch im Gemeinderat, dass dieser »Aktion jeder Schein von Wohltätigkeit genommen werden soll, dass es vielmehr die Pflicht jedes Bürgers sei, als Akt der Solidarität den unverschuldet in Not geratenen Mitbürgern nach Möglichkeit zu helfen«.[55] Die Würde der Betroffenen sollte unbedingt gewahrt werden.

Darauf zu pochen, erschien umso notwendiger, als nach dem Ausscheiden der Sozialdemokraten aus der Regierung von bürgerlicher Seite versucht wurde, wichtige Sozialmaßnahmen wieder zurückzunehmen. Als das Mietenschutzgesetz bedroht war, veranstaltete die Ortspartei Traisen im Dezember 1925 eine Protestversammlung. Am Ende wurde eine Resolution an die Bundesregierung beschlossen, »worin auf das energischeste [sic] gegen einen Abbau des Mietenschutzgesetzes sowie Aufhebung des Wohnungsanforderungsgesetzes Protest erhoben wird«.[56] So berichtete es die *Volkswacht* in ihrer letzten Jahresnummer. Mein Vater war damals seit über einem Jahr Obmann der Ortspartei.

Auch im ganz persönlichen Bereich versuchten meine Eltern, ihren Beitrag zur Linderung des Elends der Arbeitslosen zu leisten; für sie war klar, dass in dieser Situation jeder seine Opfer bringen musste. Im Jahr 1932 wurde eine Arbeitskollegin meiner Mutter in der Fabrik gekündigt. Die Kollegin war verzweifelt, weil auch ihr Mann arbeitslos war und sie nicht wusste, wie sie nun ihre Familie durchbringen sollte. Minna beriet sich mit meinem Vater und ging dann zum Direktor. Sie bat ihn, sie – anstatt ihrer Kollegin – zu kündigen, ihr Mann habe ja Arbeit. Der Direktor weigerte sich. »Tun Sie das nicht, Frau Lettner, es gibt keine Garantie, dass früher oder später Ihre Kollegin nicht doch auch gekündigt wird. Sie können als Einzelne die Arbeitslosigkeit sowieso nicht bekämpfen.«

Meine Mutter aber blieb stur, obwohl der Direktor auf sie einredete wie auf ein krankes Ross. Sie würde es noch bereuen, sagte er. Schließlich gab er doch nach und kündigte meine Mutter anstelle der Kollegin.

Als mir meine Mutter Jahre später davon erzählte, war ich tief beeindruckt. »Hast du es je bereut?«, fragte ich. »Würdest du es aus heutiger Sicht wieder tun?« Sie zögerte. »Ich glaube nicht.« Denn es war ein ziemlich sinnloses Opfer gewesen: Einige Monate später wurde auch die Kollegin gekündigt. »Im Nachhinein«, sagte meine Mutter nachdenklich, »muss ich dem Direktor recht geben.«

Ich war hin- und hergerissen, als sie mir diese Geschichten erzählte. Einerseits war ich voller Bewunderung für ihre Solidarität, andererseits irritierte mich ihr resignativ-pragmatisches Abrücken von ihrer seinerzeitigen Haltung, die mir so sehr imponiert hatte. Dennoch stellt sich die Frage: War es richtig? Würde ich auch so gehandelt haben? Zahlt sich Heldentum aus? Auch dann, wenn es wirkungslos ist?

Meinen Eltern stellte sich diese Frage damals nicht. Sie hatten unter Erbringung persönlicher Opfer für die Ideale des Sozialismus gekämpft, da wurde nicht abgewogen, welche Nachteile das für einen selbst haben könnte, und daran änderte damals auch nichts, dass das Opfer meiner Mutter vergeblich war. Meine Eltern waren sich bewusst, dass nur wenige ihrer Freunde in einer vergleichbar glücklichen Lage waren, in der beide Ehepartner Arbeit hatten. Das schien ihnen ein Luxus in einer Zeit, in der die meisten ihrer Freunde oft viele Jahre hindurch arbeitslos waren, nicht wenige davon ohne jede Arbeitslosenunterstützung.

Man bezeichnete sie als »Ausgesteuerte«, weil sie aus der befristeten Arbeitslosenversicherung gefallen und abhängig von der öffentlichen Fürsorge waren. In den offiziellen Arbeitslosen-Statistiken wurden sie gar nicht mehr mitgezählt.

Der Traisener August Sattler war so jemand gewesen. Er war zehn Jahre arbeitslos, davon vier Jahre »ausgesteuert«. Manchmal waren sowohl er als auch sein Vater und seine beiden Brüder gleichzeitig ohne Arbeit. In dieser ausweglosen Situation fasste Gustl einen Beschluss, um nicht in Missmut, Verzweiflung oder gar Hass zu verfallen: Er ging mit seinem Freund Franz Bruckner auf Wanderschaft. Sie wurden zu sogenannten »Tipplern«.

Fast zwei Jahre lang »tippelten« sie zu Fuß und per Anhalter durch Österreich, Deutschland und Holland. Wo immer sie hinkamen, bettelten sie um Arbeit und Essen. Anfangs waren ihre Füße so geschwollen, dass sie im Wald an Bächen übernachteten, um kalte Umschläge machen zu können. Am nächsten Tag zogen sie weiter, sie ließen sich nicht unterkriegen. Sie hofften, dass ihnen die Menschen, bei denen sie anklopften, gerne helfen würden.

»Anfangs glaubt man noch, dass alle Menschen gut sind«, schreibt August Sattler in seinen Erinnerungen. »Aber bei vielen bösen Blicken und bei dem unzähligen Abgewiesenwerden nach dem schüchternen Klopfen wird man härter.«[57]

Sie zählten nicht, wie oft ihnen die Tür vor der Nase zugeschlagen wurde. Irgendwie ging es sich immer aus, nur der Hunger war oft sehr groß. Sie schlugen sich durch, mehr schlecht als recht.

In Deutschland waren damals eine Million Arbeitslose auf diese Weise unterwegs. Das hatten die beiden Traisener von einem Polizisten erfahren.[58] Es war also eine sehr große Schicksalsgemeinschaft, der sie, ohne es zu merken, angehörten. Als Franz und Gustl nach Dresden kamen, wollte Gustl unbedingt in die berühmte Semper-Oper gehen. Franz, der weniger kulturbeflissen war, hielt seinen Freund für verrückt. Aber Gustl ließ nicht locker. Sie kauften die billigsten Karten und »in Goiserern und Janker« besuchten sie eine Vorstellung von »Ariadne auf Naxos«.

Was wohl das deutsche Opernpublikum angesichts der beiden Alpenländler gedacht haben mochte? Hatten sich die zwei österreichischen Arbeitslosen geschämt und vielleicht in eine Ecke gedrückt, um möglichst wenige Blicke auf sich zu ziehen? Gustl jedenfalls war im Glück! Beschwingt von dem unverhofften Kulturgenuss zogen er und Franz bis Hamburg weiter, wo sie sogar an einem Vagabundenkongress teilnahmen.

Von Hamburg ging es nach Berlin. Dort nahmen sie für vier Tage Nachtquartier in der »Palme«. Das war ein großer Häuserblock, der bis zu 8.000 Obdachlosen als Asyl diente. Seinen Namen verdankte das Quartier einer Zimmerpalme, die im Eingang des riesigen Gebäudes stand. Berlin war den beiden Abenteurern eine unbegreifliche Welt. Neugierig erkundeten sie die Großstadt, und wie Gustl zu berichten wusste, war nicht zu übersehen, in welche Richtung Deutschland gehen würde. »In den Spelunken spürten wir bei hitzigen Debatten die kommende Wandlung der politischen Lage.«[59]

Ich hätte gerne gewusst, welche Schlüsse die beiden österreichischen Sozialdemokraten daraus gezogen hatten. Konnten sie sich vorstellen, dass Hitler nicht nur in Deutschland die Macht ergreifen, sondern seine Partei auch in Österreich an die Regierung gelangen könnte? Unheimlich war ihnen die drohende Gefahr des Faschismus allemal. Auch deshalb beschleunigten sie ihre Reise. Sie wollten ja irgendwann auch wieder nach Hause.

Über Lübeck und Kiel wanderten sie dann die Ostseeküste entlang und kamen mit einem Lastschiff bis Amsterdam. Dort erstanden sie zwei Fahrräder und fuhren damit bis nach Traisen. Zu Hause angekommen – sie waren von Amsterdam aus mehrere Wochen unterwegs gewesen –, heiratete Gustl Sattler seine Freundin Berta Baumgartner und bewirtschaftete mit ihr die Naturfreundehütte auf der Hinteralpe.

## 23. Das langsame Sterben der Republik

In der Opposition hatte die Sozialdemokratische Arbeiterpartei keinen Einfluss mehr auf die politische Gestaltung des Landes. Zur Verbesserung der sozialen Lage konnte sie nichts mehr beitragen, sie konnte Vorschläge machen, Forderungen erheben, aber sie hatte nach ihrem Austritt aus der Regierung keinerlei Macht in der Republik, um aktiv etwas bewirken zu können. Einzig den Mieterschutz konnte sie in erbitterten Debatten im Parlament erhalten. Von der realen Macht aber war sie weit entfernt. Den Einfluss auf das Heer hatte sie verloren, und sie hatte auch keinen Zugriff mehr auf die Waffendepots. Ein Umstand, der sich in einer Phase, wo die politischen Lager über Wehrverbände verfügten und Politik gleichsam auf der Straße gemacht wurde, zu ihrem Nachteil auszuwirken begann. Zwar setzte die Sozialdemokratische Partei nicht auf Waffengewalt, schloss sie aber nicht aus.

Auf dem Parteitag 1926 hatte sie ein neues Parteiprogramm verabschiedet, das hauptsächlich Otto Bauer geschrieben hatte. Die Herrschaft der Arbeiterklasse sollte demnach auf demokratischem Weg erreicht und Waffengewalt nur im Fall eines Angriffs, also zu Verteidigungszwecken, angewendet werden. Bauer formulierte jedoch auch: Sollte die Bourgeoisie den Sieg der Arbeiterklasse durch demokratische Wahlen nicht akzeptieren, müsse die Macht durch eine »Diktatur des Proletariats« errungen werden. (Diktatur des Proletariats also nur dann, wenn die Bourgeoisie die Demokratie abschaffen will. Kampf also nur zu Verteidigungszwecken.) Trotzdem wurde die Formulierung »Diktatur des Proletariats« von rechter Seite besonders gern und oft missverstanden. Die Verantwortung dafür hatte Otto Bauer zu tragen. Das von ihm so oft zitierte »Gleichgewicht der Klassenkräfte« neigte sich nun unter den bürgerlichen Regierungen und den stärker werdenden Heimwehren immer mehr nach rechts. Der irreversible Wendepunkt war das Jahr 1927.

Am 30. Jänner 1927 fand ein Schutzbundaufmarsch in Schattendorf im Burgenland statt. Den Schutzbündlern gegenüber positionierte sich der rechte Frontkämpferverband, der allerdings zahlenmäßig in der Minderheit war. Die Frontkämpfer zogen sich in ein Gasthaus zurück, und als die Schutzbündler dort vorbeimarschierten, eröffneten drei Angehörige des Frontkämpferverbandes das Feuer. Dabei wurden ein Kriegsinvalider und ein achtjähriger Bub getötet. In den darauffolgenden Wochen verschlimmerte sich das Verhältnis zwischen dem sozialdemokratischen und dem christlichsozialen Lager, die Stimmung wurde immer angespannter, umso mehr, als in wenigen Wochen Wahlen zum Nationalrat anstanden. Bei diesen Wahlen konnte die SDAP deutlich an Stimmen gewinnen, sie erreichte 42 Prozent. Die Christlichsozialen konnten ihren Machterhalt nur dadurch sichern, dass sie in einem Wahlbündnis mit der Großdeutschen Volkspartei, Splittergruppen der Deutschen Nationalsozialistischen Arbeiterpartei und anderen rechten Gruppierungen eine antisozialistische »Einheitsliste« bildeten – zusammen erreichten sie 48 Prozent, und die Christlichsozialen besetzten weiter die Schlüsselpositionen in der Republik; Ignaz Seipel blieb Bundeskanzler.

Am 14. Juli 1927 wurde im Prozess gegen die Mörder von Schattendorf jenes »Schandurteil« verkündet, das die Gräben zwischen den beiden großen Lagern noch weiter vertiefte: Der Richter sprach die Angeklagten frei. Ein spontaner Protest der Wiener Arbeiterschaft war die Folge, mit einer Vehemenz, mit der niemand gerechnet hatte. Eine wütende Masse zog tags darauf zum Justizpalast und setzte ihn in Brand.

Die SDAP hatte die Lage völlig falsch eingeschätzt und den Schutzbund viel zu spät als Ordnungskraft mobilisiert. Führende Sozialdemokraten wie Seitz und Renner versuchten die aufgeregte Masse zu beruhigen, und es gelang ihnen auch, der Feuerwehr den Weg durch die Menschenmenge zum brennenden Justizpalast zu bahnen.

Genau in diesem Augenblick aber ließ der ebenfalls von der Demonstration und vom Nichteingreifen des Schutzbunds überraschte Polizeipräsident Schober ungeübte Polizeischüler auf die Demonstranten schießen. Sie richteten ein furchtbares Massaker an, bei dem 89 Tote zurückblieben, mehr als 600 Personen wurden teils schwer verletzt.

Nicht nur den politischen Beobachtern war klar: Die Sozialdemokratische Partei hatte als Führerin der Arbeiterschaft versagt. Am Vorabend des Justizpalastbrandes hatte sich Otto Bauer einer Aussprache mit streikwilligen Elektrizitätsarbeitern entzogen. Der Parteivorstand hatte lange diskutiert und beschlossen, die Arbeiterschaft zu keinem Protest zu ermuntern, man wollte bei aller Empörung über das Schattendorf-Urteil den Rechtsstaat nicht in Frage stellen, um nur ja der bürgerlichen Seite keinen Vorwand zu liefern, die Geschworenengerichtsbarkeit überhaupt abzuschaffen.[60] Diese Parteilinie wurde jedoch nicht entsprechend an die *Arbeiter-Zeitung* weitergegeben. In der Morgenausgabe des 15. Juli kritisierte der Chefredakteur Austerlitz das Urteil scharf und schloss seinen Leitartikel mit den Worten: »Die bürgerliche Welt warnt immerzu vor dem Bürgerkrieg; aber ist diese glatte, diese aufreizende Freisprechung von Menschen, die Arbeiter getötet haben, weil sie Arbeiter waren, nicht schon selbst der Bürgerkrieg? Wir warnen sie alle, denn aus einer Aussaat von Unrecht, wie es gestern geschehen ist, kann nur schweres Unheil entstehen.«[61]

Von vielen wurden diese Worte offenbar als Ermutigung zum Widerstand aufgefasst. Um 8 Uhr morgens des 15. Juli traten die Bediensteten der Städtischen Elektrizitätswerke in den Streik, ohne eine Genehmigung durch den Parteivorstand abzuwarten, während gleichzeitig bereits Tausende Demonstranten auf dem Weg zum Justizpalast waren. Der Parteivorstand war von dieser Entwicklung völlig überrascht und ordnete dem in Bereitschaft stehenden Schutzbund an, nichts zu unternehmen. In dieser Situation hatten die Parteiführer die Verbindung zur Basis verloren. Sie wollten keine Demonstrationen seitens der Partei, unterschätzten aber gewaltig den aufgestauten Unmut der Arbeiterschaft. Um Ausschreitungen zu verhindern, hätte die Partei den *Republikanischen Schutzbund* als Ordnungsmacht gebraucht. Julius Deutsch aber hatte sogar dem Polizeipräsidenten noch in der Nacht versichert, dass es zu keinerlei Aktionen kommen werde. Wie konnte die Parteiführung die Lage nur so falsch einschätzen und derart fahrlässig agieren?

Hätte der Parteivorstand die Brisanz der Situation erkannt und den Schutzbund rechtzeitig mobilisiert, statt ihn zum Stillhalten zu zwingen, wären das Chaos und Blutvergießen an diesem Tag wohl vermieden worden. Das Schlimmste hätte verhindert werden können, »wäre die sozialdemokratische Führerschaft an die Spitze der Protestkundgebungen getreten. Doch sie tat es nicht, und die führerlosen Massen machten sich selbständig.«[62] Damit hatte die SDAP nicht nur ihre Verantwortung nicht wahrgenommen, sie hatte auch die Chance versäumt, in der Folge gestärkt die Aufnahme in die Regierung fordern zu können. Außerhalb Wiens, so auch in Traisen, wurde der Schutzbund zwar aufgeboten, aber nicht, weil von der Partei ein Aufruf zur Mobilisierung gekommen wäre, sondern, wie mein Vater später festhielt, weil »in der Provinz über die Vorgänge in Wien einander widersprechende Darstellungen verbreitet waren«.[63] Die nicht funktionierende Kommunikation hätte obendrein sogar zu einer noch gefährlicheren Auseinandersetzung führen können.

Angesichts des eigenen Versagens erscheinen Otto Bauers Ausfälle gegen undisziplinierte Elemente in den eigenen Reihen unverständlich, geradezu zynisch. Jahrelang hatte er mit kämpferischen Parolen die Arbeiter angestachelt, nun warf er ihnen vor, »Dinge begangen (zu) haben, die kein denkender Arbeiter billigt«.[64] Er konnte oder wollte sich die eigene

Fehleinschätzung nicht eingestehen; der gesamte Parteivorstand hatte den Ernst der Situation im Vorfeld nicht erkannt, mit der fatalen Folge, dass die Partei die politische Führung bei der Arbeiterschaft zu verlieren drohte. In diesem Augenblick die aufgebrachten Massen für das Debakel verantwortlich zu machen, war Otto Bauers hilfloser Versuch einer Rechtfertigung seiner eigenen Unfähigkeit, auch in Krisenmomenten ein politischer Führer zu sein.

Ab diesem Zeitpunkt ging es politisch mit der Sozialdemokratie bergab. Bauer wurde nun zunehmend auch innerhalb der Partei kritisiert, doch wollte niemand ihre Spaltung. Die Linie Renners, der für eine Beteiligung an der Regierung eintrat, gewann an Zustimmung.

Auch in Traisen setzte man damals auf innerparteiliche Geschlossenheit, aber der politische Geist der Anfangsjahre dürfte nicht mehr bei allen so stark gewesen sein, wie sich das mein Vater wünschte. Bei der Jahresversammlung am 12. März 1927 beklagte er in seiner Rede, »dass sich das allgemeine Interesse auf Kosten der politischen Organisation immer mehr den Kultur- und Sportvereinen zuwendet. Die Arbeiter treten den Kultur- und Sportorganisationen bei, vergessen dabei aber auf die politische Organisation, die ja doch das Fundament aller proletarischen Kultur ist.«[65]

Angesichts der Lage in Wien mochten das noch die geringsten Sorgen in der Partei sein. Die Katastrophe des 15. Juli 1927 hatte die Wende der Machtverhältnisse besiegelt. Bei der Gegenseite hatte die Sozialdemokratie jegliches politische Prestige verloren und wurde von dieser nicht mehr ernst genommen. Die bürgerliche Seite hatte nun die Oberhand und begann unter dem Einfluss Seipels, Heimwehr und andere paramilitärische Verbände zu stärken. Die Heimwehr, erinnerte sich mein Vater, marschierte jetzt regelmäßig an Sonntagen in den größeren Orten auf, nicht selten kam es zu gezielten Provokationen und Zusammenstößen. Im August 1929 überfielen bewaffnete Heimwehrleute ein Fest der sozialdemokratischen Partei im Mürztal, wobei drei Arbeiter getötet wurden. Die Heimwehr, unterstützt von einflussreichen Kreisen der Industrie und Finanzwirtschaft, drängte immer unverhohlener auf die Machtübernahme im Land. Ernst Rüdiger Starhemberg, Bundesführer der Heimwehr und 1930 Innenminister, sprach sich für das »Aufhängen« der sozialdemokratischen Gemeinderäte in Wien aus. Ein Jahr später kam es, ausgehend von der Steiermark und angeführt von Walter Pfrimer, dem Landesleiter des Steirischen Heimatschutzes, zum Putschversuch, mit dem Ziel, eine Heimwehrregierung in Wien zu installieren.

Im Herbst 1932 wurde ein Aufmarsch in der Obersteiermark zur Machtdemonstration gegen die demokratische Regierung. An die 300 Heimwehrleute, schreibt mein Vater in seinen Erinnerungen, wurden mit Lastautos auf der Mariazeller Bundesstraße nach St. Pölten gebracht. In Traisen versammelte sich eine größere Menschenmenge vor dem Rathaus, um ihren Protest zu bekunden. In Lilienfeld wurden die Heimwehrmänner gestoppt. Um für Ordnung zu sorgen, wurde sogar Polizei aus Wien angefordert, die spät in der Nacht in Traisen eintraf, um mit gefällten Bajonetten gegen die Versammelten vorzugehen. Erst als die Demonstrierenden von der Straße abgedrängt waren, konnte die Heimwehr durch Traisen eskortiert werden.

Trotz ihres schwindenden Einflusses hatte die Sozialdemokratie in dieser politisch immer unsicherer werdenden Phase einen starken und sogar wachsenden Rückhalt in der Bevölkerung. Ihre Mitgliederzahl, besonders in Wien, stieg. Bei den Nationalratswahlen 1927 und 1930 konnte sie ihr Stimmenpotenzial deutlich ausbauen und zuletzt mit 72 zu 66 Mandaten die Christlichsozialen deutlich überflügeln.

In dieser Zeit wurde auch das Lager der Nationalsozialisten immer stärker, was die Kluft in der Gesellschaft, nun zwischen drei Lagern, noch vertiefte. Bei der niederösterreichischen Landtagswahl am 24. April 1932 erzielte die Nationalsozialistische Deutsche Arbeiterpartei 14 Prozent der Stimmen, die Sozialdemokraten knapp 35. In Traisen wurden damals 90 Stimmen für die Nationalsozialisten gezählt. Tonangebend in der Gemeinde waren nach wie vor die Sozialdemokraten mit 1.157 Stimmen, während auf die Christlichsozialen nur 207 Stimmen entfielen – damit lagen sie sogar noch hinter den Kommunisten, die 272 Wählerstimmen auf sich vereinigen konnten.

Auf Bundesebene spielten die Sozialdemokraten keine gewichtige Rolle mehr. Dass die SDAP im November 1930 bei den allerletzten bundesweiten Wahlen der Ersten Republik mit 41 Prozent stimmenstärkste Partei wurde, blieb ohne Einfluss auf die politische Gestaltung des Landes. Es nützte auch nichts, dass sozialdemokratische Funktionäre wiederholt und immer eindringlicher den Willen zur Zusammenarbeit beschworen. Innerhalb der Partei gewann Renners pragmatische und koalitionsfreundliche Linie zusehends an Gewicht. Trotzdem war er es, der im Wirtschaftskrisenjahr 1931 die Einladung des christlichsozialen Bundeskanzlers Seipel, wieder in eine Regierung einzutreten, ausschlug. Er misstraute Seipel. Das Angebot war nur auf ein halbes Jahr befristet und eigentlich eine Zumutung, bezweckte es doch bloß, die durch den Zusammenbruch der Creditanstalt ausgelöste Wirtschaftskrise gemeinsam zu bewältigen.

Vielleicht aber wäre es – wie Kreisky in seinen Memoiren meinte – die letzte Möglichkeit gewesen, den Bürgerkrieg 1934 zu verhindern.[66] Angesichts der wachsenden Radikalisierung und des brutalen Vorgehens der Heimwehren bezweifle ich das allerdings. Die Chance, wieder Regierungsverantwortung übernehmen zu können – es wäre die allerletzte gewesen –, war mehr als gering. Die Aussichten auf eine parlamentarische Mehrheit der Sozialdemokraten waren illusorisch, und ohnehin spielten Wahlergebnisse in Bezug auf die realen Machtverhältnisse schon längst keine Rolle mehr. Die Christlichsoziale Partei (CSP) verlor von Wahl zu Wahl Stimmen und Mandate und musste die Deutschnationalen und sogar die Heimwehr mit in die Regierung nehmen. Erstere verstand die Situation für ihre radikal-antirepublikanischen Ziele zu nutzen und trieb die Christlichsozialen vor sich her. Industrieunternehmer finanzierten Waffenkäufe aus dem faschistischen Italien und aus Deutschland, immer öfter machten Polizei und Gendarmerie Razzien beim Schutzbund und beschlagnahmten Waffen. Es lief alles auf eine Eskalation hinaus.

Mein Vater war sich des Dilemmas schon früh bewusst. Die Wahlergebnisse hatten zwar sein Engagement beflügelt, und Traisen war sowieso eine sichere Burg – bei den letzten Gemeinderatswahlen 1929 konnte die SDAP 15 von 19 Mandaten für sich verbuchen –, aber das Erstarken der Heimwehr, besonders auf dem Land, und die Entwicklungen in Wien machten ihn nachdenklich. Und vermutlich irritierte ihn auch die wenig entschiedene Haltung seiner Partei. Lediglich die Schutzbundführung zeigte damals Stärke und organisierte da und dort Aufmärsche, die die Wehrhaftigkeit der Partei nach innen und außen demonstrieren sollten. Doch diese hilflosen Gesten bewirkten eher das Gegenteil, viele Schutzbundmitglieder waren in Wahrheit enttäuscht vom ständigen Nachgeben der Parteiführung.

Mit Engelbert Dollfuß, der 1932 zum Kanzler designiert wurde, agierte ein Mann an der Staatsspitze, der es verstand, das Parlament zu umgehen und mit Verordnungen zu regieren. Am 4. März 1933 nützte er schließlich eine Geschäftsordnungskrise und löste den Nationalrat auf. Dabei legte er Wert auf die Formulierung, dass sich das Parlament »selbst ausgeschaltet« habe. Hitlers Machtergreifung in Deutschland im Jänner desselben Jahres begünstigte zweifellos eine autoritäre Ausrichtung auch in Österreich. Zugleich wurde die Zensur wiedereingeführt und ein Versammlungsverbot erlassen. Als Abgeordnete der Sozialdemokraten und Großdeutschen am 15. März wieder ins Parlament wollten, setzte Dollfuß berittene Polizei ein und verwehrte ihnen den Zutritt. Von da ab regierte er mit Hilfe des Notverordnungsparagrafen des Kriegswirtschaftlichen Ermächtigungsgesetzes, das 1920 unglücklicherweise in die neue Verfassung der Republik übernommen worden war.[67] Eine erste, daraus resultierende Maßnahme war das Verbot samt Auflösung des *Republikanischen Schutzbundes* noch im selben Monat.

Die SDAP sah hilf- und tatenlos zu, wie Demokratie und Pressefreiheit abgeschafft und in der Folge weitere sozialdemokratische Einrichtungen verboten wurden. Nicht einmal der juristische Staatsstreich von Dollfuß im Mai 1933 und die schließliche Umwandlung der Republik in einen autoritären Ständestaat veranlasste die Parteiführung zur Mobilisierung, zu jenem Widerstand, den Otto Bauer im Parteiprogramm hatte festschreiben lassen. Stattdessen wich die Führung der SDAP vor den Aggressionen der immer autoritärer agierenden bürgerlichen Regierung zurück. Zu diesem Zeitpunkt existierte der Schutzbund freilich nur noch in der Illegalität und hatte längst seine Schlagkraft verloren. Bauers Verhalten schien geradezu paradox: Je ablehnender die Haltung der Bürgerlichen wurde, umso bedingungsloser bot er die Zusammenarbeit der SDAP an – zu einem Zeitpunkt, wo das antidemokratische Lager längst alle Macht im Staat an sich gerissen hatte. Doch Bauer wollte um jeden Preis einen Bürgerkrieg verhindern: »Denn wir können vor keiner Mutter dieses Landes verantworten, dass ihr Sohn im Bürgerkrieg getötet worden war [sic], weil nicht alle Möglichkeiten einer Verständigung ausgenützt wurden«.[68]

Innerparteilich führte dieses Agieren bzw. Nicht-Agieren zu einer schweren Vertrauenskrise. Auch im Traisental gab es unter den sozialdemokratischen Vertrauensleuten immer weniger Verständnis für das ständige Zurückweichen der Parteiführung. Bei einem Schutzbundaufmarsch in St. Pölten 1933 etwa wurden die Schutzbündler in der Rennbahn »zum Stillhalten zusammengezogen«. So beschrieb später ein Traisener Schutzbundfunktionär und Freund meines Vaters, der darin eine reine Alibiaktion sah, seine Enttäuschung: »Man hat uns Schutzbündler in der Rennbahn regelrecht eingesperrt. Das hat mein letztes Vertrauen in die Kampfbereitschaft der SP-Führung zerstört.«[69]

Für ihn und auch meinen Vater wurde immer klarer, dass die Parteiführung zu ernsthaftem Widerstand weder entschlossen noch fähig war. Das hatte die Gegenseite längst durchschaut, sie nahm die Sozialdemokraten einfach nicht mehr ernst und wusste, dass sie von sich aus nicht losschlagen würden. Das Angebot, statt Bauer einen weniger exponierten Mann in eine gemeinsame Regierung zu entsenden, konnte Dollfuß großzügig ausschlagen.[70] Seine Strategie, die Sozialdemokraten sukzessive auszuschalten, war leicht zu durchschauen. »Nichts geht den Sozis mehr auf die Nerven«, zitiert Emmerich Talos eine Aussage Dollfuß', »als diese gewisse langsame Taktik. Alles auf einmal bringt die Leute zum Kampf.«[71] So wurde die sozialdemokratische Partei Stück für Stück oder, wie es der Heeresminister Vaugoin formulierte, »Glied für Glied zum Krüppel« geschlagen.[72]

Was sollte in dieser Situation noch helfen? Viele Genossen ließen sich durch radikale Worte trösten und flüchteten sich gleichsam in die Theorie des Widerstands. Immerhin war nun klar, dass man die parlamentarische

Demokratie nicht mehr mit friedlichen Mitteln würde retten können, monatelang hatten Dollfuß und die autoritären Kräfte nun gezielt mobilisiert. Eine Antwort könnte nur noch ein Generalstreik sein und im äußersten Fall, wenn das Regime mit Gewalt reagieren würde, der bewaffnete Kampf. Aber wäre man dazu wirklich bereit? Kampf würde Bürgerkrieg bedeuten.

Auf dem Parteitag am 15. Oktober 1933 übten die Parteilinken heftige Kritik an der Entschluss- und Tatenlosigkeit Bauers. Unter ihnen Käthe Leichter, Koloman Wallisch und auch mein Vater. Noch wusste niemand, dass es der letzte Parteitag in der Ersten Republik sein würde, obwohl Dollfuß seine Entschlossenheit demonstriert hatte: Fünf Wochen vorher, in seiner berüchtigten Trabrennplatzrede, hatte er unumwunden seine Ablehnung des Parlamentarismus kundgetan und die Umwandlung der Republik in einen »christlich-deutschen« Ständestaat verkündet. »Die Zeit marxistischer Volksführung und Volksverführung ist vorüber. Die Zeit der Parteienherrschaft ist vorüber, wir lehnen Gleichschalterei und Terror ab. Wir wollen den sozialen, christlichen, deutschen Staat Österreich, auf ständischer Grundlage unter starker autoritärer Führung.«[73]

Nun war auch den Letzten in der Partei klar, wohin die Reise gehen würde, immerhin konnte zumindest eine rote Linie definiert werden: Sollte die Partei verboten, der rote Bürgermeister in Wien abgesetzt oder die freien Gewerkschaften aufgelöst werden, würde man losschlagen. Aber Stimmen in der Partei forderten schon jetzt ein entschiedeneres Handeln ein. Man würde später, so ihre Befürchtung, vielleicht gar nicht mehr in der Lage sein, noch entsprechend Widerstand zu leisten.

Auf der anderen Seite gab es bei den Christlichsozialen Stimmen wie die des Vorarlbergers Jodok Fink, des niederösterreichischen Landeshauptmannes Josef Reither und des Arbeiterführers Leopold Kunschak, die noch im letzten Moment auf Verständigung setzten. Bei der Sitzung des Wiener Gemeinderates am 9. Februar 1934 – nur drei Tage vor Beginn des Bürgerkriegs – waren sich Kunschak und auf sozialdemokratischer Seite Bürgermeister Seitz und Robert Danneberg einig, dass politische Auffassungsunterschiede ausschließlich auf friedlichem Weg und im parlamentarischen Rahmen ausgetragen werden müssten.

Es war die letzte demokratische Debatte in dieser Republik, und sie war geradezu auffallend von gegenseitigem Respekt bestimmt. »Aber die Worte für Zusammenarbeit im Geiste der gegenseitigen Achtung, der Toleranz und Kompromissbereitschaft«, schreibt mein Vater, »wurden von der Regierung Dollfuß und den Heimwehren nicht gehört. Das Unheil nahm seinen Lauf.«[74]

## 24. Der Bürgerkrieg

Was folgte, war ein für die Sozialdemokraten aussichtsloser Kampf, der am Morgen des 12. Februar 1934 begann und nach wenigen Tagen mit einer politischen und mit vielen menschlichen Tragödien endete. Über die Bewertung der Auseinandersetzung wird bis heute gestritten, obwohl meines Erachtens klar ist, wer auf welcher Seite stand: auf der einen die Feinde der demokratischen Republik, auf der anderen ihre tragischen Verteidiger, deren Kampf schon verloren war, bevor er noch begonnen hatte.

Aus heutiger Sicht zeigt der Aufstand der Sozialdemokraten nicht nur, wie unorganisiert und schlecht vorbereitet die Partei war, denn für die eigenen Leute kam der 12. Februar überraschend. Dennoch war der Bürgerkrieg keine spontane Aktion, er wurde gezielt provoziert oder, wie mein Vater in seinen Erinnerungen schreibt, »absichtlich herbeigeführt«.[75]

Anfang Februar hatten sich die Heimwehren selbstständig gemacht und die Regierung Dollfuß unter Druck gesetzt. Da und dort kam es zu Randalen, weil die Heimwehr in die Landtage drängte. In Innsbruck war sie damit erfolgreich, Heimwehrfunktionäre wurden in den Landtag aufgenommen, ohne gewählt worden zu sein. In Wien marschierten sie vor dem Landhaus in der Herrengasse auf, der niederösterreichische Landeshauptmann ließ sich jedoch nicht unter Druck setzen. Sehr wohl aber signalisierte Dollfuß Zustimmung zu den Forderungen seines Vizekanzlers Emil Fey, die Sozialdemokraten aus den Landtagen zu werfen.

Fey war Wiener Landesführer der Heimwehr und zugleich Bundesminister für die innere Sicherheit. Er war als radikaler Gegner der Sozialdemokraten bekannt. Schon im Herbst 1932 ließ er deren Versammlungen und Aufmärsche verbieten, gezielt wurde nach Waffenlagern des 1933 verbotenen *Republikanischen Schutzbundes* gesucht, bei sozialdemokratischen Politikern kam es vermehrt zu Hausdurchsuchungen. Nun, Anfang Februar 1934, ließ Fey die Führer des Schutzbundes verhaften, und er wollte auch die Partei insgesamt ausschalten. Dazu bedurfte es nur noch eines Anlasses. In einer Heimwehrversammlung am 11. Februar in Langenzersdorf rühmte er sich der Rückversicherung durch Dollfuß und kündigte an: »Wir werden morgen an die Arbeit gehen und wir werden ganze Arbeit leisten für unser Vaterland.«[76]

Damit war eine für den 12. Februar angesetzte Waffensuche im Parteiheim der Linzer Sozialdemokraten gemeint. Sie wurde zum Auslöser für den sozialdemokratischen Aufstand. Die geplante Aktion der Exekutive war am Vorabend dem oberösterreichischen Schutzbundführer Richard Bernaschek bekannt geworden. Durch einen Kurier ließ er den Genossen in Wien ausrichten, dass man in Linz auf jeden Fall Widerstand leisten werde, sollten Waffen beschlagnahmt und Funktionäre verhaftet werden. Otto Bauer winkte ab. Sein Telegramm, das die Linzer Genossen um 4 Uhr früh erreichte, war auch von der Zensur gelesen worden. Drei Stunden später, um 7 Uhr früh, riegelte Polizei das Arbeiterheim im Hotel Schiff ab und brach gewaltsam das Tor auf. Die Schutzbundkämpfer antworteten mit Gewehrsalven. Das war der Beginn des Bürgerkriegs in Österreich.

Zu diesem Zeitpunkt wusste man im Traisental noch kaum etwas. Am Vormittag kam allerdings die Nachricht, dass die Regierung Dollfuß die Auflösung der Sozialdemokratischen Partei angeordnet hatte und dass mit der Verhaftung ihrer Funktionäre begonnen wurde. Mit Verspätung rief die Partei zu Mittag den landesweiten Generalstreik aus, aber außer einem Stromausfall in Wien zeigte der Streik keine Wirkung. Überhaupt war durch das Zögern der Parteiführung der Aufmarschplan des Schutzbundes bedeutungslos geworden. Statt sofort alle Regierungsgebäude zu besetzen, sah sich der Schutzbund in der Defensive und konnte sich nur noch in den Gemeindebauten verschanzen. Von dort begannen Schutzbundkämpfer auf die Exekutive zu schießen, was Bruno Kreisky später als den noch größeren Fehler bezeichnete.[77] Am Nachmittag begann der Artilleriebeschuss durch das Bundesheer. Dollfuß, der sich ursprünglich gegen einen Beschuss von Wohnhäusern ausgesprochen hatte, erteilte die Genehmigung dazu.

Außerhalb von Wien und Linz kam es vor allem in Steyr und in Industrieorten der Obersteiermark zu Kampfhandlungen zwischen Polizei, Bundesheer und Heimwehrverbänden auf der einen und dem Schutzbund auf der anderen Seite. Drei Tage lang wurde teils erbittert gekämpft. Die Bilanz: Hunderte Tote und Schwerverwundete. Das Dollfuß-Regime sprach offiziell von 170 toten Zivilisten (darunter 21 Frauen und zwei Kinder) und 104 Opfern aufseiten der Regierungsverbände. Eine genaue Opferzahl konnte bis heute nicht ermittelt werden, mein Vater ist sich in seinen Erinnerungen sicher, dass die Verluste der Schutzbündler »weitaus größer« waren.[78]

In Traisen fiel damals kein einziger Schuss. Vergeblich warteten die kampfbereiten Funktionäre auf Anweisungen aus Wien. Das Faschingskränzchen der *Naturfreunde* im Gasthof Putre jedenfalls sollte an diesem Tag nicht stattfinden, nachdem im Radio die Nachricht von Kampfhandlungen verbreitet worden war. Offenbar wurde an diesem Tag viel Radio gehört, denn den Radioberichten wurde, heißt es später in der Anklageschrift, »eine weit größere Aufmerksamkeit denn je geschenkt«.[79] Dass der 12. Februar der Faschingsmontag war, war unbedeutend, denn durch die Bestimmungen des Standrechts herrschte ohnehin Ausgangsverbot. Stattdessen wurden die politischen Ereignisse erörtert. Sofort nach den ersten Meldungen aus Linz und Wien wurde im Schutzbund »Heimbereitschaft« angeordnet. Schließlich wurden in der Nacht auf den 13. Februar die Waffen aus den Verstecken geholt und verteilt. Sie waren im Jahr davor, als der Schutzbund verboten worden war, nicht zur Gänze an die Sicherheitsbehörden übergeben worden. Man hatte das heimliche Waffenlager in den letzten Monaten sogar vergrößert. Ein Maschinengewehr, Handgranaten, Gewehre und Pistolen mit reichlich Munition waren in zwei

Depots versteckt. Auch wenn der aufgelöste Schutzbund nach außen keine Tätigkeit entfaltete, bestand er innerhalb der sozialdemokratischen Lokalorganisationen illegal weiter. Die Anklage gegen meinen Vater vermerkt, dass man in Traisen »auf Kampftage« vorbereitet war.[80]

Diese Tage waren nun eingetreten, und die Schutzbündler hielten sich zu Hause für den Alarmbefehl bereit. Der wurde schließlich am nächsten Tag um halb drei Uhr früh erlassen. Sendboten wurden losgeschickt, durch Klopfen an Fenstern und Türen wurden die Männer aus ihren Wohnungen geholt. Vereinbarte Sammelplätze waren der Schulhof und das Walzwerk, wo sich jeweils ein Waffenlager befand. Fast alle Schutzbundmitglieder, ungefähr 80 Mann, waren erschienen und demonstrierten ihre Einsatzbereitschaft.

Konrad Kettler erinnerte sich später, dass es im sogenannten »Neuen Haus« eine Art Beobachtungsstand des Schutzbundes gegeben hatte. Obwohl er von der Partei enttäuscht war, fand er sich in der Nacht auf den 13. Februar dort ein. Ihm war bewusst, dass durch das Standrecht jeder Widerstand mit dem Tod bedroht war und dass man jederzeit von Gendarmerieorganen nicht nur verhaftet, sondern auch erschossen werden konnte, wenn man im Besitz einer Waffe angetroffen wurde. Im Schulhof erhielt Kettler wie die anderen ein Verbandspäckchen und ein Gewehr. »Jetzt, so dachte ich, kann es kein Zurück mehr geben.«[81]

Zu den ersten Aufgaben gehörte es, die Fernsprechleitungen zu kappen und die Bezirksstraßen zu sichern. Drei Gruppen, Erkundungspatrouillen, wurden gebildet und für militärische Aufgaben eingeteilt, vor allem galt es, eine Verbindung zu den Genossen in Wilhelmsburg und im Gölsental herzustellen. Mein Vater war mit einer größeren Gruppe im benachbarten Marktl an der Mariazeller Bundesstraße nach Lilienfeld stationiert, hier sollte die aus dem oberen Traisental anrückende Heimwehr aufgehalten werden.

In der Anklageschrift gegen meinen Vater ist von einem »gemeinsamen Kriegsplan für das Traisental« die Rede, zumal gleichzeitig auch in St. Pölten und Wilhelmsburg der Schutzbund aufgeboten wurde. Erwähnt wird auch, dass den Traisener Schutzbündlern bekannt gewesen sei, dass man in St. Pölten zwischen drei und vier Uhr früh losschlagen würde. Sowohl in St. Pölten als auch in Wilhelmsburg sollte der Schutzbund alle wichtigen Einrichtungen besetzen. Die Aufgabe der Traisener Schutzbündler war es, den aus dem Süden erwarteten Heimwehrverbänden den Weg nach St. Pölten abzusperren. Dazu wurde eine bewaffnete Gruppe am Reisenberg stationiert, offenbar sollte von dort aus der »entscheidende Endkampf« geführt werden.

Ob der Traisener Schutzbund überhaupt eine Chance gehabt hätte, ist mehr als fraglich. Die Waffen, vor allem Pistolen und Karabiner, waren veraltet, ebenso das einzige Maschinengewehr, die meisten Handgranaten ließ man überhaupt in den Depots, wo sie eingemauert waren. Im Nachhinein betrachtet war es eine glückliche Fügung, dass es zu keinem Aufeinandertreffen mit der Exekutive oder der Heimwehr gekommen war. In dieser Nacht muss meinem Vater und seinen Kameraden klargeworden sein, dass ihre Lage wenig gute Aussichten hatte.

»Es war in den frühen Morgenstunden des 13. Februar. Die Patrouille nahm den Weg über die Bauernwiesen neben der Bundesstraße. Als wir beim Hamburgerhaus ankamen, fuhr der erste Frühzug, das bedeutete, dass es keinen Generalstreik gab. Der Kommandant ordnete den Rückmarsch nach Traisen an. Dort wurde vereinbart, wieder nach Hause zu gehen und abzuwarten.«[82] So erinnert sich Konrad Kettler, der später aus Enttäuschung zu den Kommunisten ging und sich den Spanienkämpfern anschloss.

Von der Parteiführung in Wien fühlte man sich im Stich gelassen. Es gelang nicht einmal, eine funktionierende Verbindung zur sozialdemokratischen Führung in St. Pölten herzustellen. Ein nach Wilhelmsburg entsandter Fahrradbote konnte lediglich die Nachricht nach Traisen bringen, dass der geplante Anschlag in St. Pölten missglückt sei und deshalb auch in Wilhelmsburg kein Einsatz erfolgte. Vergeblich hatte man hier auf das verabredete Zeichen durch eine Leuchtrakete gewartet, nun wurden alle Schutzbundabteilungen zurückberufen.

Mein Vater machte »Missverständnisse in der obersten Führung« dafür verantwortlich, dass die Schutzbundeinheiten im Traisental nicht nach St. Pölten vorrückten und dort ein Straßenkampf unterblieb. Am Morgen gab mein Vater den Auftrag, sich zurückzuziehen – »Befehl zum Einrücken«, wie es im Anklageakt heißt. Die Kameraden blieben zwar in Bereitschaft, aber was sollte denn noch geschehen? Sie mussten vielmehr akzeptieren, dass der angekündigte Kampf um die Republik nicht stattfinden würde. War das alles gewesen?

Erst später wurde bekannt, dass sich Otto Bauer in dieser Nacht in die Tschechoslowakei abgesetzt hatte, auch der Schutzbundführer Julius Deutsch, der bei einem Beschuss durch Splitter verwundet worden war, machte sich aus dem Staub.[83] Aus Wien kamen keine Direktiven, die Parteiführung hatte sich gleichsam aufgelöst, die ganze Bewegung schien orientierungslos. Wenn in Wien der damals junge Bruno Kreisky deprimiert zur Kenntnis nehmen musste, dass alles in die falsche Richtung ging – »So stand ich da, enttäuscht, dass anscheinend gar nichts vorbereitet war«[84] –, wie musste es dann erst den Schutzbündlern auf dem Land ergangen sein, die sich vollends im Stich gelassen fühlten?

Dass sie selbst wenig einsatzbereit gewesen wären, kann man ihnen gewiss nicht vorwerfen, obwohl es diese Erzählung später von Seiten der Kommunisten gab. So schreibt Luis Lew noch 1985: »Auch in Traisen zeigte sich die in vielen Orten beobachtete Erscheinung, dass ein Teil der höheren örtlichen Schutzbundführer in der Stunde der Entscheidung nicht auf seinem Posten war. Von vier Kommandanten musste einer erst aus der Wohnung geholt werden, die drei anderen waren krank.«[85] Diese Darstellung mag auf den Kommandanten Schönleitner zutreffen, der es in dieser Nacht vorzog, im Bett zu bleiben (er wurde dennoch später auch verhaftet), zweien seiner Stellvertreter kann man den Vorwurf, nicht genug Disziplin und Bereitschaft gezeigt zu haben, sicher nicht machen. »Der zum Kommandanten der versammelten Schutzbündler gewählte Willert war eigentlich ein rangniederer Funktionär«, schreibt Lew. »Und Franz Lettner, der auch zum Einsatz angetreten war, gehörte eher zur politischen als zur militärischen Führung.«[86] Natürlich war es aus Sicht der Kommunisten zu wenig, dass die Schutzbündler an diesem Tag lediglich in Bereitschaft blieben, anstatt »loszuschlagen«. Aber wozu sollte man aktiv werden, wenn man längst wusste, dass der Aufstand in St. Pölten und Wilhelmsburg abgeblasen war?

Die Lage an diesem Tag war überaus angespannt. Zu Mittag war eine erste Bundesheereinheit aus Richtung St. Pölten gekommen. Noch blieb alles ruhig. Gegen 17 Uhr erhielt die Exekutive schließlich den Befehl, auch im Traisental gegen einen möglichen Widerstand vorzugehen. Mein Vater und sein Kamerad Fritz Tauber waren auf dem Weg zu einem vereinbarten Sammelplatz, als sie von einer Heerespatrouille verhaftet wurden. Das Bundesheer war gerade erst in Traisen eingerückt, und sofort hatte sich jemand erbötig gemacht und meinen Vater denunziert. Er und Tauber wurden aufs Gemeindeamt gebracht und anschließend nach Lilienfeld in das Bezirksgericht eingeliefert. Gleich bei ihrer Ankunft wurden sie misshandelt.

Meine Mutter musste bereits in höchster Aufregung gewesen sein. Ob sie damals auch schon erfahren hatte, was sich in Wien oder in Bruck an der Mur zutrug? An dem Tag, als ihr Mann verhaftet wurde, wurde bereits das erste Todesurteil ausgesprochen. Es betraf den schwer verletzten Schutzbündler Karl Münichreiter in Wien, der auf einer Tragbahre zum Standgericht getragen werden musste. Am nächsten Tag wurde er gehängt – man musste ihn zum Galgen tragen. Acht weitere Schutzbündler wurden in den folgenden Tagen hingerichtet.

Am meisten hatte meinen Vater das Schicksal von Koloman Wallisch, dem Anführer der obersteirischen Arbeiterschaft, bewegt und empört. Obwohl es zahlreiche Appelle gab, mit dem »standgerichtlichen Morden« aufzuhören, drängten die Behörden auf eine schnelle Exekutierung. Während der Verhandlung – so zitiert mein Vater in seinen Erinnerungen eine Aussage Otto Leichters – soll Dollfuß mehrmals im Brucker Gerichtsgebäude angerufen und gefragt haben, »wie lange denn die Verhandlung noch dauern würde«.[87] Um Wallisch zum Tod verurteilen und hinrichten zu können, wurde eigens das im November 1933 verhängte Standrecht, mit dem auch die Todesstrafe wieder eingeführt worden war, verlängert.

Mit Wallisch sollte ein einflussreicher Arbeiterführer ausgeschaltet werden. Nicht seine aktive Rolle beim Aufstand war der Grund. Er war, schreibt Bruno Kreisky, »nicht radikaler als andere Funktionäre der Partei auch«.[88] Einige Historiker sprechen heute von Rachemotiven oder gar von oben angeordnetem Justizmord.[89] Bereits einen Tag nach seiner Verhaftung wurde Wallisch am 19. Februar, kurz vor Mitternacht, im Hof des Kreisgerichtes Leoben am Würgegalgen hingerichtet – eine Tötungsmethode, die bis 1918 praktiziert und neuerdings vom Regime des Ständestaates wieder eingeführt worden war. Selbst Gnadengesuche des Wiener Kardinals Innitzer und des Heiligen Stuhls in Rom hatten auf die Verantwortlichen des »katholischen« Ständestaates keine Wirkung. Die Justiz ging mit äußerster Brutalität vor und vollstreckte die Urteile innerhalb weniger Stunden. Für die Sozialdemokratie wurde Wallisch zum »Symbol des 12. Februar – des Tages, an dem nicht nur die Partei unterging«, wie Kreisky schreibt, »sondern auch die Demokratie endgültig verloren war«.[90]

Ich habe nie mit meinem Vater darüber geredet, ob er damals Angst um sein Leben hatte. Die Zelle in St. Pölten, in die er am 14. Februar eingeliefert wurde, musste er sich mit 25 Gefangenen teilen, obwohl sie nur für sechs Personen ausgelegt war. Das Gefängnis des Kreisgerichtes quoll damals über, Sozialdemokraten aus den Bezirken Lilienfeld und St. Pölten-Land füllten die Zellen, gleichzeitig wurden Hunderte in einem leerstehenden Magazin eingesperrt. Dabei, so mein Vater, war ein Großteil der Traisener Schutzbündler von der überforderten Justiz nicht einmal erfasst worden, eine allgemeine Amnestie sollte sie animieren, ihre Waffen abzugeben.

Nach zwei bis drei Monaten wurden die Gefangenen aus dem Kreisgericht entlassen, die meisten von ihnen wurden später wieder in ihren Betrieb aufgenommen, sie hatten Glück. Mein Vater und Johann Willert dagegen – sie hatten am 13. Februar gemeinsam die Anordnungen getroffen und eine Truppe befehligt – blieben weiter in Haft. Sie wurden neuerlich Einzelverhören unterzogen. Da mein Vater Obmann der sozialdemokratischen Lokalorganisation in Traisen war, galt er den Behörden automatisch auch als oberster Schutzbundführer, der alle Weisungen kennen musste. Das Kreisgericht bereitete eine Anklage vor. Sie lautete auf Hochverrat.

## 25. Das Trauma der Hinrichtungen

Über sein eigenes Schicksal erzählt mein Vater kaum etwas. Stattdessen beschreibt er in seinem Buch über die Arbeiterbewegung im Bezirk Lilienfeld das Schicksal der beiden Schutzbündler aus Rohrbach an der Gölsen, Hois und Rauchenberger, die unmittelbar nach ihrer Verhaftung vom Standgericht in St. Pölten zum Tode verurteilt wurden. Ihnen widmet er einen ganzen Abschnitt. Über seine eigene Zeit in der Haft macht er dagegen nur wenige Angaben, auch in der Familie erzählte er davon nicht viel. Es war ihm nicht wichtig, über sich selbst zu reden. Für meine Mutter aber hatten seine Inhaftierung und die Ungewissheit, was mit ihm geschehen würde, einen psychischen Zusammenbruch zur Folge. Mit einem Schlag schien für sie alles zu Ende zu sein. Doch davon erfuhr ich erst lange nach ihrem Tod.

Vor einigen Jahren machte ich mich auf die Suche nach Gerichtsakten. Ich fuhr nach Bad Pirawarth in eine Außenstelle des Niederösterreichischen Landesarchivs. Dort werden alle Aktenstücke der niederösterreichischen Bezirks- und Landesgerichte aufbewahrt, was man aber erst einmal in Erfahrung bringen muss. Wo sich die jeweiligen Archivbestände des Landes befinden, ist eine Art Geheimwissen, an dem mich zum Glück ein mir bekannter Historiker teilhaben ließ; an einem verregneten Sommertag begleitete er mich in besagte Außenstelle ins Weinviertel. Ich konnte damals noch nicht wissen, dass die Akten, meinen Vater Franz Lettner und seinen Kameraden Johann Willert betreffend, gar nicht mehr existierten, weil nämlich beider Verurteilung später, 1955, von Amts wegen getilgt worden war.[91]

Im ersten Augenblick war ich enttäuscht, wie so oft während meiner Recherchen, wenn sie ohne Ergebnis verliefen. Aber manchmal sind es die »Nebenfunde«, die unerwartete Aufschlüsse bescheren. Wenn ich auch den Akt über meinen Vater nicht mehr zu Gesicht bekam, so wurden mir bald die Gerichtsakten anderer Schutzbündler aus dem Traisen- und Gölsental auf den Tisch gelegt, darunter auch die der beiden zum Tod verurteilten Genossen Hois und Rauchenberger. In Rohrbach an der Gölsen war es am 13. Februar 1934 zu einer Schießerei gekommen, die Schutzbündler zogen sich in das Haus des Schutzbundkommandanten Hois an der Hainfelder Straße zurück. Als die Heimwehr das Haus stürmte, erschoss der junge Rauchenberger den Heimwehrführer von Rohrbach, Hans Lintner. Ich blätterte also in einer tragischen Geschichte, die ich so oft von meinem Vater erzählt bekommen hatte und die ich nun von anderer, amtlicher Seite dargestellt fand. Von einem Gericht, das im Schnellverfahren Todesurteile beschlossen hatte.

Die Verhandlung gegen den Fabriksarbeiter Johann Hois und den Maurer Viktor Rauchenberger vor dem Standgericht fand am 15. und 16. Februar statt. Am zweiten Tag, um 17 Uhr 25, wurde das Todesurteil gegen Rauchenberger verkündet, um 19 Uhr 30 verständigte das Justizministerium das Standgericht telefonisch, dass dem Gnadengesuch von Hois (der schließlich niemanden erschossen hatte) nicht stattgegeben würde und das Urteil ebenfalls zu vollstrecken sei.[92] Um 20 Uhr wurden beide im Hof des Gefängnisses gehängt. Der 42-jährige Hois hinterließ drei kleine Kinder.

Mein Vater, der in derselben Zelle wie Rauchenberger eingesessen hatte, erinnerte sich, wie dieser nach dem ersten Verhandlungstag in die Zelle zurückgebracht wurde. Er war noch immer von den Misshandlungen durch die Heimwehr arg mitgenommen, nun ahnte er, dass er sterben werde müssen. Er war erst 25 Jahre alt und hatte noch nichts vom Leben gehabt. Es war von Armut und Arbeitslosigkeit geprägt gewesen, seine Mutter war die einzige Angehörige. Mein Vater unterhielt sich mit ihm die ganze Nacht im Flüsterton.

Rauchenberger erzählte von den ständigen Provokationen der Heimwehr und schilderte den Ablauf des 13. Februar, wie er ihn erlebt hatte: Sie hatten sich im Birkfelder Wald versammelt und waren dort von Heimatschützern beschossen worden. Sie schossen zurück, doch wurde niemand verletzt. Danach wurden sie von den Heimwehrlern gejagt und flüchteten zu Hois, der mit ihnen schimpfte, weil sie geschossen hatten. Zu acht verschanzten sie sich in seinem Haus auf dem Dachboden. Als die Heimwehr das Haus umstellte, rief Hois: »Wir ergeben uns!« Steigenberger, ein als besonders brutal berüchtigter Heimatschützer, rief jedoch zurück: »Jeder wird erschossen!«[93] Darauf sagte Hois zu den Schutzbündlern: »Für uns ist es schon alles eins«, und sie stellten sich auf Kampf ein. Als der Heimwehr-Bataillonskommandant Hans Lintner die Dachbodentür aufriss, mit dem Gewehr im Anschlag die Treppe hinaufstürmte und »Ergebt euch!« schrie, gab Rauchenberger einen Schuss auf ihn ab. Lintner war sofort tot. Auch Hois schoss mit seinem Revolver, traf aber nur die Mauer.[94] Danach ergaben sich die acht kampflos.

Die Heimwehrmänner nahmen alle Schutzbündler gefangen und brachten sie in eine Halle. Dort wurden sie arg verprügelt, gefesselt und auf Lastwagen nach St. Pölten ins Gefängnis transportiert. Obwohl Hois immer zur Mäßigung gemahnt hatte und sich mit seinen Genossen hatte ergeben wollen, wurde sein Gnadengesuch abgelehnt.

Rauchenberger hatte wahrscheinlich noch nie so viel geredet wie in besagter Nacht. Er war traurig und niedergeschlagen, hatte mit seinem Leben abgeschlossen. Mein Vater schreibt: »Unmittelbar bevor er in der Früh zum Verhör geholt wurde, sagte er: ›Lieber Freund, leb wohl, ich weiß, dass wir uns nicht mehr sehen werden; ich hätte gerne noch gelebt! Ihr werdet wohl auch diese Zeit überstehen, dann denkt an mich und vergesst mich nicht.‹«[95]

Dieses Versprechen gab ihm mein Vater wenige Stunden vor der Hinrichtung. Er war von der Lebensbeichte des jungen Sozialdemokraten erschüttert und fassungslos, dass diesen beiden Männern ihr junges Leben einfach so genommen wurde – von einem selbstgerechten, hartherzigen System, das sich zum Ziel gemacht hatte, die Sozialdemokratie und ihre Anhänger zu vernichten.

Diese Nacht ließ meinen Vater aufgewühlt und zornig zurück. Er schwor sich, dieses Regime zu bekämpfen, solange und so gut er konnte. Er schwor sich auch, diese beiden Märtyrer der Sozialdemokratie nie zu vergessen und alles in seiner Macht Stehende zu tun, damit auch die Nachwelt sich ihrer erinnern möge. Aber in dem Augenblick, wo er diesen Beschluss fasste, war er wehrlos, fast ohnmächtig gegenüber dem, was geschah. Woher nahm er die Überzeugung, er würde aus der Zelle wieder herauskommen, der Kampf würde weitergehen und er würde wieder seinen Beitrag dazu leisten können, das Regime in die Knie zu zwingen? Eine stolze Hoffnung, ein irrationaler Wunsch?

Mein Vater hatte sein Versprechen gehalten, zumindest dieses eine: das Andenken seiner Kameraden zu bewahren, ihr Schicksal sichtbar zu machen. In den Jahren 1935 und 1936 sammelten die als Nachfolgeorganisation der verbotenen SDAP fungierenden Revolutionären Sozialisten Geld für einen einfachen Grabstein. Für meinen Vater, der nach seiner Freilassung den Revolutionären Sozialisten im Untergrund angehörte, war es selbstverständlich, dass die in einem gemeinsamen Grab auf dem Städtischen Hauptfriedhof in St. Pölten beerdigten Kameraden einen Grabstein erhalten sollten. Aber zunächst war es schwierig, die Verbindung mit den Angehörigen herzustellen, denn diese mussten bei den Behörden um Genehmigung ansuchen, einen Grabstein aufstellen zu dürfen. Auch die Kommunisten wurden aktiv. Sie produzierten eine Ansichtskarte, auf der die Porträts der beiden Männer und deren mit einer Fahne der verbotenen Kommunistischen Partei geschmücktes Grab abgebildet waren, während unter ihren Namen stand: »Opfer der faschistischen Blutjustiz in St. Pölten. Die revolutionäre Arbeiterschaft wird sie nicht vergessen!«[96] 1937 schließlich gelang es, einen Grabstein zu ihrem Gedenken zu setzen.[97]

Als mein Vater 1961 Bürgermeister von Traisen wurde, sorgte er dafür, dass zwei Gassen in Traisen nach ihnen benannt wurden. Seither gibt es in der Gemeinde eine Hoysstraße (sic!) und eine Rauchenbergergasse, die das Andenken an die beiden Märtyrer bewahren. Wenn man junge Leute in Traisen heute fragt, warum diese Gassen so heißen würden, blickt man allerdings in ratlose Gesichter.

# 26. Was wäre gewesen, wenn …

Beim Lesen der Prozessakten im Niederösterreichischen Landesarchiv drängte sich mir der Gedanke auf, dass es in Rohrbach vielleicht nicht zu dieser Katastrophe gekommen wäre, wäre die Heimwehr dort nicht so stark und aggressiv gewesen. Ich bin überzeugt, dass Hois nicht weniger besonnen war als die Traisener Schutzbundobleute und dass er ebenso jedes Blutvergießen hatte vermeiden wollen. In Traisen hatte die Heimwehr ja nicht provoziert. Was aber, wenn sie auch dort die Konfrontation gesucht hätte? Wäre Ähnliches dann auch mit meinen Eltern geschehen? Hätten die Traisener Schutzbündler geschossen, hätte auch mein Vater auf einen Heimwehrmann gezielt?

Diese Frage kam mir plötzlich in den Sinn, und ich wusste keine Antwort darauf. Ich bin aber überzeugt, dass kein Sozialdemokrat, der sich als Widerstandskämpfer betätigte, einen Menschen töten wollte. Die Sozialdemokraten waren nie auf Angriff, sondern nur auf Verteidigung eingeschworen. Der Kampf um die Demokratie hatte aber eine Dynamik entfacht, in der am Ende nur mehr reagiert und eben auch geschossen wurde.

Eine andere Frage lautet: Hätte sich der Februar 1934 verhindern lassen? Ja, wenn man sich hätte verständigen können und wenn die bürgerliche Seite bereit gewesen wäre, die demokratische Verfassung, das Grundgerüst einer freien Gesellschaft, zu respektieren. Aber dieser Wille fehlte. Im Gegenteil, die Aggressivität der Heimwehr hatte das erklärte Ziel, die Sozialdemokratie auszuschalten. Man nannte die Heimwehrler auch »Hahnenschwänzler«, weil sie Schwanzfedern des Birkhahns auf dem Hut trugen, was aufseiten ihrer Gegner zu Spott Anlass gab.[98] Heute erscheint diese Aufmachung lächerlich, aber die Federn waren wohl Ausdruck von Männlichkeit und Stolz und sollten die politischen Gegner provozieren. Die Ereignisse in Linz, die den Bürgerkrieg letztlich auslösten, hätten sich zweifellos vermeiden lassen, wäre die Exekutive besonnener vorgegangen und hätte nicht seitens der Heimwehr der Plan bestanden, einen Anlassfall zu schaffen. Bis heute konnte man sich in der Schuldfrage nicht einigen.

Meiner Meinung nach liegt die Verantwortung für diese Tragödie eindeutig aufseiten derer, die die Gewalt im Staat innehatten, denn sie hatten diese Macht zuvor durch einen Staatsstreich an sich gerissen.

Am 12. Februar waren sowohl die Schutzbund-Organisation als auch die Sozialdemokratische Partei bereit, sich gegen einen Angriff mit Waffen zu verteidigen, zumindest als letzten Ausweg.[99] Als ich im Jahr 2008, also 74 Jahre später, Franz Sattler im Haus seiner Tochter interviewte – er war seinerzeit ebenso wie mein Vater und zweiundzwanzig weitere Schutzbündler aus Traisen verhaftet worden –, kommentierte er mit der abgeklärten Sicht des Sechsundneunzigjährigen die Ereignisse in Rohrbach, die drei Menschen das Leben gekostet hatten: »Es war ja alles so unnötig.«[100] 2010 befragte ich auch einen seiner besten Freunde, Bruno Wochner aus Rainfeld an der Gölsen, über die Ereignisse in Rohrbach. Zum Zeitpunkt des Interviews war Wochner 100 Jahre alt, aber er konnte sich noch gut an alles erinnern: Er hatte damals als Lohnverrechner in der Firma Kaschütz gearbeitet, wo der Heimwehrobmann Hans Lintner Prokurist und zudem Ehemann der Firmeninhaberin war. Bruno Wochner war im Februar 1934 21 Jahre alt und erlebte als Untergebener Lintners die tragischen Ereignisse in Rohrbach aus einer ganz anderen Perspektive mit. Nach Lintners Tod wurde Wochner Buchhalter bei dessen Witwe und Zeuge des Leids, das der Tod ihres Ehemannes verursacht hatte.[101] Aber auch das Entsetzen über die Brutalität der Heimwehr und die Todesurteile war in der Rohrbacher Bevölkerung groß, wie mir Wochners Frau schilderte: »Es war ja alles so unnötig.«

Im Nachhinein erscheinen viele Geschehnisse von damals sinnlos. Mit dem zeitlichen Abstand relativiert sich auch in der subjektiven Erinnerung so manches. Gedanken und Taten, die zum Zeitpunkt des Geschehens vollkommen überzeugend schienen, wirken im Nachhinein manchmal sinnlos. Mir jedenfalls ist es einige Male so ergangen. Wenn man sich intensiver mit der SDAP bis hin zu ihrem Verbot 1934 beschäftigt, so zeigt sich eine Politik voller Widersprüche. Warum die Partei den Schutzbund überhaupt aufrechterhielt, obwohl sie nie kämpfen, sondern vielmehr einen Bürgerkrieg um jeden Preis vermeiden wollte, ist aus heutiger Sicht eine nicht unberechtigte Frage. Es war eigentlich eine unlautere Politik, die Parteimitglieder auf

Kampf einzuschwören und gleichzeitig alles zu tun, um den Schutzbund kampfunfähig zu halten. Angesichts der bis an die Zähne bewaffneten und bereits zum Schlag ausholenden Heimwehr und den vielen antidemokratischen Maßnahmen der Dollfuß-Regierung erscheint es aus heutiger Sicht unverständlich, noch Anfang 1934 um Regierungsbeteiligung zu betteln. Bauer, der in der Theorie oft radikal war, wollte Blutvergießen unbedingt vermeiden. Wie in einer griechischen Tragödie trug schließlich der Sanftmütige, der um jeden Preis den Kampf vermeiden wollte, Mitschuld an den Toten. Gut möglich, dass ihm das später das Herz brach.[102]

## 27. Der Schock

Als wir Kinder waren, hörte ich manchmal von einem Aufenthalt meiner Mutter in Mauer-Öhling, weil sie einen »Schock« erlitten habe. Auch von ihren »schwachen Nerven«, die sie selbst als »Reiter'sches Erbe« bezeichnete, war manchmal die Rede. Wollten wir mehr wissen, wurde rasch das Thema gewechselt. Der »Schock« und vor allem Mauer-Öhling waren Tabu-Themen. Was konnte sich ein Kind außerdem schon wirklich darunter vorstellen?

Erst als Erwachsene erfuhr ich von Freunden meiner Eltern, was es mit Mauer-Öhling auf sich hatte. Meine Mutter hatte 1934 einen nervlichen Zusammenbruch erlitten, der eine Einweisung in die psychiatrische Anstalt Mauer-Öhling bei Amstetten zur Folge hatte. Nach der Verhaftung ihres Mannes am 13. Februar hatte ihr jemand gesagt, dass auch »ihr Franz« zum Tod verurteilt und aufgehängt würde. Dass das einen »Schock« auslöste, konnte ich gut verstehen. Aber was war das für ein Schock? Wie äußerte er sich? Und Mauer-Öhling? War das eine Heilanstalt, ein Sanatorium?

Ich hatte keine Ahnung. Erst 23 Jahre nach dem Tod meiner Mutter und 82 Jahre nach dem Februar 1934 wollte ich es genauer wissen. Ein Historiker riet mir, nach der *Krankenakte* meiner Mutter zu fragen, wenn, dann würde man nur dort Aufschlüsse erwarten können. Ich erfuhr, dass die älteren Krankenakten dieser Anstalt mittlerweile alle im Niederösterreichischen Landesarchiv in St. Pölten aufbewahrt würden. Auf meine Anfrage hin erhielt ich die Auskunft, dass ich gegen Vorlage des Totenscheins meiner Mutter Einsicht in ihre Krankenakte nehmen könne. Ich schickte den Totenschein und vereinbarte einen Termin.

Am 12. Dezember 2016 fuhr ich mit dem Zug nach St. Pölten und suchte vergeblich nach dem Bus, der mich zum Archiv bringen sollte. Da dieser Bus nur einmal in der Stunde verkehrte und soeben abgefahren war, nahm ich ein Taxi und sagte die Adresse an. Es war das Außendepot des Archivs, das sich weit weg vom Zentrum, am westlichen Ortsrand von St. Pölten befindet. Der Taxilenker kannte die Adresse nicht und setzte mich an einem anderen Ort in der Nähe ab. Nach mehrmaligem Fragen und Umherirren gelangte ich schließlich zu Fuß an mein Ziel.

Das Archiv liegt in einem brandneuen, schlecht gekennzeichneten Gebäudekomplex an der Bundesstraße nach Melk, umgeben von Wiesen und Feldern. Auf dem Weg dorthin passierte ich einen Hundeabrichteplatz, eine Fahrzeugprüfanstalt, eine Tankstelle und die Polizeizentrale. Niemand kannte das Landesarchiv. Schließlich fand ich es in einem modernen Glasquader am Ende dieses ein wenig absurd anmutenden Gebäudes. Immerhin wurde ich dort bereits erwartet, ich war die einzige Besucherin an diesem Vormittag. Die Archivarin legte mir eine dünne Mappe auf den Tisch und registrierte wohl sofort meinen enttäuschten Blick. Was, diese paar Blätter sollen die Krankenakte meiner Mutter sein? Ich hatte so große Erwartungen gehabt und jetzt sofort das Gefühl, dass ich ganz umsonst gekommen war; ich dachte noch, dass ich mich in wenigen Minuten schon wieder auf den Heimweg machen würde.

Ich setzte mich hin, schlug die Akte auf und begann die großen, eng beschriebenen Bögen mit gut leserlicher Kurrent-Handschrift zu überfliegen. Was heißt überfliegen? Ich las Wort für Wort – und fiel fast in eine Schockstarre, war wie gelähmt von dem, was da stand.

Es waren insgesamt drei Bögen. Der erste mit der Diagnose des Amtsarztes von St. Pölten und der Einweisung in die Irrenanstalt Mauer-Öhling.

»Irrenanstalt«! Ich erstarrte bei dem Wort. Das also war Mauer-Öhling, deshalb war dieser Name so geheimnisumwittert in unserer Familie. Ich sah nur noch das Wort »Irrenanstalt« und war entsetzt. Der zweite Bogen enthielt das Anamnese-Gespräch des aufnehmenden Arztes mit meiner Mutter und der dritte die laufende Krankenbeobachtung.

Je mehr ich las, umso undeutlicher wurde meine Wirklichkeit. Ich spürte plötzlich den Sessel, auf dem ich saß, nicht mehr, ich spürte mich selbst nicht mehr. Wie versteinert saß ich, las und machte mir Notizen. Ich wagte mich kaum zu bewegen, ich hatte das Gefühl, dass die Archivarin, während ich diese so private und intime Geschichte entzifferte, durch meinen Rücken hindurch die schrecklichen Wahrheiten über die Krankheit meiner Mutter mitlesen konnte. Ich wagte mich nicht umzudrehen. Wie in Trance las ich und schrieb. Ich schrieb alles wortwörtlich ab. Als ich fertig war, fühlte ich mich wie aus der Zeit gefallen. War eine Stunde vergangen, zwei? War es ein halber Tag?

In den Erinnerungen meines Vaters steht, dass meine Mutter drei Wochen in Mauer-Öhling gewesen sei. In Wahrheit verbrachte sie drei Monate dort. Und was für schreckliche Monate müssen das für sie gewesen sein. Ich konnte das Gelesene kaum fassen, so sehr schockierte mich, was meine Mutter über sich hatte ergehen lassen müssen. Am Ende der Lektüre stand ich mit steifen Gliedern auf und fragte benommen, ob ich Kopien machen könne, weil ich das Gelesene unbedingt nochmals lesen und auch genau transkribieren wolle, um die volle Wirklichkeit des Geschriebenen verarbeiten und darüber berichten zu können.

Die freundliche Beamtin kopierte den gesamten Akt und erwähnte, als sie mir die Blätter in die Hand gab, dass mein Vater ein bedeutender sozialdemokratischer Politiker in Niederösterreich gewesen sei. Sie war also informiert, wusste, was ich hier recherchierte. Auch ihr Abteilungsleiter kam und betrachtete mich interessiert. Jaja, stammelte ich, noch immer ganz benommen. Mir fehlten die Worte. Stattdessen fragte ich, wie ich am schnellsten wieder zum Bahnhof käme.

Ich wollte nicht auf den Bus warten, der ohnehin nie kam. Es war ein kalter Wintertag, doch während meiner Recherchen war die Sonne herausgekommen. Ich ging querfeldein und anschließend durch den sogenannten Kaiserwald in die Stadt. Ich war immer noch benommen. Wusste ich eigentlich, wo ich da ging? Ich kam am Landesgericht vorbei, und mir schoss ein, dass hier mein Vater in einer Zelle gesessen war, dass im Hof des Gebäudes seine Kameraden Hois und Rauchenberger gehängt worden waren. Und während Vater auf seinen Hochverratsprozess gewartete hatte, befand sich seine junge Frau in der Irrenanstalt. Ob er davon gewusst hatte? Wann hatte er es erfahren? Hatte meine Mutter auf einen Besuch von ihm gewartet? Auch brieflich dürfte es keinen Kontakt gegeben haben, das wäre wohl in der Krankenakte vermerkt worden.

Der St. Pöltner Ring, an dem das Gerichtsgebäude mit seiner historistischen Fassade steht, ist eine mit Bäumen besetzte, breite Straße, einst eine vornehme Wohngegend mit schmucken Villen. Am Schießstattring steht auch die Villa von Frau Fiedler, zu der meine Mutter während ihrer Handelsschulzeit zweimal in der Woche als Kostkind essen gehen durfte. Ich suchte die Villa, in die ich als Kind meine Mutter bei ihren Besuchen einige Male begleitet hatte. Und tatsächlich stand ich bald davor: Villa Luise. Frau Fiedler sollte auch in Mauer-Öhling eine wichtige Rolle für meine Mutter spielen. Auf ihren Namen war ich im Akt wieder gestoßen.

Der Fußmarsch nach St. Pölten und durch die Stadt, danach die Zugfahrt nach Wien holten mich in die Gegenwart zurück. Allerdings bedurfte es zu Hause eines neuerlichen Kraftaufwands, um eine vollständige Transkription der Krankenakte in Angriff zu nehmen. Beim wiederholten Lesen des Textes erfasste mich zunächst Verzweiflung, dann tiefes Mitleid mit der jungen Frau, die später meine Mutter wurde und damals – allein auf sich gestellt, ohne einen einzigen vertrauten Menschen um sich – in Mauer-Öhling festgehalten wurde. Sie war einer verständnislosen, ja, grausamen Umgebung ausgesetzt, wie ich der Akte entnahm. Sie durfte nicht laut singen und nicht ihre eigenen Kleider tragen. Sie wurde zwangsernährt und ins Gitterbett gesteckt. Meine freiheitsliebende Mutter! Das erste Mal in meinem Leben hatte ich das Bedürfnis, sie zärtlich zu umarmen.

Dass ausgerechnet die Lektüre ihrer Krankenakte sie mir ein großes Stück näher brachte, ist eine Merkwürdigkeit, die außer mir wohl schwer jemand begreift. Ihre unnahbare und mir verschlossene Persönlichkeit hatte sich mir plötzlich aufgetan, als ich auf die vermutlich schlimmsten Wochen ihres Lebens stieß. Warum hatte sie nie ein Wort darüber verloren? Warum hatte sie nie mit mir darüber geredet?

## 28. Die Krankenakte

Nachdem mein Vater am 13. Februar verhaftet worden war, wartete seine Frau angsterfüllt auf Nachricht von ihm. Sie wusste nichts von seinen Misshandlungen im Gemeindekotter von Lilienfeld und noch nichts vom Standgerichtsurteil gegen Hois und Rauchenberger. Wahrscheinlich aber hatte sie von den Standgerichtsprozessen in Wien und Linz und von vollstreckten Todesurteilen gehört. Sie war in ständigem Kontakt mit ihren Genossen in Traisen. Jeden Tag versuchte sie von neuem, etwas über das Schicksal ihres Mannes zu erfahren. Dann hörte sie, dass auch in St. Pölten ein Standgericht eingerichtet wurde und dass ihrem Mann der Prozess gemacht würde. Und dass er aufgehängt werden sollte.

Die Nachricht fuhr wie ein Blitz ein. Nicht einmal drei Jahre nach ihrer Hochzeit! Sollte das schon alles gewesen sein? Mehr würde nicht von ihrem gemeinsamen Leben bleiben? Sie brach nicht in Tränen aus, wie man erwarten würde. Sie begann wirr zu reden, wie kurz darauf im Anamnesegespräch und der Krankenakte festgehalten wurde.[103] Sie suchte ihre Genossen auf und versprach, sie nicht zu verraten. Sie ging im Ort auf und ab und verhöhnte laut die Fahnen der Heimwehr und der Vaterländischen Front, die nun vom Rathaus wehten. »Was für eine herrliche Fahne, was für eine schöne Fahne!«, rief sie laut. Die Menschen auf der Straße sahen sie seltsam an, zum Teil sahen sie weg. Das beunruhigte sie. Sie glaubte, die Leute, die ihrem Blick auswichen, seien ihr feindselig gesinnt und gönnten ihr ihr Schicksal. Dann ging sie nach Hause, schminkte sich, nahm ihren Pass und begab sich auf die Gendarmerie im Rathaus. Sie wollte beweisen, dass sie nicht verrückt war, und dachte, eine schöne und geschminkte Frau würde mehr Eindruck machen als eine verhärmte. Auf der Gendarmerie verlangte sie, aufgehängt zu werden. Die Gendarmen wussten nicht, was sie mit ihr anfangen sollten, und schickten sie nach Hause. Sie ging wieder. Sie werde sich zur Verfügung halten, sagte sie noch, was darauf schließen lässt, dass sie mit ihrer Verhaftung rechnete.

Irgendwann fuhr sie nach St. Pölten und merkte, dass sie im Zug von den Menschen angestarrt wurde. Irgendjemand brachte sie auf die Bezirkshauptmannschaft. Dort wurde sie am 24. Februar dem Amtsarzt vorgeführt, elf Tage nach der Verhaftung meines Vaters. Der Amtsarzt Dr. Hilliches nahm ihre Personalien auf und fragte sie nach bekannten Geistesstörungen in ihrer Familie. Sie gab an, dass eine Tante väterlicherseits geisteskrank gestorben sei und der Onkel väterlicherseits Selbstmord durch Erschießen begangen habe. Sie selbst habe in den letzten Tagen versucht, sich mit dem Rasiermesser umzubringen. Der Arzt diagnostizierte eine »ideensüchtige Verworrenheit«, die er als heilbar einschätzte. Er verfügte die Einweisung in die Anstalt Mauer-Öhling und ihren Transport dorthin mit dem Sanitätsauto.

Was sie dem Amtsarzt wirklich erzählte, ist nicht dokumentiert, doch nehme ich an, dass sie ihm – wie später auch dem Anstaltsarzt – ihr politisches Engagement offenbarte. Wie sonst wäre er auf die Diagnose »ideensüchtige Verworrenheit« gekommen?

Noch am 24. Februar wird meine Mutter in Mauer-Öhling aufgenommen; sie sträubt sich und will nicht auf die Abteilung. Am nächsten Tag führt der Anstaltsarzt ein ausführliches Gespräch mit ihr. Sie erzählt ihm von ihrem Interesse an der Sozialdemokratischen Partei (die damals bereits verboten ist) und ihrem Hass auf die Bürgerlichen. Sie erzählt ihm, dass sie Bomben gebaut und immer das Gefühl gehabt habe, nicht genug zu tun. Sie habe auch immer Angst gehabt, vor allem vor dem Genossen Rauscher,[104] der sie und ihren Mann zum Kämpfen gedrängt habe, damit Wien nicht falle. Sie erzählt, dass ihr in St. Pölten eine Frau Gesellschaftsformen beigebracht habe. Sie habe sich in dieser Umgebung nicht wohl gefühlt, weil sie arm war und das Vornehme nicht zu ihr passe. Sie habe Minderwertigkeitsgefühle. Sie erzählt, dass sie mit ihrem Mann den Film

»Ekstase« gesehen habe, mit Hedi Kiesler (in Hollywood später Hedy Lamarr). Sie selbst werde auch als Schauspielerin bald nach Berlin fortgehen, wie die Kiesler, sagt sie. Das Leben habe sich geändert und sie habe mit dem Namen Lettner abgeschlossen: Der Lettner, sagt sie dem Anstaltsarzt, habe vielleicht gar nicht existiert.

In der Krankenakte steht: Sie ist eine unruhige Patientin, singt und lärmt, zeigt sich nackt, will ständig bewundert werden, ist eigensinnig, grob, tritt und wehrt sich, will sich nicht pflegen lassen. Glaubt, irgendwelche Männer würden sie abholen kommen.

Am 1. März wird vermerkt, dass sie 39 Grad Fieber hat. Ich stocke: Woher kommt plötzlich das hohe Fieber? Am 12. März steht im Akt: »Typh. Inj. Schüttelfrost, Temp. 39,5, läuft nackt im Schlafraum herum, folgt nicht, kommt ins Gitterbett.«[105] Am 14. März wieder: »Typh. Inj.«. Ich sage mir laut: Das kann doch nicht heißen, dass sie Typhus-Injektionen bekam!?

Ich bin schockiert.

Am 14. März wälzt sie sich auf dem Boden und kommt wieder ins Gitterbett. Sie isst nicht, will sterben, wird durch die Nase zwangsernährt, was sehr schmerzhaft ist. Sie bekommt weiter Typhus-Injektionen. Wie kann das sein? Warum? Heißt das, dass man sie mit Typhus-Bakterien infiziert hat, sie, deren Eltern an Typhus gestorben sind, wodurch sie zur Vollwaise geworden war? Hätte sie an diesen Injektionen nicht auch sterben können?

Mir kommt das alles so unwirklich, so grausam und widersinnig vor. Kurz vor Weihnachten treffe ich einen befreundeten Psychiater und frage ihn, was es mit dem Kürzel »Typh. Inj.« auf sich habe und ob das tatsächlich, wie ich glaubte, Typhus-Injektionen gewesen seien. Er bestätigt mir, dass es damals in der Behandlung von Geisteskranken üblich war, ihnen Typhus- und Malariabakterien zu injizieren, in der Annahme, dass sich durch den physischen der psychische Schock lösen möge. So wie man nach dem Krieg Patienten mit Elektroschocks behandelt hatte, in der gleichen, irrigen Annahme. Mit zitternder Stimme frage ich: »Was aber, wenn die Patienten an der Infektion gestorben sind?« Völlig ungerührt seine Antwort: Ja, das sei immer wieder vorgekommen, das habe man in Kauf genommen. Bei dem Gedanken, dass daran auch meine Mutter hätte sterben können, fühle ich mich überwältigt. Als ich wieder zu Hause bin, kann ich mich noch lange nicht beruhigen.

Am 22. März wird Bronchitis diagnostiziert, meine Mutter spricht und isst nicht. Natürlich bewirkt die »Fieberkur« keinerlei Besserung ihres psychischen Zustands. Dieser ändert sich erst, als sich eine junge, offenbar sozialdemokratische Krankenschwester ihrer annimmt und sie aufopfernd pflegt. Sie heißt Resi Lutz, und der Name meines Vaters ist ihr bekannt.

Am 23. März bekommt meine Mutter Besuch von Frau Fiedler. Sie erkennt sie und weint vor Freude. Sie weint jetzt viel. Will ihren Mann sehen, weiß, dass er lebt und in St. Pölten im Kreisgericht einsitzt. Hat ihr das der Arzt oder ein Besucher, vielleicht Frau Fiedler erzählt? Sie fühlt sich immer noch verfolgt, hört Stimmen und fühlt sich belästigt.

Am 28. März entscheidet eine Kommission im Bezirksgericht Amstetten, dass die »weitere Anhaltung der W. L. in einer geschlossenen Anstalt zulässig ist«. Der Beschluss erlischt nach sechs Monaten.

Bis 20. April bleibt sie »widersetzlich«, wie es im Anstaltsjargon heißt, sie will fortgehen und ihre eigenen Kleider anziehen. Am 22. April erhält sie Besuch von ihrer Ziehmutter Kraft aus Traisen, sie weint bitterlich. Sie will unbedingt Skifahren gehen. Sie ist ansprechbar und beginnt, Anteil an ihrer Umgebung zu nehmen.

Am 29. April wird sie auf Pavillon 8 verlegt, der die Atmosphäre eines Sanatoriums hat: Hier darf sie ihre eigenen Kleider tragen und Näharbeiten erledigen. Sie ist klar im Kopf, pflegt sich und gibt sinnvolle Antworten. Sie »ist geordnet, zugänglich, beschäftigt sich mit Wäsche ausbessern«, heißt es in der Akte. Am 2. Mai schreibt sie einen Brief an »ihre liebe Ziehmutti« und einen an die »liebe Gnädige Frau Fiedler«, in dem sie sich für deren Besuch bedankt, der ihr sehr viel bedeutet habe. Sie schreibt auch, dass es ein Schock für sie gewesen sei, als ihr bewusst wurde, dass sie sich in einer Irrenanstalt befinde. Sie berichtet stolz, dass sie im letzten Monat neun Kilo zugenommen habe und nunmehr 64 Kilo wiege. Sie habe keine Ahnung, was aus ihr und ihrem Mann werden solle; ihre Zukunft liege völlig im Dunkeln.

Am 15. Mai wird sie als geheilt entlassen.

# 29. Der Hochverratsprozess

Im Kreisgericht St. Pölten muss meinem Vater klar geworden sein, dass nicht nur sein politisches Leben einen tiefen Einschnitt erfahren hatte. Er saß mit Schutzbündlern von überall aus dem Traisental, aus Rainfeld, Rohrbach, St. Pölten, Statzendorf, Traisen, St. Ägyd und Wilhelmsburg im Gefängnis. Die meisten wurden bald entlassen und erhielten später auch ihren Arbeitsplatz zurück. Wie es mit ihm selbst weitergehen würde, darüber machte er sich offenbar keine großen Illusionen. Zunächst galt es, am Leben zu bleiben und aus dem Gefängnis herauszukommen. Einige seiner Kameraden sammelten illegal Geld, damit ihm und dem mitangeklagten Willert ein Rechtsanwalt beigestellt werden konnte.

Vier Monate nach seiner Verhaftung, am 14. und 15. Juni, fand die Verhandlung im Hochverratsprozess statt. Oberlandesgerichtsrat Dr. Georg Zednik führte den Vorsitz, Staatsanwalt Dr. Oskar Welzl vertrat die Anklage. Es stand von vornherein fest, dass das Urteil den Anklagepunkten folgen würde. In der *St. Pöltner Zeitung* konnte man zu dem Prozess lesen: »Der Krankenkassenbeamte Franz Lettner und der Arbeiter Johann Willert sind wegen Aufruhr angeklagt.«[106] Im Zusammenhang mit Aufruhr, § 73, schrieb das österreichische Strafgesetzbuch von »Zusammenrottung«, »Widerspenstigkeit« und »Vereinigung wirklich gewaltsamer Mittel« in einem Ausmaß, dass die Behörden gezwungen sind, zur Herstellung von Ruhe und Ordnung außerordentliche Gewalt anzuwenden. Jeder, der an einer solchen Rottierung teilnähme, mache sich dieses Verbrechens schuldig. Kerkerstrafen von zehn bis zwanzig Jahren waren für Aufwiegler und Rädelsführer vorgesehen, im Falle, dass dem Aufruhr durch Standrecht Einhalt geboten werden muss, die Todesstrafe.[107] In der Anklageschrift gegen meinen Vater und Willert heißt es: »Wenngleich es im Bereiche Traisen zu keiner Gewalttat gekommen ist, muss dennoch in der Tathandlung der Beschuldigten der vollendete Tatbestand nach § 73 St. G. erblickt werden.«[108]

Der Staatsanwalt legte meinem Vater dessen Funktion als »oberster Führer des Republikanischen Schutzbundes in Traisen« zur Last und dass er über alle Vorgänge und Umsturzpläne informiert gewesen war. Ein Zeuge berichtete dazu, dass drei oder vier Wochen vor dem 12. Februar im Kinderheim in Traisen eine Versammlung abgehalten worden sei, bei der mein Vater »die Andeutung machte, es könne jetzt jeden Augenblick angehen, es könne nicht mehr so weitergehen, sie ließen es sich nicht gefallen, falls die Partei aufgelöst würde, und alle könnten überzeugt sein, dass mit der Faust allein nicht zugeschlagen werde«.[109]

Diese Aussage wurde wörtlich eine Woche später in der *St. Pöltner Zeitung* wiedergegeben, eingerückt und fett gedruckt. Sie sollte die ganze Schuld meines Vaters untermauern. In den Fünfzigerjahren bekam mein Vater den Gerichtsakt zu Gesicht, und er muss sich eine Kopie davon angefertigt haben, denn später zitiert er in seinem Buch über die Arbeiterbewegung im Traisental den Akt auf mehreren Seiten zur Gänze. Und er tat dies – typisch für ihn – ohne einen einzigen Kommentar. Die Zeugenaussage gab er ebenso eins zu eins wieder wie die Feststellung der Staatsanwaltschaft, in der es heißt:

> Eine solche Redewendung konnte Franz Lettner (…) mit Fug gebrauchen, denn er wusste, dass seit dem Herbst 1933 emsig für den Entscheidungskampf aufgerüstet wurde, er hatte aus St. Pölten Handgranaten und Gewehre von der Partei erhalten und verfügte in Verstecken, die nur ihm und einigen Vertrauten bekannt waren, über ein Maschinengewehr, über Handgranaten, Gewehre und Pistolen sowie zahlreiche Munition, obwohl er zu einem solchen Waffenbesitze an sich nicht befugt war und – da Angehöriger des Republikanischen Schutzbundes im März 1933 – überhaupt keine Waffen besitzen oder tragen durfte.[110]

Zu diesem Waffenbesitz bekannte sich mein Vater vor Gericht. Auf die Frage, woher er die Handgranaten bezogen habe, sagte er, ein Unbekannter aus St. Pölten habe sie ihm übergeben, er habe sie dann gemeinsam mit den Gewehren aufbewahrt. Das Gericht interessierte sich für den unbekannten Überbringer. Aber auch auf Nachfrage beharrte mein Vater darauf, dass er den Mann nicht gekannt habe. Er könne zu ihm keine Angaben machen. Es war ungeschriebenes Gesetz, weder in den Verhören noch vor Gericht die Namen irgendwelcher Verbindungsleute bekanntzugeben, damit mussten sich die Beamten der Exekutive und Justiz abfinden. Auch wo das Maschinengewehr versteckt gewesen sei, sagte mein Vater, habe er nicht gewusst. Dafür gab er zu, in der Nacht vom 12. auf den 13. Februar den Schutzbund in Traisen aufgeboten, mithilfe anderer Schutzbündler Waffen ausgeteilt, die Einteilung in Gruppen getroffen und die jeweiligen militärischen Aufgaben zugeteilt zu haben. Schließlich, dass er unter Mitnahme von Handgranaten und eines Maschinengewehres den Reisenberg besetzt habe.

Allerdings versuchte mein Vater, das Schwurgericht von seiner Schuldlosigkeit zu überzeugen, indem er seine Aktivitäten nicht als gegen die Dollfuß-Regierung gerichtet begründete: »Doch will Lettner glauben machen, dass sich seine Maßnahmen gegen einen Putsch der Nationalsozialisten gerichtet haben und als Unterstützung der staatlichen Exekutive gedacht worden seien.« Er habe, behauptete er, die »Weisung« bekommen, sich zur Verfügung zu stellen.

Eine Weisung? Von wem? Mein Vater in Wahrheit ein Handlanger jenes Regimes, das er so vehement bekämpfte?

Von dieser Verteidigungsstrategie, zu der ihm wohl sein Rechtsanwalt Dr. Hummer geraten hatte, erfuhr ich erst, als ich im Zuge der Recherchen auf einen entsprechenden Artikel in der *St. Pöltner Zeitung* stieß:[111] Der Schutzbundführer Franz Lettner, so müsste man den Eindruck gewinnen, wollte nichts anderes, als Österreich vor den Nazis zu retten … Jedenfalls ist in der Zeitung von einem behaupteten »Heimwehr- oder Naziputsch der Exekutive« zu lesen, als hätte am 12. Februar gar ein Umsturzversuch von rechts stattgefunden.

Ich kann mir nicht vorstellen, dass die Geschworenen auch nur eine Sekunde lang dieser Argumentation, die mir heute ebenso verzweifelt wie provokant erscheint, Glauben geschenkt haben. Es war eine mit Chuzpe vorgetragene, wenngleich plumpe Schutzbehauptung.

Willert wiederum behauptete, er sei in der fraglichen Nacht um halb drei Uhr früh von einem Unbekannten geweckt worden, er sei zum Walzwerk gegangen, habe aber nicht gewusst, dass es »losgehe«. Wohl habe er dort die Handgranaten gesehen, sie aber nicht als solche erkannt. Auch diese Aussagen scheinen der Beratung des Verteidigers Dr. Hummer geschuldet, oder war Willert nicht bereit, sich zu seiner Verantwortung zu bekennen? Dass er sich in seinen Aussagen selbst widersprach, ist im Anklageakt angemerkt. Seine Aussage, er habe nichts vom Generalstreik und der Verhängung des Standrechts gewusst, wurde als unglaubwürdig bewertet, auch dass ihm die Mitnahme der Handgranaten entgangen sei. Willert sei doch Zugskommandant gewesen, seine Aufgabe war es, »die Stärke und Bewaffnung seiner Abteilung zu kennen und darüber zu verfügen«. Und schließlich habe er ja selbst die Handgranaten verteilt und auf dem Reisenberg die Einteilung getroffen. Und extra wird betont:

> Die Handgranaten waren im gebrauchsfähigen Zustande und die Mitnahme dieser Sprengmittel zu bevorstehenden Kampfhandlungen weist zwingend auf die Absicht hin, entweder selbst durch ihre Anwendung Eigentum, Gesundheit oder körperliche Sicherheit anderer Personen zu gefährden oder durch Verteilung derselben andere Kampfgenossen zur Begehung solcher gefährdenden Handlungen in Stand zu setzen.[112]

Wenn ich diese Zeilen heute im Buch meines Vaters lese, frage ich mich, warum er das alles so unkommentiert und ohne Einordnung wiedergegeben hat, als gelte es noch nach dreißig Jahren, die Anklageschrift gegen ihn und seinen Schutzbundkameraden zu bestätigen. Aber so war mein Vater, so stand es schwarz auf weiß im Akt über ihn und so wollte er es dargestellt wissen. Anders als Willert bekannte er sich vor Gericht zu seiner Rolle.

Das Gericht ging auch davon aus, dass die Planungen für den Ernstfall bis ins Detail festgelegt waren:

> Es sei bloß zur Beleuchtung der wahren Absicht des Beschuldigten Lettner vorgebracht, dass kurz vor den Februartagen in einer Versammlung, in der Lettner sprach, je 4 Mann bestimmt worden waren, welchen die Aufgabe zugeteilt wurde, die Gendarmeriebeamten P. P. und F. St. gefangen zu nehmen und einzubringen.[113]

Ein Plan, der, wäre er tatsächlich umgesetzt worden, meinem Vater vor Gericht zum Verhängnis geworden wäre.

So wie es in seinem Buch steht, erscheint es mir heute, als habe er wie ein Gerichtsprotokollant über sich selbst berichtet, nüchtern und sachlich, ohne Partei zu ergreifen. Er hat die Anklageschrift wiedergegeben, als hätte er mit diesem Franz Lettner, dem »Beschuldigten«, nichts zu tun. Fast musste ich mir ins Bewusstsein rufen, dass der »Beschuldigte Lettner«, der zwei Tage lang auf der Anklagebank des St. Pöltner Kreisgerichtes saß, niemand anderer als mein Vater war.

Am 15. Juni, am zweiten Tag, wurde der Prozess beendet, die Beweislage reichte aus, um Franz Lettner und Johann Willert der angeklagten Vergehen schuldig zu sprechen. Mein Vater wurde zu sieben Monaten schweren verschärften Kerkers verurteilt. Willert, der für vier Kinder zu sorgen hatte, erhielt dreieinhalb Monate und durfte, da die Untersuchungshaft eingerechnet wurde, nach Hause gehen. Offenbar stufte das Gericht die Rolle meines Vaters doch nicht als so schwerwiegend ein, denn er erhielt sogar ein paar Tage Strafaufschub und durfte nach Traisen zurück, ehe er die Reststrafe antreten musste. Hatten die Behörden keine Befürchtungen, mein Vater könnte sich absetzen und wie sein bester Freund Franz Bruckner nach Spanien gehen? Wurde ihm so sehr vertraut, oder war nur gerade kein Platz im Gefängnis frei?

## 30. Nichts war danach wie vorher

Nach ihrer Entlassung aus Mauer-Öhling verbrachte meine Mutter etwa zwei Monate in St. Valentin bei den Eltern der Krankenschwester Resi Lutz, der sie wohl ihre Genesung verdankte. Meine Mutter hatte zu diesem Zeitpunkt in Traisen keine Wohnung mehr, diese war ihr sofort nach ihrer Unterbringung in Mauer-Öhling gekündigt worden. Die Solidarität dieser sozialdemokratischen Familie Lutz sollte elf Jahre später noch einmal eine Rolle in meiner Familiengeschichte spielen: Im April

1945, kurz vor Kriegsende, wurde auch mein Vater von dieser Familie beherbergt.

In St. Valentin konnte sich meine Mutter von den Schrecken der vergangenen Monate erholen. Hier lernte sie wieder, sich in ein normales Leben einzufügen. Als sie am 25. Juli 1934 im Radio vom Putsch der Nazis gegen Dollfuß hörte, erwachten auch wieder ihre politischen Lebensgeister. Sie beschloss, gesund zu werden, sie wollte auch politisch wieder aktiv sein und kehrte nach Traisen zurück. Wo genau sie in Traisen wohnte, weiß ich nicht. Die gemeinsame Wohnung meiner Eltern war vergeben worden, denn die monatliche Miete von vierzig Schilling hatten sie sich als Arbeitslose nicht mehr leisten können.

Ob ihr mein Vater aus der Haft schreiben durfte, kann ich nicht sagen, wohl wird er gewusst haben, wo sie sich befand. Zumindest nehme ich an, dass irgendein Kontakt von St. Pölten nach St. Valentin bestand, vielleicht leitete sogar ein Mitglied der Familie Lutz Nachrichten weiter. Mein Vater war nach seinem Urteil ja für ein paar Tage in Freiheit. Hatte er da seine Frau wiedergesehen? Wenn, dann war das Wiedersehen nur von kurzer Dauer, denn bereits am 23. Juli wurde er wieder verhaftet und nach Wöllersdorf gebracht. Wie hatte meine Mutter darauf reagiert?

Immer noch erschüttert mich ihre Krankengeschichte. Ich erfuhr darin so vieles von ihr, das mir völlig neu war. Im Nachhinein tun sich Fragen auf, die sie nicht mehr beantworten kann, aber ich weiß, und das wurde mir beim Studium dieser Geschichte klar, dass das Jahr 1934 eine gewaltige Zäsur in ihrem Leben, im Leben beider Elternteile bedeutete. Das junge Leben meiner Mutter hatte Schiffbruch erlitten, und ich denke, auch ihre Beziehung zu meinem Vater blieb davon nicht unberührt.

Überhaupt war ihr Leben voll tiefer Zäsuren. Es gab immer wieder Trennungen durch Krankenhaus, Gefängnis, durch Auslandsaufenthalte und den Krieg. Aber der Bürgerkrieg 1934 war der vermutlich prägendste Einschnitt. Er teilte ihr Leben in zwei Teile: in eines davor und eines danach. Nichts war danach wie vorher.

Ab und zu erwähnte sie Mauer-Öhling, aber ich hatte damals keine Ahnung, was sich hinter diesem Namen verbarg. Ich wusste als Kind nichts über die Erlebnisse meiner Eltern in den Zwanziger- und Dreißigerjahren. Ich kannte irgendwann die Erzählung über ihre »schwachen Nerven«, aber ich hatte keine Vorstellung, was das hieß. Ich stellte keine Fragen, und meine Eltern erzählten nicht weiter. Ich glaube, sie wollten die Tragik der damaligen Vorkommnisse herunterspielen und auch für sich selbst diese dunkle Episode verdrängen. Mein Vater übrigens mehr als meine Mutter. Mein Vater erwähnte nie den Grund für ihren psychischen Zusammenbruch, auch nicht nach ihrem Tod.

Ich glaube, dass dieses Trauma auch bei den Entscheidungen meiner Eltern nach Hitlers Einmarsch 1938 eine Rolle spielte. Meine Mutter, die sich damals in England aufhielt, machte meinem Vater in einem Brief deutlich, dass sie neuerlich »aus der Bahn geworfen«[114] würde, sollte er sich wieder illegal betätigen und damit noch einmal der Lebensgefahr aussetzen. Vermutlich machte sie ihre Rückkehr aus England davon abhängig und kam erst wieder, nachdem ihr mein Vater erklärt hatte, dass er nichts von Märtyrertum halte und sich nicht politisch betätigen werde.

Ich wundere mich im Nachhinein, warum die Behörden des Ständestaats damals weder von Mutters Geständnis, Bomben gebaut zu haben, noch von dem, was sie über Franz Rauscher erzählte, Gebrauch machten. War es die Schweigepflicht der Ärzte? Warum hatte die Gendarmerie in Traisen meine Mutter nicht angezeigt? Weil sie »verrückt« und also nicht ernst zu nehmen war? Oder aus Mitleid? (Zwei Jahre später wurde sie ja sogar wegen eines belanglosen Briefes ihres Mannes verhaftet und dafür drei Monate ins Gefängnis gesteckt.) Vielleicht wurde sie aufgrund ihres Geisteszustandes oder schlicht, weil sie eine Frau war, nicht ernst genommen.

Nach all dem, was ich nun weiß, frage ich mich, was wohl mit meiner Mutter geschehen wäre, wäre sie nicht 1934, sondern später, in der Nazi-Zeit, in eine Irrenanstalt gekommen. Mein Vater, da bin ich mir sicher, wäre als Widerstandskämpfer in einem KZ interniert worden, in Dachau oder Buchenwald. Damit hatten ihm die Nazis 1938 tatsächlich gedroht. Hätte meine Mutter daraufhin ihren »Verstand verloren«, wäre sie vielleicht ein Opfer der Euthanasie geworden: Unzählige Kranke wurden 1940 von Mauer-Öhling nach Niedernhart und anschließend ins Schloss Hartheim verschickt; sie wäre letztendlich wohl als »unwertes Leben« in der Gaskammer gelandet.

## 31. Politik im Untergrund

Am 23. Juli 1934 wurde mein Vater, wie schon erwähnt, in das Anhaltelager Wöllersdorf gebracht. Er war nicht der einzige Traisener, der in Gewahrsam genommen wurde, mit ihm waren auch die Schutzbündler Spießlechner und Schönleitner sowie der Kommunist Radanowicz. Die Festnahme erfolgte zwei Tage vor dem Putschversuch der Nationalsozialisten in Wien, bei dem Bundeskanzler Engelbert Dollfuß ermordet wurde. Der Grund für die abermalige Verhaftung meines Vaters war nicht die Reststrafe, die er noch absitzen musste – drei Monate –, sondern das Gerücht, die Sozialdemokraten würden einen weiteren Putsch planen. Dieses Gerücht wurde von den Nationalsozialisten verbreitet, die damit von ihrem für den 25. Juli geplanten Umsturz ablenken wollten.

Mit vielen Sozialdemokraten aus anderen Orten wurde mein Vater mit dem Zug nach Wöllersdorf gebracht. Als meine Schwester und ich schon etwas älter waren, wussten wir bereits einiges über das Anhaltelager, in dem Sozialdemokraten und auch illegale Nazis festgehalten wurden, aber so richtig konnten wir uns unseren Vater dort nicht vorstellen. Wiederholt drängten wir ihn, seine Geschichte aufzuschreiben. Er hatte ja zwei Bücher über die Arbeiterbewegung im Traisental verfasst, doch eigene Erlebnisse, persönliche Gefühle, Gedanken hatte er, wie erwähnt, ausgespart. Wo er in den Akten vorkam, schrieb er über sich in der dritten Person. Er weigerte sich standhaft, über das bereits Veröffentlichte hinaus Persönliches zu Papier zu bringen, willigte aber dann doch ein, seine illegale Tätigkeit und seinen Aufenthalt in Wöllersdorf, zu beschreiben. Diese Aufzeichnungen blieben unveröffentlicht, sie waren nur für seine Kinder gedacht.[115] Und auch hier blieb er mit Details sparsam, wenn es um ihn selbst ging. Er brauchte bei seiner Darstellung keine Erklärungen, nicht einmal eine Einleitung:

> Bei der Ankunft in Wöllersdorf wurde ich von meinen Genossen getrennt und in eine Baracke, in der die Kommunisten untergebracht waren, eingeliefert. Wie es dazu kam, weiß ich nicht. Nun, wir wurden bald Freunde und verstanden uns sehr gut. Einige Tage danach kam auch Genosse Podlipnig, Funktionär der Revolutionären Sozialisten, mit dem ich später einige Jahre illegal tätig war. Seitens der Wachmannschaft gab es keine Übergriffe, man konnte sich im Hofe frei bewegen, es wurde viel diskutiert, die Verpflegung war ausreichend und gut. Ein Genosse, der auch in einem Konzentrationslager der Nazis gewesen war, sagte mir später: »In Wöllersdorf wurde man human behandelt, man hatte keine Ängste auszustehen, was geschehen wird, denn man war sich dessen bewusst, dass man früher oder später wieder entlassen wird.«
>
> Die Genossen aus Traisen wurden im Oktober entlassen. Kurze Zeit danach wurde ich von 2 Gendarmen zwecks Abbüßung der restlichen Strafe abgeholt und in das Kreisgericht Wiener Neustadt eingeliefert. Der kommunistische Funktionär (der Baracke) stieg auf einen Sessel und sagte in Anwesenheit der Gendarmen laut: »Lieber Genosse Lettner, wir waren gute Freunde und werden uns wiedersehen.« Mit lautem Händeklatschen wurde ich verabschiedet.
>
> Ich und zwei Schutzbündler aus dem Triestingtal mussten jeden Tag, ausgenommen Sonntag, unter Aufsicht eines Wachebeamten im Hof des Gefangenenhauses Wiener Neustadt mit einer Säge Holz schneiden. Es war keine schwere Arbeit, wir wurden nicht angetrieben, konnten selbst das Tempo bestimmen und Pausen einschalten. Jede Woche hatte ich eine Nacht hartes Lager zu verbüßen: Ich bekam eine Decke und musste damit im Keller auf dem Boden schlafen. Man konnte es aushalten. 2 Tage vor Weihnachten wurde ich entlassen und fuhr mit der Bahn nach Hause. Zu Weihnachten waren die Familien Lettner, Stix und Thoma wieder beisammen.[116]

Kaum wieder in Freiheit, begann mein Vater 1935 im Untergrund für die *Revolutionären Sozialisten* (R.S.) zu arbeiten. Er vertrieb die illegale

*Arbeiter-Zeitung*, die von Otto Bauer und der Parteileitung in Brünn hergestellt wurde, und warb Mitglieder. Ziel der Revolutionären Sozialisten war es, das austrofaschistische Regime, das trotz angestrengter Bemühungen der Regierung über keine Massenbasis verfügte, zu destabilisieren und zu stürzen, wenngleich man wusste, dass der Nationalsozialismus inzwischen die viel größere Gefahr darstellte.

Mein Vater war mit Joseph Buttinger, dem Vorsitzenden der Revolutionären Sozialisten, und dem Kärntner Sozialdemokraten Josef Podlipnig befreundet. Buttinger war ab 1934 neben Otto Bauer und Friedrich Adler der wichtigste Vertreter der illegalen österreichischen Sozialdemokratie, Podlipnig war ihm als Stellvertreter nach Wien gefolgt. In seiner sehr umfassenden Darstellung des sozialdemokratischen Widerstands erwähnt Buttinger meinen Vater als »den jungen Führer der Arbeiterschaft des Traisentales«, zu dem er und Podlipnig unmittelbar nach seiner Entlassung aus Wöllersdorf in Kontakt getreten seien. Sie konnten meinen Vater dazu bewegen, nach Wien zu gehen und die Leitung der niederösterreichischen Organisation der R. S. zu übernehmen.[117]

Für meine Eltern war es selbstverständlich, auch in der Verbotszeit aktiv zu bleiben – obwohl die Zahl der aktiven Mitglieder überschaubar war, denn die meisten hatten Angst vor weiteren Repressionen des Ständestaats. Mein Vater nennt außer ihm und seiner Frau sieben weitere Genossen, die in Traisen im Untergrund weitermachten. Zu den Aktivitäten gehörte die Unterstützung der Familien inhaftierter Genossen und die Verbreitung der illegalen *Arbeiter-Zeitung*, die in Tausenden Exemplaren von der Tschechoslowakei nach Österreich geschmuggelt wurde. »Die Verbundenheit mit der sozialistischen Idee«, schreibt mein Vater, »war trotz der Februarniederlage noch immer groß.«[118] Auf der anderen Seite musste er beobachten, wie viele ehemaligen Genossen, Schutzbündler, sich der ebenfalls illegalen Kommunistischen Partei anschlossen. Einige sympathisierten allerdings auch mit den illegalen Nationalsozialisten, in der irrigen Annahme, »dass nur der braune Faschismus den schwarzen Faschismus schlagen könne«. Trotz der gegensätzlichen Richtungen bestand aber auch weiterhin untereinander persönlicher Kontakt. »Einhellig war die Meinung, dass der Austrofaschismus über kurz oder lang zusammenbrechen werde.«[119]

Da mein Vater zugleich Stellvertreter Podlipnigs für die Provinz war, kam er damals viel in Österreich herum, wenn auch seine illegale Tätigkeit immer wieder von Gefängnisaufenthalten unterbrochen wurde. Über seine Tätigkeit im Untergrund schreibt er:

> Mit Genossen Podlipnig, Funktionär der illegalen Partei der Revolutionären Sozialisten, war ich kurze Zeit später in den Bundesländern Tirol, Salzburg und Kärnten tätig. Wir waren uns dessen bewusst, dass man dabei auch verhaftet werden konnte. Nun, was konnte einem da im Ständestaat Österreich schon passieren? Einige Jahre Kerker und Anhaltelager Wöllersdorf. Während der nationalsozialistischen Herrschaft hingegen wurden in Österreich 2.700 illegal tätige Personen verhaftet, gefoltert und enthauptet, darunter auch Frauen.
> Podlipnig und ich fuhren nach Innsbruck, wo wir einen illegal tätigen Eisenbahner besuchen wollten. Im Hofe eines großen Wohnhauses fragten wir einen Eisenbahner nach dessen Wohnung. Er sah uns an und sagte: »Was wollt ihr da? Haut ab, er ist gestern verhaftet worden.« In Salzburg hatten wir eine lange Aussprache mit zwei illegalen Angestellten. In einem Siedlungshaus in der Nähe von Klagenfurt, wo Podlipnig als ehemaliger Redakteur einer sozialdemokratischen Zeitung bekannt war, hielten wir uns einige Tage auf.
>
> Allein fuhr ich nach Mürzzuschlag. Ein illegal tätiger Genosse verwies mich an einen Eisenbahner, den ich zur Mitarbeit bewegen sollte. Nach langer Aussprache lehnte er jedoch strikt ab. Seine Frau begleitete mich zum Gartenausgang und sagte: »Musst nicht ungehalten sein, er fürchtet, seinen Arbeitsplatz zu verlieren.« Mit »Komm gut davon« umarmte und küsste sie mich.
>
> In einem Siedlungshaus in der Nähe der Stadt Salzburg war eine Zusammenkunft mit 3 jungen Genossen vereinbart und ich sollte auch einen Vervielfältigungsapparat überbringen. Nach kurzem Aufenthalt, es dürfte ungefähr eine Stunde gewesen sein, erschienen 2 Kriminalbeamte. Das Haus dürfte schon längere Zeit beobachtet worden sein. Der Apparat

wurde beschlagnahmt und wir in das Landesgericht Salzburg eingeliefert und einzeln verhört. Ich bestritt, mich illegal betätigt zu haben, und behauptete, nur einen Vervielfältigungsapparat verkaufen zu wollen. Ein junger Genosse wurde zu 3, ich zu 4 Monaten Arrest verurteilt. Es waren keine schweren Strafen. Dies war auch das Ende meiner illegalen Tätigkeit in den Bundesländern.[120]

Ich kehrte nach Wien zurück, wo ich mich nur kurze Zeit aufhielt. Ich hatte Bekanntschaft mit einer jungen jüdischen Familie, sehr gute Leute. Sie wurden 1939 verhaftet und in einem Konzentrationslager ermordet.[121] In Wien traf ich auch einen Genossen, an dessen Namen ich mich nicht erinnere. Er war nach 1945 Nationalrat und Obmann des Bezirks Liesing. Er hatte wesentlichen Anteil daran, dass der Bezirk Liesing Wien und nicht, wie beabsichtigt, dem Lande Niederösterreich einverleibt wurde.[122] An einem Sonntag fuhr Genosse Podlipnig mit mir und mehreren Genossen mit einem Schiff nach Pressburg, wo eine Zusammenkunft mit Genossen Dr. Otto Bauer vereinbart war. Ein junger Genosse sagte zu Dr. Bauer: »Wir brauchen Waffen, denn wir wollen kämpfen.« Meiner Ansicht nach war es unsinnig, in dieser Situation von Waffen und Kampf zu reden. Dr. Bauer antwortete sinngemäß (an den genauen Wortlaut kann ich mich nicht mehr erinnern): »Die Nazis werden in Österreich einmarschieren und Österreich dem deutschen Reich eingliedern. Der Krieg ist unvermeidlich. Er wird fürchterlich sein. So wie im Ersten Weltkrieg wird auch jetzt Amerika auf der Seite der demokratischen Staaten Europas stehen und Deutschland wird den Krieg verlieren und Österreich wird wieder frei sein.«

Ich kehrte nach Traisen zurück. Kurz danach wurde ich wieder verhaftet und in das Kreisgericht St. Pölten eingeliefert. Der Grund hiefür dürfte ein Brief gewesen sein, den ich meiner Gattin Wilhelmine geschrieben habe. Diese hielt sich damals bei Rosa Jochmann und deren Schwester in Wien auf und der Brief wurde bei einer Hausdurchsuchung in der Sozialwissenschaftlichen Forschungsstelle von Marie Jahoda, die für die Revolutionären Sozialisten tätig war, von der Polizei beschlagnahmt. In dem Brief hatte ich geschrieben: »Es geht mir gut und auch ansonsten ist alles in Ordnung.« Dies wurde von der Sicherheitsbehörde als Hinweis auf meine illegale Tätigkeit angesehen.

Meine Mutter war ebenso im Untergrund tätig. Während mein Vater an unterschiedlichen Orten eingesetzt war, war sie 1936 in Wien. Sie arbeitete für Marie Jahoda, die zu den Führungskräften der Revolutionären Sozialisten gehörte. Jahoda verfasste die Protokolle der illegalen Treffen, und meine Mutter tippte diese Protokolle ab. Tagsüber arbeitete sie im Büro von Marie Jahoda, danach fuhr sie mit der »Elektrischen« nach Simmering in die Braunhubergasse, wo sie in der Wohnung von Rosa Jochmann und ihrer Schwester übernachtete. Auch sie waren illegal für die Partei tätig. Im Zuge einer Hausdurchsuchung bei Marie Jahoda wurde meine Mutter verhaftet. Man fand bei ihr jenen Brief meines Vaters, in dem die Polizei eine Mitteilung über illegale Aktivitäten vermutete. Im Anschluss daran wurde auch mein Vater festgenommen und ein halbes Jahr ohne Anklage und ohne Verfahren festgehalten.

Als Begründung führte die Polizei an, meine Mutter sei als »überzeugte sozialdemokratische Parteigängerin aus Traisen bekannt«, sie sei »in den letzten Monaten mit der wissenschaftlichen Leiterin der Arbeitsgemeinschaft der österreichischen wirtschaftspsychologischen Forschungsstelle Dr. Marie Jahoda-Lazarsfeld (...) in engem Kontakt gestanden«. Den Behörden war bekannt, dass Marie Jahoda »erwiesenermaßen bis in die allerletzte Zeit im Nachrichtendienste der Revolutionären Sozialisten führend tätig war«.[123] »Zwecks Hintanhaltung von Störungen der öffentlichen Ruhe, Ordnung und Sicherheit« wurde meine Mutter drei Monate in der »Liesl«, dem Gefangenenhaus der Bundespolizeidirektion Wien an der Elisabeth-Promenade, eingesperrt.[124] Während der Haft starb ihre Ziehmutter – man erlaubte ihr, das Begräbnis in Traisen zu besuchen, allerdings durfte sie nur in Begleitung eines Kriminalbeamten daran teilnehmen.

Über seine Haft schreibt mein Vater:

> Die Sicherheitsbehörde konnte diktatorisch Verhaftungen, Kerkerstrafen und Einweisung in das Anhaltelager Wöllersdorf verordnen und auch die Dauer des Strafmaßes willkürlich festsetzen: (Wochen, Monate, Jahre).
>
> Ich wurde in einer Einzelzelle inhaftiert, durfte nicht an den Morgenspaziergängen der Häftlinge teilnehmen, wurde nicht verhört. Meine Ansuchen, vorgeführt zu werden, blieben ergebnislos. Nun, ich fand mich damit ab, ohne Urteil eingesperrt zu sein. Nach 6 Monaten Haft wurde

> ich einem Beamten vorgeführt, der mir mitteilte, dass ich entlassen werde, dass ich mich aber nicht illegal betätigen dürfe. Ich antwortete: »Ich bin Sozialdemokrat und bleibe es.«

Insgesamt erhielt mein Vater 21 Monate (Kerker, Gefängnis, Anhaltelager), meine Mutter wurde für ihre illegale Tätigkeit mit drei Monaten Polizeihaft in Wien bestraft. Auch die Traisener Genossen meines Vaters bei den R. S. blieben nicht verschont: Karl Spießlechner jun. wurde sechs Monate im Kreisgericht und in Wöllersdorf angehalten, Franz Meier und Karl Uskowicz wanderten wegen Verbreitung der illegalen *Arbeiter-Zeitung* für drei Monate in den Arrest, wie mein Vater später festhielt.[125] Über das Ende seiner illegalen Tätigkeit vermerkt er:

> In der zweiten Februarwoche 1938 besuchte mich Genosse Buttinger, Führer der illegalen Partei Revolutionäre Sozialisten, und sagte: »In einigen Wochen werden deutsche Truppen in Österreich einmarschieren.« Er und einige Genossen, darunter auch Podlipnig, würden nach Amerika auswandern. »Für dich haben wir keinen Pass mehr bekommen. Wir hoffen, dass du durchkommen wirst.« Ich wäre ohnehin nicht nach Amerika ausgewandert, sondern, wenn irgend möglich, nach England, wo ja schon Wilhelmine als Hausgehilfin tätig war.

Bis zuletzt aber war mein Vater im Untergrund aktiv. In der Nacht vom 10. auf den 11. März 1938 verfasste und druckte das Komitee der Revolutionären Sozialisten 100.000 Exemplare eines Flugblatts, das die Arbeiter aufforderte, am Sonntag, den 13. März, für Österreich zu stimmen. Für diesen Tag hatte Kanzler Schuschnigg eine Volksabstimmung über die Eigenständigkeit Österreichs angekündigt. Sie sollte ein Befreiungsschlag sein gegen den Druck, der immer aggressiver von Hitler, aber auch von den Nationalsozialisten in Österreich ausgeübt wurde. Obwohl Schuschnigg in Verhandlungen mit den Sozialdemokraten nicht zu Zugeständnissen für die Wiederherstellung demokratischer Verhältnisse bereit war, riefen die Führer der R. S. dazu auf, Schuschnigg zu unterstützen, sie hielten die braune Gefahr aus Deutschland inzwischen für das weitaus größere Übel. »Die Revolutionären Sozialisten«, schreibt mein Vater in seinem

Buch über die Arbeiterbewegung, »waren sich bewusst, dass der Nationalsozialismus brutale Unterdrückung bedeutet.«[126] Auf dem Flugblatt warnten die Genossen vor »unmenschlicher Diktatur« und dass ein Sieg Hitlers die »grenzenlose Ausbeutung der österreichischen Arbeiter« und schließlich »eine Niederlage der Arbeiterbewegung der ganzen Welt« zur Folge haben würde. Trotz der entschiedenen Gegnerschaft zu dem von Schuschnigg repräsentierten Ständestaat rief das Flugblatt einhellig zur Unterstützung auf:

> Die österreichischen Arbeiter können daher auf Schuschniggs Frage am Sonntag nicht mit »Nein« antworten, da dies den Hitler-Faschismus stärken würde. Der kommende Sonntag ist nicht der Tag, an dem wir mir mit dem österreichischen Faschismus abrechnen und dem autoritären Regime alle Verbrechen, die seit dem Februar 1934 an der österreichischen Arbeiterschaft begangen worden sind, heimzahlen, indem wir gegen Schuschnigg stimmen. Am kommenden Sonntag manifestieren wir unseren glühenden Hass gegen den Hitler-Faschismus. An diesem Tag muss daher die gesamte Arbeiterschaft mit »Ja« stimmen.[127]

Wie gegen den »Austro-Faschismus« vier Jahre lang in »opferreicher Illegalität« Widerstand geleistet worden sei, müsse jetzt dem Faschismus der Nationalsozialisten alles entgegengesetzt werden. Die Verfasser des Flugblattes waren sich überdies bewusst, dass die dauernde Unabhängigkeit Österreichs nicht durch eine Abstimmung, sondern »nur durch den erfolgreichen Kampf gegen den Nationalsozialismus« gesichert werden könne. Zu diesem Kampf erklärte sich die Sozialdemokratie bereit. »Nieder mit dem Hitler-Faschismus! Freiheit!«, lautete die Parole.

Aber die Aktion kam zu spät. Am 11. März erkämpften sich die Nazis in Österreich die Macht auf der Straße. Das Flugblatt konnte nicht mehr verbreitet werden und wurde daher verbrannt.[128]

# 32. Meine Mutter in England

Die Nachrichten vom »Anschluss« Österreichs hörte meine Mutter auf *BBC*, sie saß in einem Haus im Eastend von London und konnte die Vorgänge in ihrer Heimat nicht fassen. Sie war erst seit wenigen Tagen in England. Fast vier Jahre lang hatte sie sich um eine Einreisegenehmigung bemüht. Sie wollte als Hausgehilfin in England arbeiten, wie so viele arbeitslose Österreicherinnen damals. Erst im Februar 1938 konnte sie dorthin reisen. Auf einem kleinen Schiff, der »Prinz Leopold«, überquerte sie den Ärmelkanal und bekam angesichts des hohen Seegangs sofort die üblichen Probleme. In Dover beruhigte sich ihr Magen. Dort wurde sie, das hatten Genossen vermittelt, abgeholt. Zum ersten Mal war sie im Ausland, eine für sie völlig neue Welt. Mit Staunen erblickte sie den ersten »schwarzen Menschen«.

Ich weiß leider nur sehr wenig über ihren Englandaufenthalt. Zunächst kam sie nach Cambridge zu einem Pfarrer, der sich unsterblich in sie verliebte und sie auf Knien anflehte, ihn zu erhören. Meine Mutter war eine attraktive Frau und eine exzellente Köchin, sie war charmant, witzig, fröhlich und allem Neuen gegenüber aufgeschlossen. Musikalisch, wie sie war, lernte sie gewiss sehr schnell Englisch. Kein Wunder, dass sich der Pfarrer in sie verliebte. Aber schon bald wechselte sie den Dienst und kam als Gesellschafterin zu einer sehr netten Dame in London.

Zu dieser Zeit erhielt sie regelmäßig Post von meinem Vater. In jedem seiner Briefe schrieb er, wie sehr ihn die Nazis bedrängten. Er wollte, dass sie wieder nach Österreich zurückkommt. Sie aber hatte sich wegen ihrer guten Sprachkenntnisse schnell in England eingelebt, schrieb ihm, dass sie einen »herrlichen Posten« habe. Von einer Rückkehr nach Österreich wollte sie nichts wissen. Zudem waren ihr die Nazis ein Gräuel. Doch mit der Zeit wurde sie unsicher, sie schwankte. Einerseits wollte die englische Dame sie unbedingt behalten, machte ihr Versprechungen, erbot sich sogar, ihren Mann nach England kommen zu lassen. Aber aus den Briefen meines Vaters konnte Wilhelmine herauslesen, dass er ihre Rückkehr über alles wünschte, und sie wusste, wie schwer verpflanzbar er war. Zu dieser Zeit erhielt sie außerdem mehrmals Stellenangebote von der Firma Neuman in Marktl. Sie musste sich also entscheiden: Sollte sie in London bleiben oder nach Traisen zurückgehen?

In einem Antwortbrief forderte sie auch von meinem Vater eine Entscheidung: Wolle er die illegale politische Tätigkeit unter dem Nazi-Regime fortsetzen, was früher oder später für ihn den Tod, für sie viel Leid und Schmerz und ein neuerliches Hinausgeworfen-Werden aus der Bahn bedeuten würde, oder könne er sich vorstellen, sich ins Privatleben zurückzuziehen, mit den befreundeten Genossen nur in mündlichem Kontakt zu bleiben und einfach abzuwarten, dass Ereignisse von außen der Nazi-Herrschaft eine Ende bereiten würden.[129] Ich weiß nicht, ob mein Vater ursprünglich andere Pläne hatte, aber er fügte sich ihrem Wunsch – eine andere Wahl hatte sie ihm auch nicht gelassen – und versprach ihr, nicht weiter im Untergrund zu arbeiten. Eine illegale Tätigkeit unter dem Nazi-Regime hielte er ohnehin für aussichtslos, es würde bedeuten, die Besten zu opfern. Offenbar hatte er rasch erkannt, dass eine Gewaltherrschaft wie diese nur durch außenpolitische Ereignisse, also einen internationalen Krieg, gestürzt werden kann, niemals von innen heraus. Und ihm war klar, dass seine Frau unter anderen Umständen nicht zurückkehren würde.

Im Juli 1938 war sie wieder in Österreich – und bereute sofort ihre Entscheidung. Am liebsten, so sagte sie später, hätte sie in St. Pölten, als sie aus dem Schnellzug ausgestiegen war, wieder umgedreht. Die neuen Verhältnisse in Österreich – das nicht mehr Österreich sein durfte – waren niederschmetternd für sie. Rückblickend wäre es auch für meinen Vater besser gewesen, nach England zu emigrieren und erst nach 1945 zurückzukommen. Es wäre ihm einiges erspart geblieben.

Ich weiß nur aus wenigen Erzählungen von diesem Dilemma, denn der Briefwechsel meiner Eltern ist in den Kriegswirren verloren gegangen. Ich hätte so gerne jenen Brief, jede Zeile darin gelesen; aus dem, was sie sich zwischen Traisen und London mitteilten, könnte ich ein Bild meiner Eltern gewinnen, das ich nie gekannt habe – ich wurde ja erst zehn Jahre später geboren, als diese Zeit weit hinter ihnen zurücklag.

# 33. Unter den Nazis: Die neue »Normalität«

Im Oktober 2018 wurde in Traisen ein Gedenkstein enthüllt, der an das Schicksal der jüdischen Familie Tichler erinnert. Seit ihrer Vertreibung waren 80 Jahre vergangen, und es bedurfte der jahrelangen Initiative des Historikers Gerhard Zeillinger, dass die Gemeinde jenes Versprechen wahr machte, das sie vor vielen Jahren Walter Fantl, dem einzigen in Österreich lebenden Nachkommen der Familie Tichler, gegeben hatte. Zeillinger hat in einem Buch das Schicksal des Auschwitz-Überlebenden Fantl dokumentiert und dabei auch beschrieben, was 1938 in Traisen geschehen war.[130] Walter Fantls Großmutter, Marie Tichler, hatte in der Mariazeller Straße ein Gemischtwarengeschäft betrieben. Zehn Mitglieder der Familie Tichler wurden deportiert und ermordet. Eigentlich hätte die Gemeinde, die von Walter Fantl das Tichler-Haus gekauft hatte und es 2016 abreißen ließ, um Raum für Parkplätze im Zentrum zu schaffen, von sich aus an dieser Stelle ein Zeichen des Gedenkens setzen müssen. Es war schließlich eine Traisener Familie gewesen, die 1938 beraubt, vertrieben und später ermordet worden war. Ihr Schicksal ist Teil der Geschichte des Ortes.

Wie überall in Österreich hat auch die Bevölkerung in Traisen das plötzliche Verschwinden ihrer jüdischen Nachbarn kommentar- und protestlos hingenommen. Nach dem Ende des NS-Regimes wurde weiterhin nicht davon geredet, niemand fragte: Was ist eigentlich mit denen geschehen? Auch meine Mutter, die während ihrer Kindheit fast täglich im Tichler-Geschäft einkaufen oder »anschreiben« war, sprach nie darüber, was mit den Geschäftsinhabern geschehen war. Schweigend ging man über ihr tragisches Schicksal hinweg.

Nach dem Einmarsch Hitlers in Österreich hatte sich auch in Traisen das Straßenbild schlagartig geändert: Die Kruckenkreuz-Fahnen wurden durch Hakenkreuz-Fahnen ersetzt, täglich gab es Aufmärsche, Fackelzüge, überall sah man SA in braunen Uniformen aufmarschieren. Es war wohl für jene, die es erlebten, genauso überraschend und erstaunlich wie für mich, als ich die Berichte von damals las. Die Propaganda der Nazis in den ersten Wochen war erdrückend, die sogenannte Volksabstimmung über den »Anschluss« Österreichs an das Deutsche Reich am 10. April endete mit 99 Prozent Zustimmung. In Traisen hatten lediglich 6 Personen den Mut, mit Nein zu stimmen. In der Nachbargemeinde Hohenberg, in der bis 1934 ebenfalls die Sozialdemokraten dominiert hatten, stimmten 27 Personen mit Nein. Als der dortige Ortsgruppenleiter das Wahlergebnis verkündete, sprach er von einer Schande für Hohenberg, worauf ihm der frühere sozialdemokratische Bürgermeister entgegnete: »Und dass Sie es wissen, auch ich habe mit Nein gestimmt.«

Ob auch mein Vater so mutig war, weiß ich nicht. Ich würde mir wünschen, dass er unter den sechs Personen war, die in Traisen Nein zum »Anschluss« gesagt hatten. Aber vielleicht hatte er sich wie die meisten anderen dem unerhörten Druck gebeugt und das Kreuz in dem größeren JA-Feld gemacht. Meiner Mutter, die in England war, blieb diese Verbiegung zum Glück erspart. Ich würde heute niemandem einen Vorwurf machen, weil er Angst um seinen Arbeitsplatz, um seine Familie, um sein Leben gehabt hatte. Denunziation stand auf der Tagesordnung.

Mein Vater und die bisher illegal tätigen Genossen waren sich einig, dass sie unter diesen Verhältnissen nicht mehr aktiv sein konnten. Ihnen blieb wenigstens die Überzeugung. Viele, die keine ausgeprägte politische Bildung hatten, passten sich an die neue Situation aber ohne Weiteres an, übernahmen die neuen Denkmuster, traten etwa der HJ bei, weil sie neue Stiefel bekamen, denunzierten mitunter ihre Nachbarn, wenn diese das Regime kritisierten.[131] Ebenso nahmen sie hin, dass ihre wenigen jüdischen Mitbürger deportiert wurden und auf Nimmerwiedersehen in den Konzentrationslagern verschwanden. Plötzlich gab es eine andere Normalität, und sie wurde offenbar breit akzeptiert.

Schon in den ersten Wochen begann das NS-Regime, mitunter erfolgreich, unter ehemaligen Sozialdemokraten und Schutzbündlern zu werben, viele von ihnen, die ihre Arbeit verloren hatten, wurden wieder wo eingestellt. Auch meinen Vater bedrängten die Nazis intensiv, vermutlich, weil sie dachten, leichter an die Arbeiterschaft heranzukommen, wenn sie einen bekannten Sozialistenführer auf ihre Seite ziehen könnten. Sie luden ihn mehrmals ein, Arbeiter-Wohlfahrtseinrichtungen in Deutschland zu besichtigen, damit er sich überzeugen könne, dass die NSDAP die Anliegen der Arbeiterschaft vertrete. Mein Vater lehnte diese Einladungen stets ab. Er wusste, dass er nach solchen Besichtigungen darüber hätte berichten müssen, selbstverständlich positiv, um der Propaganda der Nazis zu nützen. Der Druck, den sie auf ihn ausübten, sollte dennoch irgendwann Wirkung zeigen. Hollaus, der Obmann der Traisener NSDAP-Ortsorganisation, drängte meinen Vater ziemlich unverhohlen, der NSDAP beizutreten und aktiv mitzuarbeiten. Mein Vater lehnte immer wieder ab, bis ihm Hollaus zu verstehen gab, dass das nicht ohne Konsequenzen bleiben würde: »Wer nicht für uns ist, ist gegen uns« und »Wer glaubt, immer Nein sagen zu können, mit dem können wir auch anders reden«. Das war deutlich genug. In seiner Not wandte sich mein Vater an Ferdinand Wurst, seinen ehemaligen Schriftsetzerkollegen, der ein Nazi geworden war. Aber Ferdinand konnte nichts für ihn tun. Er riet ihm eindringlich, der Partei beizutreten, weil er sonst nach Dachau käme.

Meine Mutter beschreibt die Situation in einem Brief an Josef Podlipnig so:

> Franzl rief wieder seine Genossen zusammen, mit denen er bisher illegal zusammenarbeitete, und berichtete von diesen Vorladungen und gab zu verstehen, dass es für ihn nur drei Möglichkeiten gäbe: 1. zu emigrieren; 2. bei nächster Gelegenheit ins KZ abgeschoben zu werden (und Franzl war sich wohl über die Beschaffenheit der Nazi-KZs im Klaren); 3. zu Kreuze zu kriechen. Es kam noch eine unangenehme Geschichte dazu, die gleichfalls für ihn sehr erschwerend war. Aus dem Jahr 1934 hat Franzl einen Fonds mit der Bezeichnung »Volksheim« gerettet – es waren ca. 5.000 Schilling, Gelder, die von den Traisener Arbeitern für den Bau eines Volksheimes gespendet worden waren. Von diesem Geld wussten einige Leute und einer davon muss es den Nazis berichtet haben, und so hatten sie Franzl sofort im Verdacht, dass er dieses Geld für illegale Zwecke bereithalten wolle. Durch besondere Umstände, ja durch einen Zufall konnten wir einer Hausdurchsuchung zuvorkommen, Franzl lieferte schweren Herzens den Betrag ab. Sein Standpunkt den Nazis gegenüber ist dadurch natürlich

nicht leichter geworden, sondern ganz im Gegenteil. Mein Mann brachte den Genossen auch diese Tatsache zur Kenntnis und fragte sie um ihre Meinung. Es wurde lange hin und her diskutiert, der Weg in die Emigration war zu jener Zeit wohl schon sehr schwer möglich, weil auch sämtliche Verbindungen abgerissen waren, und so rieten ihm die Genossen, um der körperlichen Vernichtung zu entgehen, den schweren Schritt zu tun und der Partei beizutreten. Allen war klar, dass Franzl wohl der Alte bleiben würde, und so war es auch. Es war im Übrigen im ganzen Bezirk kein zweiter Fall bekannt, in welchem ein derartiger Druck ausgeübt wurde. Als Franzl nach einigen Wochen ein Aufnahmeformular per Post zugestellt bekam und, nachdem er es nicht sofort ausgefüllt hatte, eine Mahnung erhielt, trat er bei. Nur ich weiß, was dieser Schritt für Franzl bedeutet hat und welche Seelenkämpfe er zu bestehen hatte, denn du weißt, Franzl redet darüber nicht viel. Es waren jedenfalls schwere, ja sehr schwere Wochen für uns. Hätte ich in England geahnt, was uns bevorsteht, hätte ich sicherlich Franzl von dem Angebot hinüberzukommen geschrieben und er hätte sicherlich unter diesen Umständen angenommen. Jede weitere Mitarbeit lehnte er kategorisch ab.

Den Brief an Podlipnig, der 1938 aus Österreich flüchtete und später in die USA emigrierte, schrieb meine Mutter 1946, es war also eine Erklärung, eine Rechtfertigung im Nachhinein. Ich kann mir vorstellen, wie schwer es ihr fiel, ihn zu schreiben, aber sie stand hundertprozentig hinter ihrem Mann und setzte alles daran, Misstrauen, das es möglicherweise unter den Genossen gab, zu zerstreuen.

Wir schlossen uns ab und hielten nur mit den vertrauten Genossen von früher den Kontakt aufrecht. Während die Genossen vom Bezirk und in St. Pölten den Schritt billigten, tadelten die Wiener Genossen Jochmann und Rauscher, die er selbstverständlich, sobald es ihm möglich war, davon verständigte, ihn scharf. Es gab lange Diskussionen darüber, in denen mein Mann immer den bereits eingenommenen Standpunkt vertrat und es als unsinnig bezeichnete, unnütz Märtyrer zu schaffen, denn die Menschheit kümmert sich einen blauen Teufel darum und die Bewegung wird nicht kräftiger, sondern ärmer, weil schon bei den geringsten Ansätzen einer Organisation die Leute hochgingen und nach einigen Verhaftungswellen ein illegales Arbeiten praktisch unmöglich sei. Nach dem Krieg, der doch spätestens in einem Jahr kommen würde, so sagte Franzl im Herbst 38 (ich verlor sogar diesbezüglich eine Wette, weil ich es nicht glauben wollte), würden wir die Leute dringend notwendig brauchen und dann seien die Besten weg. – Die Wiener waren anderer Ansicht. – Im Juli 39 wurden dann in ganz Österreich Verhaftungen von Leuten vorgenommen, von denen man annahm, dass sie illegal arbeiten würden, und man steckte sie ins KZ, wo sie mit wenigen Ausnahmen bis Kriegsende verblieben – soferne sie es natürlich aushalten konnten. Unter ihnen auch Jochmann und Rauscher.[132]

Mein Vater widmet diesem Thema nur vier Sätze und beschreibt die heikle Angelegenheit gänzlich unaufgeregt und wie immer lapidar:

> Nun, ich habe mich durchgeschlagen. Unter Druck wurde ich Anwärter der NSDAP. Die Wiener Genossen waren der Meinung, ich hätte das nicht tun dürfen. Rosa Jochmann sagte, ich hätte es in Kauf nehmen sollen, auch in ein Konzentrationslager eingeliefert zu werden.

Mein Vater war zwar von seinen Idealen überzeugt, aber falsch verstandenes Heldentum war nicht seine Sache. Er musste damit leben, dass man ihm seine Entscheidung übel nahm. Auch die Kommunisten in Traisen, darunter sein bester Freund Franz Bruckner, verziehen ihm nicht, dass er dem Druck nachgegeben hatte. Bei Kommunisten erstaunt mich eine solche Reaktion nicht, sie haben das Leben immer schon geringer geschätzt als die Ideologie. Ich habe einmal mit Franz Bruckner darüber gesprochen, und er sagte mir ganz offen, dass ein so exponierter Arbeiterführer wie mein Vater um jeden Preis – auch um den Preis seines Lebens – für seine Überzeugung hätte einstehen müssen. Noch nach so vielen Jahren hatte sich nichts an seiner entschiedenen Haltung geändert, dennoch ist Bruckner immer ein treuer Freund meines Vaters geblieben.

Ich verstehe und teile die Enttäuschung meiner Mutter über die Haltung Rosa Jochmanns. Meine Eltern waren vor dem Krieg mit ihr befreundet, und meine Mutter hatte in der illegalen Zeit bei ihr gewohnt. Sie war enttäuscht, dass Rosa kein Verständnis für die Entscheidung meines Vaters zeigte. Was hätte es denn der Partei genützt, wenn mein Vater ins KZ gekommen wäre? Rosa Jochmann musste wie ihr Freund Franz

Rauscher leidvolle Jahre in Konzentrationslagern verbringen, nachdem sie 1939 aufgeflogen waren. Beppo (Josef) Podlipnig, der Rosa gut kannte, meinte, dass der Terror in den Konzentrationslagern die Menschen beschädigte, aber nicht reflektierter gemacht habe.[133]

Was mein Vater im Grunde seines Herzens wirklich dachte, weiß ich nicht. Er hat für die Partei im Kampf gegen den Austrofaschismus sein Leben riskiert, doch war dies in seinen Augen ein sinnvoller Widerstand gewesen. Die Sozialdemokratie kämpfte für die Demokratie und hatte in der Bevölkerung großen Rückhalt. Angesichts des totalen Umschwungs, den der Nationalsozialismus in breiten Bevölkerungsschichten bewirkt hatte, und angesichts der Entschlossenheit des Regimes, alle Gegner physisch zu vernichten, hielt er Widerstand für aussichtslos. Das war unter den Genossen abgesprochen: Man sollte losen Kontakt untereinander aufrechterhalten und abwarten. Aber keine Aktionen wie die Verbreitung illegaler Druckschriften oder die intensive Verbindung mit den Genossen im Exil, der Auslandsvertretung der österreichischen Sozialdemokraten, in der zum Beispiel Josef Podlipnig aktiv war, bis er sich 1940 mit Otto Leichter und Oscar Pollak überwarf. Der Widerstand, schrieb mein Vater später, sollte sich auf Meinungsaustausch im kleinen Kreis, die Weitergabe von Nachrichten und das Abhören von ausländischen Sendern beschränken.[134] Keinesfalls den Helden spielen, das war auch sein Grundsatz. Nicht weil er das als Lehre aus 1934 gezogen hätte, sondern weil es nun um etwas anderes ging. Ihm war klar, dass es politischer Unsinn wäre, gegen ein mörderisches Regime zu kämpfen, das so ganz anders war als das des Austrofaschismus. Auch war er davon überzeugt, dass Hitler einen Krieg beginnen und verlieren würde. Nein, dieser Kampf, das war ihm klar, konnte nicht von innen gewonnen werden.

All das sagte ihm sein Verstand, es war aber wohl auch eine emotionale Entscheidung. Er wollte meiner Mutter nicht noch einmal so unerträglichen Schmerz zufügen wie 1934. Zweifellos muss es für ihn ein schwerer Schritt gewesen sein. Sein Status, nun Anwärter für die Mitgliedschaft und ab 1940 sogar Mitglied in einer ihm verhassten Partei zu sein, muss ihn gequält haben. Ich bin mir nicht sicher, ob er den Schritt ohne die

Zustimmung seiner Genossen gemacht hätte, vielleicht wäre bei Einwänden doch alles anders gekommen. Und ich weiß, dass ihn diese »Schande« bis zu seinem Tod belastete. Ich habe selbst gehört, wie er als alter Mann einmal sagte: »Ich war Nazi.« Vielleicht blieb seine widerwillige Mitgliedschaft auch in unserer Familie ein unsichtbarer Makel, obwohl niemand von uns je in Frage stellte, dass er sich für die dritte Möglichkeit, nämlich »zu Kreuze zu kriechen«, wie es meine Mutter im Brief an Podlipnig erwähnte, entschieden hatte.

Im Gegenteil. Ich gebe zu, dass ich in dieser Sache pragmatisch denke wie meine Mutter. Ich verstehe nicht nur seine Entscheidung, ich bin sogar froh darüber. Schließlich entschied er sich für die Liebe zu meiner Mutter und für das Leben statt für den Tod. Es tut mir leid für ihn, dass er das sein Leben lang nicht so sehen konnte, und ich würde vieles geben, wenn ich mit diesem Buch einen kleinen Beitrag zu seiner posthumen »Rehabilitierung«, auch vor ihm selbst, leisten könnte.

Mein Vater hatte sich diese Entscheidung sicher nicht leicht gemacht, und er war nicht der Einzige im Kreis der illegalen Genossen. In seinem Buch über die Arbeiterschaft im Traisental erwähnte mein Vater, dass es »jedem Genossen freigestellt wurde, falls er es zur Sicherung seiner Person für notwendig erachte, sich um die Mitgliedschaft in der NSDAP zu bewerben, sich nach Möglichkeit aber aktiver Mitarbeit zu enthalten.«[135]

Auch sein Nachbar, der ehemalige Schutzbündler Gustl Sattler, ging damals zur NSDAP. Sowohl mein Vater, der ab 1940 als Parteimitglied geführt wurde, als auch August Sattler wurden in Deutschland zu Standesbeamten ausgebildet und fungierten als ehrenamtliche Standesbeamte im Standesamt Lilienfeld. Gustls Bruder Sepp, auch er war Schutzbündler gewesen, entkam durch einen Zufall oder ein Versehen dem Parteibeitritt, obwohl er Werkstättenleiter der NSDAP-Fortbildungsschule war! »Im Allgemeinen kann festgestellt werden«, schrieb mein Vater in seinem Buch, »dass bis auf eine geringe Anzahl ehemaliger Genossen die meisten nach wie vor der sozialistischen Idee verbunden blieben.« Dass sie in den Mitgliedslisten der NSDAP geführt wurden, sollte ihrer Überzeugung keinen Abbruch tun. Nicht wenige der Traisener Genossen und Kommunisten, aber auch Vertreter der Christlichsozialen landeten in der NS-Zeit im Zuchthaus bzw. in den Konzentrationslagern Dachau, Buchenwald und Sachsenhausen. Der 44-jährige Schweißer Johann Ebner, ein ehemaliger Sozialdemokrat, der sich 1930 den Kommunisten angeschlossen hatte, wurde 1943 im Landesgericht I in Wien hingerichtet.[136] Nach ihm ist heute in Traisen eine Straße benannt.

Mein Vater war nach seiner Entlassung aus Wöllersdorf nicht weniger überzeugt gewesen, wie seine illegale Tätigkeit bei den *Revolutionären Sozialisten* zeigt, aber er war vorsichtiger geworden. Nach einiger Zeit hatte er als Schlosser in der Traisener Fabrik wieder Arbeit gefunden, seine Stelle bei der Krankenkasse hatte er ja 1934 verloren. Bald nach dem »Anschluss« wurde er von zwei Angestellten der Krankenkasse aufgefordert, um seine Wiederaufnahme in den Kassendienst zu ersuchen. Das tat er, und im Mai 1938 wurde er wieder als Kankenkassenkontrollor in Amstetten eingestellt. Das war jedoch lange vor seinem nicht ganz freiwilligen Ansuchen um Parteimitgliedschaft. Beruflich konnte er davon übrigens nicht so profitieren, wie man vielleicht erwarten würde: Mein Vater beantragte bald die Überstellung in den Innendienst der Hauptstelle St. Pölten – dem Antrag wurde aber erst nach mehrmaligen Gesuchen und hinhaltendem Widerstand des Direktors im Mai 1942 stattgegeben.

## 34. Der Zweite Weltkrieg

In ihrem Brief an Josef Podlipnig, der nach dem Krieg nicht mehr nach Österreich zurückkam, berichtet meine Mutter 1946 das weitere Geschehen:

> Während der Kriegsjahre war Franzl in der Kasse-Hauptstelle in St. Pölten beschäftigt und wurde trotz seiner ausgezeichneten Verwendung und trotz mehrmaligen Vorschlags des Abteilungsleiters nie in eine seiner Verwendung entsprechende Gehaltsgruppe eingereiht. So gut war er bei der Nazi-Direktion angeschrieben. Er wurde auch sehr bald zur Einrückung

vorgeschlagen, nur ›übersah‹ ein guter Bekannter in der Heeresstelle bei den Einrückungswellen immer seine Karteikarte, sodass sich der Direktor nie erklären konnte, wieso dieser Lettner noch immer nicht eingerückt war – bis man ihn endlich dann zu dem berühmten Ostwallgraben ins Burgenland schicken konnte. Dort arbeitete er mit Krampen und Schaufel, weil er es ablehnte, unter dieser Gesellschaft einen leitenden Posten einzunehmen oder gar Aufseher zu spielen. – Über den Krieg selbst und unser Leben während dieser Zeit kann ich nur sagen, dass wir beide im Büro arbeiteten und nur den Verkehr mit unseren alten Genossen aufrechterhielten. Wir verfolgten die Auslandssendungen im Radio, sprachen darüber aber nur mit ganz ganz wenigen, weil man sehr vorsichtig sein musste. Viele kamen durch dumme Redereien im Wirtshaus etc. ins KZ. – Die Anfangserfolge des deutschen Heeres berauschten wohl viele Menschen und wenn mein Mann zu Bekannten äußerte, dass der Krieg letzten Endes doch verloren wird, sahen ihn wohl die meisten verständnislos an.

1941 wurden in unserem Gebiet große Verhaftungen vorgenommen, es wurde eine Organisation der Roten Hilfe[137] aufgespürt und viele Leute mussten, weil sie monatlich für diesen Zweck 1 RM gaben, ins KZ wandern. Ab diesem Zeitpunkt unterstützte Franzl monatlich die Angehörigen dieser Opfer mit ungefähr RM 80–100, allerdings war ihm dies nur durch meine Tätigkeit im Büro möglich, weil sein Verdienst nicht ausgereicht hätte. Wenn ich ab und zu einen Einspruch bezüglich der Höhe des Betrages machte, wurde er grob mit mir. (Ich sehe dich ja schon den Mund verziehen und höre dich förmlich sagen: Ja, ja diese Weiber.) Nun ja, ich will mich nicht besser machen als ich bin, Franzl war von uns beiden immer der edlere Teil, aber wenn ich dann mit mir ins Gewissen ging, schämte ich mich ja und gab Franzl innerlich recht.[138]

Über die Einberufung meines Vaters und seine Zeit beim Bau des »Südostwalls« im Herbst 1944 folge ich wiederum seinen Erinnerungen:

Mit noch 2 Dienstverpflichteten wurden wir in einem Bauernhof einquartiert. Von der Feldküche im Schloss Deutsch-Kreuz wurde das Essen ausgegeben, welches wir abzuholen hatten. Beim Bau dürften ungefähr 100 Männer, darunter viele Fremdarbeiter, beschäftigt gewesen sein. Mit Krampen und Schaufeln wurden Erdhügel aufgeworfen. Die Arbeit war nicht schwer. Es gab keine Aufsichtsorgane,[139] wir selbst machten viele

> Pausen. – An zwei Tagen im September wurden Tausende ungarische Juden, die zu Fuß marschierten, in das Schloss eingewiesen. Am Morgen des nächsten Tages sahen wir, dass viele Leichen mit Karren auf eine Wiese geführt und eingegraben wurden. Vielen unter uns ging dies sehr nahe. Manchmal flogen russische Hubschrauber über den Wall; es wurden aber keine Bomben abgeworfen. (…) Weihnachten 1944 verbrachte ich zu Hause.[140]

Kurz darauf, im Jänner 1945, wurde mein Vater zum Militärdienst eingezogen, obwohl er schon 47 Jahre alt war. Er kam zuerst nach Wien, dann in ein Ausbildungslager in Döllersheim im Waldviertel.[141] Dazu schreibt meine Mutter:

> Er musste die Rekrutenausbildung in Wien mitmachen und als ich ihn einmal besuchte, sah er aus wie der brave Soldat Schwejk. Er aber war voll Abscheu und hätte diese Rotzbuben von Abrichtern am liebsten erwürgen können. Zu Ostern 1945 wurde sein Truppenkörper in die Gegend von Freistadt verschickt, denn in Wien brauchte man ja verlässliche Soldaten. Vor Ostern erhielt ich die letzte Post von ihm und wusste ab diesem Zeitpunkt nichts mehr von ihm.[142]

Mein Vater schreibt in seinen Erinnerungen:

> Wie als Handwerker war ich auch als Rekrut sehr unbeholfen. Ich wurde aber nicht schikaniert. Am 2. April kamen wir nach Wien zurück. Wir befürchteten, dass wir da eingesetzt werden. Doch einen Tag nach Ostern wurden wir, ungefähr 20 Mann, einem Bautrupp zugeteilt, der im Sudetenland Telegraphenmaste zu setzen hatte. Wir wurden in Bauernhäusern einquartiert und dort auch verpflegt. Wir hatten keine Arbeit, sondern nur Zuträgerdienste für den Bautrupp zu leisten. Wir fragten uns, welchen Zweck die Telegraphenleitung überhaupt hatte, denn der Krieg kann ja nicht mehr lange dauern. Für uns ist es aber doch gut so, denn hier kann uns nichts passieren.

Im Sudetenland wurde mein Vater mit dem Glauben an die »Wunderwaffe« Hitlers konfrontiert. Zwei ältere Kollegen fragten ihn: »Was glaubst du, werden wir den Krieg gewinnen? Wir haben gehört, es gibt eine Wunderwaffe ...« Mein Vater antwortete, dass er sich das nicht vorstellen könne, der Krieg werde vielmehr bald aus sein. Er konnte so offen reden, weil auch viele seiner Kameraden sich nicht mehr zurückhielten und überzeugt waren, dass der Krieg verloren sei.

Aber nicht alle dachten so. Als am 20. April 1945 in der Werkssiedlung in Traisen, die damals »Hermann Göring-Siedlung« hieß, heftige Kämpfe zwischen deutschen Fallschirmjägern und Soldaten der Roten Armee ausbrachen, fragte ein Mann einen jungen Wehrmachtssoldaten: »Glaubt ihr, ihr werdet den Krieg noch gewinnen?« Darauf antwortete der etwa Zwanzigjährige: »Ja, denn es kommt noch die Wunderwaffe!« War das die Naivität eines jungen Mannes oder Fanatismus bis zuletzt?

Mein Vater berichtet weiter:

> Ende April zogen wir von Böhmen ab und kamen am 3. oder 4. Mai am späten Abend nach Mauthausen, überquerten die Donaubrücke und der Haufen löste sich auf. Ich ging nach St. Valentin zu Freund Lutz,[143] wo ich mich bis zur Kapitulation am 7. Mai aufhielt. Ich sprach mit einigen Soldaten, was wir tun sollten. Es war nicht möglich, Zivilkleidung zu bekommen, und daher nicht ratsam, in Uniform in die russische Zone einzureisen. Und so begaben wir uns wie Hunderte andere Soldaten in amerikanische Gefangenschaft. Wir wurden in das Gefangenenlager Asten in unmittelbarer Nähe der Stadt Enns eingewiesen, in dem sich einige tausend Gefangene befanden. (...) Die Verpflegung war nicht besonders, man konnte sich frei bewegen und es war ohne weiteres möglich, um Entlassung aus dem Lager anzusuchen. Doch musste man auf die Ausfertigung eines Entlassungsscheines warten. Gruppenweise wurde man zum Armeekommando nach Enns geführt. Man musste die Hände hochheben und, falls kein Kennzeichen ersichtlich war,[144] erhielt man den Entlassungsschein. Ich wanderte nach meiner Entlassung nach Linz, übersetzte bei Urfahr die Donau. Bei einem Bauernhaus, den Ortsnamen weiß ich nicht mehr, hielt ich mich eine Woche auf und wurde dort sehr gut verpflegt. Diese Leute wollten, dass ich noch länger bleiben soll. Ich wanderte aber nach Baumgartenberg zu meinen Verwandten, der Familie Hochgatterer. Nach zwei Wochen ging ich von dort nach Amstetten und fuhr mit dem Zug nach St. Pölten. Auf der Straße beim Bahnhof kam

eine alte Frau auf mich zu, zeigte auf die Militärschuhe und sagte: »Heute Razzia. Sehr gefährlich«. Daraufhin ging ich zu einem in der Nähe wohnenden Kollegen der Krankenkasse. Er war Kommunist, verpflegte mich und sagte, ich solle bei ihm übernachten; es sei ihm nicht geheuer. Am nächsten Morgen kamen zwei weitere Kollegen, die mich mit Kleidung und Schuhen versorgten. Am Nachmittag ging ich nach Traisen, wo ich gegen Abend ankam. Die Begrüßung war sehr herzlich und die Freude groß. Von meiner Cousine Anna aus Baumgartenberg hatte ich auch etwas zum Essen mitbekommen.

Franz Bruckner, der alte Freund meines Vaters, sah ihn als Erster nach seiner Ankunft. Er erblickte ihn schon von ferne auf dem Weg vom Bahnhof Scheibmühl nach Traisen. »Des kann nur da Lettner sein«, dachte er, als er meinen Vater an dessen charakteristischem »plattfüßigen Watschelgang« erkannte, wie sich Bruckner liebevoll ausdrückte. Später erzählte er uns oft diese Episode und schüttelte sich dabei vor Lachen. Er war mit meinem Vater bis ans Lebensende befreundet. Obwohl sie ganz verschiedene politische Ansichten hatten und unmittelbar nach dem Krieg, während der russischen Besatzungszeit, sogar politische Gegner waren, schätzte Bruckner meinen Vater als ehrlichen und aufrechten Menschen. Diese Beziehung, wie auch die zu den Brüdern Uskowicz und Sattler, war und ist für mich der Inbegriff von echter Freundschaft. Eine, die in der Lage ist, über unterschiedliche Auffassungen hinweg den anderen als Menschen zu respektieren und bedingungslos zu lieben. Aber vielleicht ist Liebe gar nicht das richtige Wort, denn es kommt in diesem Milieu nicht vor. Die Traisener Bevölkerung verwendet keine hochtrabenden, sie verwendet überhaupt nur wenige Worte. Zeit ihres Lebens verband diese Menschen jedenfalls unverbrüchliche Treue und Loyalität.

Als die Front im April 1945 mitten durch Traisen verlief, flüchtete meine Mutter mit ihrer 1941 geborenen Tochter, meiner Schwester Gerda, westwärts in die Berge. Mit ihrer Schwiegermutter und Schwägerin und anderen Frauen wollten sie Zuflucht auf dem Kaiserkogel bei Eschenau finden. Doch die Schutzhütte war von SS und Militär besetzt. Einem jungen deutschen Soldaten gegenüber machte sie voll Verachtung eine unbedachte Bemerkung: Der Krieg sei doch ohnehin verloren. Um ein Haar wäre sie von ihm erschossen worden, nur mit Mühe konnte der Hüttenwirt, der inständig auf ihn einredete, den Soldaten davon abhalten.

Die Frauen, die sich hierher zurückzogen, hatten aber gut daran getan, aus Traisen zu flüchten. Am 11. April hatte nämlich die aus Wien vertriebene deutsche Heeresgruppe Süd im Traisental Stellung bezogen und begonnen, einen neuen Sperrriegel aufzubauen. Am 15. April standen die Russen in St. Pölten und drangen nun Richtung Süden vor. Am 20. April wurde heftig um Traisen gekämpft. Die Kampflinie ging mitten durch den Ort, einmal hatten die Russen, einmal die SS die Oberhand. Die Rote Armee verlor bei dem Kampf mehr als 100 Mann. Im Ort wurden 40 Wohnhäuser, die Kirche und die Schule zerstört. Mehrere deutsche und russische Panzer lagen ausgebrannt in den Straßen. Durch Fliegerbomben und Artilleriebeschuss wurden 14 Personen, darunter drei Kinder, getötet. Es kam zu Plünderungen und Vergewaltigungen durch russische Soldaten.[145] Danach konzentrierten sich die Kämpfe auch auf das Triesting- und Gölsental. Es herrschte kaltes, regnerisches Wetter. In Eschenau, jenem Seitental der Traisen, wo sich auch der Kaiserkogel befindet, wurde drei Tage lang weitergekämpft, 19 Bauernhöfe brannten dabei nieder.[146]

An Podlipnig berichtete meine Mutter im Jahr darauf:

> So kam das Kriegsende 1945. Der Krieg endete – du wirst es nicht für möglich halten – in Traisen. Traisen ist zu 2/3 durch die Kampfhandlungen zerstört worden. Das Haus in welchem wir früher wohnten (Kottas) ist gleichfalls abgebrannt. Über dieses Kriegsende und unser Erleben und -leiden könnte ich einen Roman schreiben. Aber du brauchst keine Angst haben, ich schreibe ihn nicht, denn der Brief ist ohnehin schon umfangreich genug und hoffentlich bist du mir wegen der Länge nicht böse. Ich will nur in knappen Worten berichten, dass wir (Gerda, unsere kleine Tochter, die im Dezember 41 zur Welt kam, und ich) flüchten mussten, um den direkten Kampfhandlungen auszuweichen. Wir waren der Meinung, es handle sich um wenige Tage, und gingen dementsprechend ausgerüstet, nur mit Rucksack, in das nächste Tal auf einen Berg, wo sich ein Schutzhaus befand.[147] Wie sich herausstellte, gingen wir der Feuerlinie entgegen und wurden von SS und Fallschirmjägern, die ich in jener Zeit hassen

lernte wie nichts auf der Welt, wieder vertrieben. Wir gruben uns ein Erdloch, verblieben dort einige Tage, mussten aber wegen andauerndem Schlechtwetter und nachdem immer die Kugeln über uns hinwegpfiffen diese Unterkunft räumen. Endlich landeten wir in einem Bauernhaus, wo wir bis Kriegsende bleiben konnten. Diese 4 Wochen – so lange tobte der Kampf – werde ich nie mehr vergessen können, sie bargen nur Verzweiflung und Hass gegen das deutsche Militär. Wir sehnten die Russen als unsere Befreier herbei, fest davon überzeugt, dass alles Nazi-Propaganda sei, was man über sie sagte. Wie war alles anders. – Sofort nach Kriegsende gingen wir nach Traisen zurück und sahen das Bild der Verwüstung. Die Wohnung ausgeplündert, ein Großteil der Traisener Bettler. Ich musste meinem Schicksal dankbar sein, weil das Haus stehen geblieben war und mir die Möbel erhalten blieben. Kleider, Wäsche etc., welche ich im Keller versteckt hatte, waren gestohlen. Lebensmittelvorräte, die ich mir im Bewusstsein der kommenden schweren Zeit gespart habe, gestohlen und teilweise verwüstet, sodass mir und meinem Kinde nur der nackte Hunger entgegengrinste. Wochen und Wochen schwerster Arbeit waren erforderlich, um die Wohnung halbwegs instand zu setzen und dabei fast nichts zu essen. Die umliegenden Bauerngehöfte waren abgebrannt, das Vieh weggetrieben und geschlachtet worden, sodass alles kahlgefressen war. Grauen, Hunger, Dreck und diverse Übergriffe waren unsere täglichen Begleiter.

## 35. Entnazifizierung

Im Juni 1945 nahm mein Vater wieder seine Tätigkeit in der Gebietskrankenkasse auf, zunächst in Lilienfeld, als Leiter der Bezirksstelle. Es gab dort einen kommunistischen Angestellten namens Aigner, der besonders unfähig gewesen sein soll. Dessen Cousin war Betriebsrat unter den Nazis, er selbst war möglicherweise auch Parteimitglied gewesen. Als nunmehr militanter Kommunist hatte er Verbindungen zu dem ebenfalls kommunistischen Leiter der Bezirkshauptmannschaft Lilienfeld und erhoffte sich dadurch einen beruflichen Aufstieg. Jedenfalls strebte er einen leitenden Posten in der Krankenkasse an und glaubte, sich einen Vorteil verschaffen zu können, wenn er meinen Vater und seinen ebenfalls in der

Krankenkasse beschäftigten Freund Franz Sattler als Nazis denunzierte. Die russische Kommandantur, die alliierte Militärbehörde, verfügte daraufhin die sofortige Entlassung der beiden.

Am 27. März 1946 wurde die Gebietskrankenkasse aufgefordert, Franz Lettner sofort zu entlassen. Die Anweisung kam vom Leiter der Bezirkshauptmannschaft, Expositur Lilienfeld. Am 3. April verständigte dieser abermals die Krankenkasse, nunmehr jedoch, »dass Lettner bis auf weiteres in Dienst gestellt werden könne, allerdings auf Verlangen der russischen Kommandantur keine wie immer geartete leitende Stelle haben dürfe«. Dafür verlangte er, dass von den drei demokratischen Parteien in Traisen, der SPÖ, KPÖ und ÖVP, ein Gutachten über Lettners Verhalten während der NS-Zeit eingeholt werden solle. In der Sitzung des Neunerausschusses, bestehend aus je drei Vertretern der drei Parteien, am 5. April 1946 wurde von den Obmännern einstimmig bestätigt, »dass sich Lettner während der Naziherrschaft nicht im faschistischen Sinn betätigt hatte«.[148]

Diese Überprüfung, formal ein Entnazifizierungsverfahren, musste für meinen Vater eine große Demütigung gewesen sein, wenn auch inhaltlich eine Farce, die er als solche erkannte. Dennoch betonte er später, dass sich der besagte Leiter der Bezirkshauptmannschaft, ein Kommunist, ihm gegenüber »sehr korrekt« verhalten habe. Bis zum Innenminister und Bundespräsidenten mussten damals Eingaben gemacht und um Ausnahme von »Behandlungen nach den Bestimmungen des Artikels III und IV des Verbotsgesetzes 1947 und den in besonderen Gesetzen enthaltenen Sühnefolgen« angesucht werden.[149] Gleichzeitig wussten alle in Traisen und St. Pölten, auch jene, die meinen Vater denunziert hatten, dass er alles andere als ein Nazi war und mit einem guten Teil seines Gehalts Familien unterstützt hatte, die für die Rote Hilfe gespendet hatten und deshalb von den Nazis verhaftet worden waren. Auch hatten ihm die Nazis nie wirklich vertraut und ihn in der Krankenkasse nie befördert. Nach seiner Wiedereinstellung in St. Pölten wurde er in der Abteilung beschäftigt, in der er auch 1943 tätig gewesen war und wo ihn alle politisch und menschlich richtig einschätzten. Pius Schneeberger, Gewerkschafter der Land- und Forstarbeiter sowie Nationalratsabgeordneter und schon in der Zwischenkriegszeit politischer Ziehvater meines Vaters, protegierte und förderte ihn.

Auch Franz Sattler, der sofort nach Kriegsbeginn als Soldat einrücken hatte müssen und nie bei der NSDAP gewesen war, musste sich wie mein Vater nach seiner Entlassung einem »Entnazifizierungsverfahren« unterziehen, bei dem ihm mein Vater behilflich war. In der Zwischenzeit aber musste er sich für seinen Lebensunterhalt bei einer verwitweten Bäuerin in der Ramsau bei Hainfeld als Knecht verdingen, bis er 1947 wieder in den Dienst der Krankenkasse eingestellt wurde. Eine Angestellte der Gemeinde Traisen, Anni Knaller, fand zum Glück in Sattlers Wehrstammbuch den Beweis, dass er nie bei der Partei gewesen war, was seine Chefs zunächst kaum glauben wollten – sie nahmen an, ein Kommunist würde seine schützende Hand über ihn halten. So aufgeheizt war das politische Klima in diesen Jahren und es war schwer, Vertrauen zu entwickeln.

# ZWEITER TEIL:

# DIE ZWEITE REPUBLIK – LAST DER VERGANGENHEIT UND BEFREIUNG

# 1. Was von der alten Politik übrig blieb

Die Sozialdemokratie der Zwischenkriegszeit war 1945 unwiederbringlich ausgelöscht. Otto Bauer und Julius Tandler waren in der Emigration gestorben, Käthe Leichter und Robert Danneberg waren von den Nazis ermordet worden. Einige nichtjüdische Genossen wie Rosa Jochmann, Franz Rauscher, Franz Olah hatten die Verfolgung überlebt und kamen aus den Konzentrationslagern zurück. Viele in der Zwischenkriegszeit einflussreiche Funktionäre aber, wie Otto Leichter, Hugo Breitner, Karl Heinz, Joseph Buttinger und Josef Podlipnig, befanden sich im Exil in den USA. Andere Sozialdemokraten hielten sich zwar in Europa auf, waren aber weiterhin in der Emigration, unter ihnen Friedrich Adler, Bruno Kreisky, Marianne und Oscar Pollak. Der Ruf, zurückzukehren, ereilte sie allesamt nicht. Es kamen trotzdem viele zurück, aber nicht mehr in leitende Funktionen. Lediglich Oscar Pollak durfte wieder als Chefredakteur die *Arbeiterzeitung* übernehmen.

Den im Land verbliebenen Sozialdemokraten waren die emigrierten Genossen nicht zwingend willkommen. Auch aus Antisemitismus waren manche gegen ihre Rückkehr. Insbesondere die niederösterreichischen Parteiführer Oskar Helmer und Heinrich Schneidmadl äußerten sich offen antisemitisch. Der alte Politfuchs Karl Renner meldete sich noch vor Kriegsende aus seiner inneren Emigration in Gloggnitz auf der politischen Bühne zurück und rettete Österreich mit viel diplomatischem Geschick aus den Fängen des »Genossen Stalin«, der ihm vertraute und ihn zum Glück unterschätzte. Es waren ausschließlich pragmatische Realpolitiker wie Renner, Körner, Seitz, die die politische Kontinuität in der Sozialdemokratie repräsentierten.

Bei den ersten Wahlen im Dezember 1945 wurde die SPÖ zweitstärkste Partei und bildete mit der ÖVP eine Koalitionsregierung. Zur Erleichterung vieler erhielt die KPÖ nur 5 Prozent der Stimmen. In Traisen allerdings waren die Kommunisten stark vertreten. Bei den gemeinsam stattfindenden Nationalrats- und Landtagswahlen waren sie mit 462 Stimmen zweitstärkste Kraft hinter der SPÖ (762) und lagen deutlich vor der ÖVP, die auf 387 Stimmen kam. Erst 1960 erhielt die KPÖ wieder weniger Stimmen. Ihr stärkstes Ergebnis erzielte sie bei den Gemeinderatswahlen 1951, nachdem die bisher zur Gemeinde St. Veit gehörende »Werkssiedlung« nach Traisen eingemeindet worden war: Während die SPÖ Traisen auf 11 Mandate kam, konnte die KPÖ 7 Gemeinderäte stellen, die ÖVP 3. Wie schon bis 1934 war das Rathaus in Händen der SPÖ.

Auf Bundesebene bestimmte die Große Koalition unter Führung von ÖVP-Kanzlern bis 1966 das politische Geschehen in Österreich. Die Sozialdemokratie – nun unter dem Namen *Sozialistische Partei Österreichs* – stellte erstmals seit 1920 wieder Minister und Staatssekretäre und konnte nun auch Ämter und Gelder verteilen. Die Gewerkschaften, die bisher von Mitgliedsbeiträgen abhängig gewesen waren, die sich ihre Mitglieder vom Mund absparten, konnten jetzt an den staatlichen Futtertrögen mitnaschen. Und sie taten dies ausgiebig. So fuhren die Gewerkschaftsfunktionäre der niederösterreichischen Gebietskrankenkasse in den 1950er-Jahren auf »Betriebsausflug« zum Karneval nach Rio de Janeiro – selbstverständlich auf Kosten der Sozialversicherung.

Die Teilhabe an der Macht begünstigte eine Art von Korruption, die den moralischen Ansprüchen der alten Sozialdemokraten Hohn sprach. Mein Vater und sein Freund Franz Sattler, die nach dem Krieg wieder in der Krankenkasse angestellt wurden, waren darüber entsetzt. Mein Vater protestierte immer wieder auch schriftlich in Partei und Gewerkschaft gegen Ämterkumulierung und Machtmissbrauch, allerdings ohne Erfolg. Nach seiner Rückkehr aus der Kriegsgefangenschaft hielt er sich – wohl auch wegen seines Entnazifizierungsverfahrens – eine Zeit lang zurück. Erst 1955 war er erstmals wieder im Gemeinderat, politisch aktiv war er in all den Jahren gewesen.

Im Mai 1946 begann ein lebhafter Briefwechsel und Gedankenaustausch zwischen meinen Eltern und Josef Podlipnig. Podlipnig war mit Joseph Buttinger kurz vor dem »Anschluss« nach Frankreich gegangen und später nach Amerika emigriert, wo er sich als Arbeiter seinen Lebensunterhalt verdiente und, weil er sich gewerkschaftlich engagierte, auch immer wieder seinen Arbeitsplatz verlor. Er und Buttinger schickten Care-Pakete an meine Eltern und andere Genossen in Wien. Obwohl ihn meine Eltern drängten, zurück nach Österreich zu kommen, blieb er in den USA. Er schätzte die politischen Möglichkeiten einer Arbeiterpartei in Europa als äußerst gering ein und sah die SPÖ »einem langsamen Verfall« entgegengehen.[150] Erst nach seiner Pensionierung 1966 kam er in seine alte Heimat Klagenfurt zurück. Er versicherte meinen Vater seiner unverbrüchlichen Freundschaft und billigte dessen Verhalten während der Naziherrschaft:

> Denn der Ehrgeiz eines sozialistischen Menschen muss es ja nicht sein, ein Held (Heroe) zu werden, sondern sich darüber Klarheit zu schaffen, was unter bestimmten Bedingungen getan werden soll, was zu unterlassen, was zeitgerecht und was verfrüht ist. Die Frage ist, ob ein Verhalten, das geraden Wegs ins KZ (und damit zur möglichen Selbstvernichtung) führt, zulässig ist.[151]

Auch wenn die SPÖ in Traisen unangefochten an der Spitze stand, mit der KPÖ hatte sie in den ersten Nachkriegsjahren eine ernst zu nehmende Konkurrenz erhalten. Umso entschlossener traten die Traisener Genossen auf, als Anfang Oktober 1950 in der sowjetisch besetzten Zone Österreichs die Kommunisten einen Generalstreik organisierten und eine kommunistische Machtergreifung drohte. Im Stahlwerk von Traisen hatte die kommunistische Betriebsratsmehrheit einhellig den Streik beschlossen. Delegationen wurden in die anderen Betriebe des Bezirks entsandt, um die Arbeiter aufzufordern, sich ihnen anzuschließen. Überall, wo es kommunistische Mehrheiten im Betriebsrat gab, schlossen sich die Belegschaften dem Streik an. Wo die Sozialisten die Mehrheit hatten, standen die kommunistischen Abgeordneten vor verschlossenen Betriebstüren oder wurden mit warnenden Worten zum Verlassen des Betriebs aufgefordert.[152]

In Traisen dauerte der Streik drei Tage und wurde dann erfolglos abgebrochen. Leider schildert mein Vater die Ereignisse so nüchtern, dass einem die Gefahr gar nicht bewusst wird, in der sich Österreich damals befand. Vielleicht auch, weil die Gefährdungslage in der Provinz nicht so augenscheinlich war wie in Wien, wo sich loyale Gewerkschafter mit

Schlagstöcken den kommunistischen Rollkommandos entgegenstellten. Es war auch das Verdienst Franz Olahs und »seiner« Gewerkschafter, dass Österreich weiter ein demokratischer Staat blieb und nicht das Schicksal seiner Nachbarn in Osteuropa erleiden musste, meinte mein Vater.

Zur Überzeugung einer demokratischen Gesellschaft gehörten für meinen Vater meines Erachtens aber auch moralische Standfestigkeit und die Bereitschaft, sich für seine Ziele einzusetzen. Als 1957 das sozialistische Jugendheim errichtet wurde, war er mit großem Engagement dabei, auch wenn er sich später nicht zu den 81 freiwilligen Helfern zählte, die insgesamt mehr als 5000 unentgeltliche Arbeitsstunden dafür leisteten. In seinem Buch über die Arbeiterbewegung im Traisental betont er den idealistischen Ansatz, ohne den der Bau nicht möglich gewesen wäre. Damals, in den Wirtschaftswunderjahren, wurde ihm aber auch schon eine Veränderung in der Gesellschaft bewusst, die ihm vermutlich Sorgen bereitete, denn im Rückblick schreibt er später:

> Wir leben in einer Zeit, wo die meisten Menschen für die Gemeinschaft – trotz Freizeit und wirtschaftlicher Besserstellung – keine Zeit übrig haben und nicht gewillt sind, auch nur kleine Opfer und Entbehrungen für eine Idee auf sich zu nehmen. Wir leben aber auch in einer Zeit, die vorwiegend auf das Materielle eingestellt ist, in der es vorerst heißt: ›Was bekomme ich?‹, ›Was trägt es?‹, ›Welche Vorteile bringt es mir?‹ usw. – Für uns Alten ist das Schönste an diesem Bau, dass in unserer Zeit doch der Beweis erbracht wurde, dass der Idealismus nicht tot ist. Wir wissen, dass viele unter uns bestrebt sind, der Idee des Sozialismus nach besten Kräften zu dienen.[153]

Heute würde man meinen Vater wohl für einen altmodischen Menschen halten. Aber er war zu seiner Zeit überzeugt, dass sich Anstand und Politik sehr wohl verbinden lassen. Auch sein Freund Podlipnig war dieser Meinung, wenngleich er pessimistischer als mein Vater urteilte: »Die Partei, die uns alles war, ist uns fremd geworden«, schrieb er im Jänner 1979 an meinen Vater.[154] Und zu dessen 80. Geburtstag im Dezember davor zeigte er sich enttäuscht:

> 80 Jahre – ein langes Leben voll Zukunftssehnsucht und großen Hoffnungen. 80 Jahre Kampf – und als Ergebnis, im Rückblick, nirgends Sozialismus; allgemeine Verbürgerlichung, unsicherer Wohlstand, Korruption, Erstarkung der Kirche, neue Weltkriegsgefahr. Es kann nicht alles umsonst gewesen sein![155]

Mein Vater war weniger pessimistisch als Podlipnig und hatte als Gemeinderat und Bürgermeister aktiv für die Partei gearbeitet. Auch wenn er sie kritisierte, war die sozialistische Bewegung der Inhalt seines Lebens.

1983 waren es genau siebzig Jahre, seitdem mein Vater in die Partei eingetreten war. Bruno Kreisky schrieb ihm am 19. Jänner in einem persönlichen Brief:

> Es ist mir ein großes inneres Bedürfnis, dir für alles zu danken, was du in diesen 70 Jahren für die Bewegung getan hast. Du weißt und hast es immer auch empfunden, wie sehr ich dich schätze und wie froh ich immer war, mit dir zusammenzutreffen. Am liebsten hätte ich dich besucht, um mit dir zu plaudern, aber die Umstände erlauben es vorläufig nicht. Ich hoffe aber, bald das nachholen zu können. In unerschütterlicher und freundschaftlicher Verbundenheit, dein dir freundschaftlicher Bruno Kreisky.

Zu diesem Zeitpunkt war mein Vater 85 Jahre alt. In seinem Antwortbrief ermahnte er Kreisky eindringlich, auf seine Gesundheit zu achten. Die Sorgen waren berechtigt. Nur wenige Monate später, im Mai, endete Kreiskys Kanzlerschaft. Es war unübersehbar, dass er gesundheitlich angeschlagen war. Im Oktober zog er sich auch von der Parteispitze zurück.

## 2. Meine Eltern im Wohlstand

Meine Eltern waren in vieler Hinsicht ein ungleiches Paar. Nicht zuletzt auch in ökonomischer Hinsicht. Zu einer Zeit, da Frauen ein Bankkonto nur mit der Unterschrift ihres Ehemannes eröffnen konnten, verdiente meine Mutter bereits mehr als ihr Mann, der als Krankenkassenbeamter zwar auch Karriere machte und zum Abteilungsleiter avancierte, aber während seines aktiven Berufslebens immer weniger verdient hatte als seine Frau. Meinen Vater hatte das nie gestört. Erst nach der Pensionierung änderte sich dieses Verhältnis: Seine Beamtenpension übertrumpfte ihre ASVG-Pension. Geld spielte für meine Eltern nie eine große Rolle. Sie genossen den Wohlstand, den sie sich erarbeitet hatten, aber bereichert hatten sie sich nie. Sie hatten nie einen Vorteil ausgenützt, alles, was sie besaßen, hatten sie sich hart erarbeitet.

Als mein Vater 1953 eine beträchtliche Summe als Entschädigung für seinen Verdienstentgang im »Ständestaat« gemäß dem Beamtenentschädigungsgesetz 1952[156] erhielt, spendete er im Einvernehmen mit seiner Frau das gesamte Geld der Partei. Er legte großen Wert darauf, anonym zu bleiben. Dabei hätten sie das Geld (immerhin das Dreifache seines Monatsgehaltes) gut gebrauchen können, denn sie sparten auf ein Eigenheim mit Garten. Aber mein Vater lehnte es ab, den beachtlichen Betrag von 10.064 Schilling für sich selbst zu verwenden. Man nimmt kein Geld für seine politische Überzeugung, lautete sein Grundsatz. Er empfand es zudem als ungerecht, dass er als Beamter eine Entschädigung für den erlittenen Verdienstentgang erhielt, während seine Genossen, die Arbeiter in der Fabrik gewesen und nach 1934 ebenfalls arbeitslos geworden waren, nichts bekamen. »Ich bin der Auffassung, dass Opfer, Entbehrungen und Leid, die aus Überzeugung und für eine Idee gebracht werden, nicht mit Geld abgegolten werden können«, schrieb er an den Obmann der NÖ Gebietskrankenkasse und Nationalratsabgeordneten Franz Horr.[157]

Mit der Zeit hatten sich meine Eltern durch unermüdliche Arbeit und gute Gehälter einen gewissen Wohlstand erarbeitet, sodass sie sich 1959 ihren – mit vielen anderen geteilten – Traum von einem Eigenheim mit Garten erfüllen konnten. Ich erinnere mich, dass wir während unserer alljährlichen Urlaube in Altmünster am Traunsee immer wieder durch das dortige »Villenviertel« spazierten und Bauweise und Gartengestaltung der dortigen neu gebauten Häuser betrachteten und kommentierten. Dies interessierte vor allem meine Mutter und mich, meinen Vater weniger. So waren auch die architektonische Gestaltung unseres Hauses in Traisen, innen wie außen, und die Gartengestaltung ausschließlich das Werk meiner Mutter. Sie diskutierte mit dem Baumeister und finanzierte auch den Großteil der Bau- und Einrichtungskosten, schließlich war ihr Gehalt höher als das ihres Mannes. Auch das Firmenauto steuerte immer sie, nie er.

Für meine Mutter war die Erschaffung eines »gutbürgerlichen« Heimes ein großes Bedürfnis, und sie ging ganz darin auf. Ich glaube, dass dabei ihre Erfahrungen als armes Kostkind im Haus von Frau Fiedler in St. Pölten eine Rolle spielten. Es war ihre erste Berührung mit einer bürgerlichen Lebensweise gewesen. Damals war ihr schmerzlich bewusst geworden, dass sie nicht in dieses »Milieu« passte, sie fühlte sich aufgrund ihrer Armut minderwertig. Das galt es, viele Jahre später, zu »verarbeiten«. Sie konnte sich nun auch ihren Wunsch nach schönen Kleidern erfüllen. Auch das hatte mit Eindrücken aus ihrer Kindheit zu tun, als sie die Garderobe von Frau Lenz, der »Herrschaft«, der sie hätte »Küss die Hand« sagen sollen, so bewundert hatte. Nun musste sie nicht mehr beim Essen sparen und konnte von ihren Wien-Besuchen Delikatessen mit nach Hause bringen.

Mein Vater ließ sie gewähren. Wenn die Kreiskys zu Besuch kamen, fand der Geschmack meiner Mutter höchste Anerkennung. Mein Vater kannte Bruno Kreisky aus der illegalen Zeit und hatte 1967 seine Wahl zum Parteiobmann unterstützt. Der Bezirk Lilienfeld war Kreiskys Wahlkreis, das bot immer wieder die Gelegenheit, ihn zu sich nach Hause einzuladen, auch als mein Vater schon Altbürgermeister von Traisen war. Kreisky wunderte und freute sich über das »bürgerliche« Heim der Lettners, seiner Frau Vera gefiel unser Haus ganz besonders, das betonte sie bei jedem Besuch.

Auf meinen Vater machte das weniger Eindruck. Die bürgerlichen Ambitionen meiner Mutter quittierte er mit ziemlicher Gleichgültigkeit. Er selbst kannte solche Ansprüche nicht, er hatte nie das Ziel, aus seiner Klasse auszubrechen. Er blieb, was er war: ein einfacher Bauernbub mit einer Leidenschaft für die Sozialdemokratie und dem Bestreben, bessere Menschen heranzubilden. Dass die SPÖ nach 1945 so ganz anders war als die Sozialdemokratie der Zwischenkriegszeit, betrübte und enttäuschte ihn. Er blieb dem asketischen Ideal von damals verbunden. Während seiner

Parteiobmannschaft in Traisen legte er bei seinen Funktionären einen hohen moralischen Maßstab an: Keiner durfte mehr als *ein* bezahltes Parteiamt innehaben. Seinem Stellvertreter erlaubte er zum Beispiel nicht, gleichzeitig Vizebürgermeister, Schuldirektor und Landtagsabgeordneter zu sein, selbst wenn er auf eines der Gehälter verzichtet hätte. Ämterkumulierung kam für meinen Vater einfach nicht in Frage, dagegen kämpfte er an allen Fronten der Partei an. Diesbezüglich schrieb er Briefe an die Parteilinken Ferdinand Lacina und Egon Matzner, und auch öffentlich wetterte er gegen das zunehmende »Funktionärstum«. Mit Egon Matzner entwickelte sich in den 1970er-Jahren ein freundschaftlicher Briefwechsel zwischen einem alten und einem jungen Parteilinken. Mein Vater selbst verzichtete auf sein Gehalt als Bürgermeister und spendete es der Partei. Auch seine nicht unbeträchtlichen Barauslagen als Bürgermeister (Einladungen, Begräbnisse, Blumen) bezahlte er privat.

Nicht nur die Akkumulierung von Gehältern, auch die Konzentration von Macht war ihm ein Gräuel. »Macht, Macht, Macht!«, höre ich ihn noch heute schimpfen. Macht korrumpiert, davon war er überzeugt. Seine Genossen im Ort ließen sich seine rigide Haltung eine Weile gefallen, aber irgendwann musste er sich der neuen Zeit anpassen und seine strikte Haltung aufgeben. Seine Moralvorstellungen waren nicht mehr kompatibel mit denen einer neuen Generation von Politikern. 1968 legte er mit 70 Jahren sein Bürgermeisteramt nieder. Sein Nachfolger war Bürgermeister und Landtagsabgeordneter gleichzeitig.

In seinem Buch über die Arbeiterschaft schrieb er ein Kapitel, das mit »Seien wir doch Republikaner!« übertitelt ist. Ganz ernsthaft macht er in diesem Abschnitt den Vorschlag, auf das Protokoll bei Staatsbesuchen, auf luxuriöse Unterkünfte und den damit verbundenen »höfischen Prunk und Pomp« zu verzichten. Überhaupt konnte er mit einer solchen Welt nichts anfangen: »Man verleiht Orden, ohne nach Verdienst zu fragen. Bei den Empfängen glänzt und glitzert es von Seide, Brokat, kostbaren Pelzen und Brillanten. Zehntausende drängen sich, um irgendwie auch ›dabei‹ zu sein.« Dass sich auch sozialdemokratische Politiker auf solchen Empfängen nicht nur zeigten, sondern solche Auftritte genossen, wie er oft genug im Fernsehen erleben konnte, schmerzte ihn. Jeglichen Personenkult lehnte er ohnehin ab. Für meinen Vater sollten Politiker die Auffassung und die Ziele ihrer Partei kundtun und Streitgespräche führen, statt mit eitel geschwellter Brust zu repräsentieren und sich bewundern zu lassen. Er war überzeugt, dass ihnen Bescheidenheit anstünde, denn mit Imponiergehabe ließen sich politische Programme nicht vermitteln. »In unserer Zeit«, schreibt er, »werden die Politiker manchmal allzu sehr in den Vordergrund gestellt. Da werden sie bei allen oft auch unwesentlichen Angelegenheiten um ihre Meinung befragt, da prangen sie überlebensgroß von den Plakatwänden, lächelnd, jugendlich, gütig aussehend als Garant für das Wohl des Volkes.«[158] Dieser neue Typus Politiker war ihm fremd.

## 3. Franz Bruckner

Franz Bruckner war einer der ältesten und langjährigsten Freunde meines Vaters. Er war zehn Jahre jünger, war linker Sozialdemokrat, *Naturfreund* und Schutzbündler. In ärmlichen Verhältnissen als Sohn eines Schusters aufgewachsen, gehörte er, wie mein Vater, in den Zwanziger- und Dreißigerjahren dem Traisener Gemeinderat an. Im Bürgerkriegsjahr 1934 trennten sich ihre politischen Wege. Bruckner ging aus Enttäuschung über die Führung der Sozialdemokratie zu den Kommunisten und wurde der erste Organisator der illegalen KPÖ im Bezirk Lilienfeld. Auch sein Freund Konrad (Radl) Kettler, der schon vor 1934 die mangelhafte Organisation des Schutzbundes kritisiert und verachtet hatte,[159] war damals ebenfalls zur KPÖ gewechselt. Beide gingen 1937 im Auftrag der KPÖ nach Spanien, um in den Reihen der Internationalen Brigaden an der Seite der Republikanischen Regierung gegen den Franco-Faschismus zu kämpfen. Dort war der Kampf gegen den Faschismus damals noch nicht verloren. Aber irgendwann war er es doch, und Bruckner teilte das Schicksal fast aller Spanienkämpfer und landete im KZ.

Unmittelbar nach Kriegsende wurde er kommunistischer Funktionär in Traisen. Er war der Erste gewesen, der meinen Vater erblickte, als dieser aus amerikanischer Gefangenschaft zu Fuß nach Traisen zurückkehrte. Ein Zufall, der sich aber wunderbar in das Bild dieser lebenslangen Freundschaft fügt. Ich sehe Bruckner vor mir, wenn er später, meistens an einem Samstagvormittag, in seiner grünen Loden-Knickerbocker und den Bergschuhen an unsere Haustür klopfte, um meinen Vater zu einer morgendlichen Runde auf die nahen Berge abzuholen. Beide waren längst in Pension und konnten ihren Kontakt nun sogar intensivieren. Oft waren auch die Brüder Uskowicz dabei, auch sie Freunde meines Vaters von früher Jugend an. Seit damals hatte sie so ziemlich alles aus der sozialdemokratischen Bewegung verbunden. Wie mein Vater waren sie in der Zeit der Dollfuß-Schuschnigg-Diktatur Mitglieder der *Revolutionären Sozialisten* gewesen.

Dass Bruckner nach 1934 einen anderen politischen Weg einschlug, tat der Freundschaft keinen Abbruch. Auch nicht, dass sich mein Vater in der NS-Zeit entschlossen hatte, nicht mehr im sozialdemokratischen Sinn politisch zu sein. Die Brüder Uskowicz hatten ihn sogar darin bestärkt, kein Märtyrer zu werden, während Bruckner der Ansicht von Rosa Jochmann und Franz Rauscher war, mein Vater hätte sich von der Gestapo verhaften und in ein KZ stecken lassen müssen. Als politischer Führer, wie mein Vater einer war, so Bruckners Meinung, dürfe man nicht sein persönliches Schicksal über das der Partei stellen.

Aber das war nun lange her und hatte nichts an ihrer gegenseitigen Wertschätzung geändert, ebenso wenig, dass sie nun in der Gemeindepolitik politische Gegner waren. Jeder wusste vom anderen, dass er einen aufrechten und anständigen Charakter hatte. Das allein zählte.

In meiner Erinnerung sehe ich die vier älteren Herren von unserem Haus aufbrechen. Für zwei, drei Stunden waren sie ganz unter sich. Was wohl auf diesen Spaziergängen besprochen wurde? Persönliches? Politisches? Oder wurden vielleicht nur Belanglosigkeiten ausgetauscht? Genossen sie nur die Zeit miteinander, ohne viel zu reden? Ich wüsste es gerne.

An Franz Bruckners Erzählungen erinnere ich mich gut. Wir besuchten ihn und seine ungarische Frau Ilusch, die er nach dem Krieg geheiratet hatte, oft in ihrer kleinen, gemütlichen Gemeindewohnung in der ehemaligen »Hermann Göring-Siedlung«. Derartige Wohnhausanlagen wurden während des Krieges in vielen Industrieorten von den Nazis errichtet und nach Göring benannt. Sie waren in der Regel sehr weitläufig, zwei- bis dreigeschoßig, und hatten ein eigenes Flair: anheimelnd und abstoßend zugleich. Man erkennt sie heute noch an ihrem charakteristischen Baustil, langgezogene Gebäude mit hohen Giebeldächern. In Linz und Steyr sind ganze Stadtteile von ihnen geprägt.

Die Wohnung der Bruckners lag im ersten Stock eines solchen Gebäudes, das sich über mehrere Höfe erstreckte. Sie wohnten am Rande der Siedlung und schauten auf die Gartenstreifen, die auch nach dem Krieg noch lange zu den einzelnen Wohneinheiten gehörten. Erst in den Siebzigerjahren wichen diese Gärten Parkplätzen oder weiteren Wohnhäusern. Das Treppenhaus hatte rohe Holzstiegen, die einmal pro Woche von den Hausparteien geschrubbt wurden. Jede Woche kam eine andere Familie dran.

Die Wohnung selbst bestand aus Vorzimmer, Wohnküche, Schlafzimmer und einem kleinen Bad mit WC. Bei jedem unserer Besuche saß Bruckner auf der Wohnzimmerbank, immer in der Ecke, das war sein gewohnter Platz. Seine Frau bereitete in der Küche Toast mit Ketchup oder Würstel, beides immer begleitet von eingelegten Pfefferoni. Wenn sich seine lebhafte Frau mit lauter Stimme in die Unterhaltung mischte, stieß Bruckner in der Regel bedeutungsvoll grinsend folgenden Stoßseufzer aus: »Kein Wunder, dass es Frauenmörder gibt!« Das war einer seiner »humoristischen« Beiträge. Er lachte viel und oft und erzählte uns, auf seine lustige Art, die verschiedensten Geschichten.

Selbst die Zeit der großen Arbeitslosigkeit, als er mit August Sattler in Goiserern durch Österreich und Deutschland »getippelt« war oder sie mit ihren Fahrrädern zum Bergsteigen bis ins Gesäuse gefahren waren, wirkte in seiner Erzählweise wie ein romantisches Abenteuer. Das Bergsteigen und Wandern hatte bei den Sozialdemokraten im Traisental einen hohen Stellenwert. Sie liebten die Berge und sie liebten ihre Hütte auf der Hinteralpe bei Lilienfeld, die sie selbst gebaut hatten. 1922 war sie eröffnet worden, und sie alle waren sehr stolz darauf. Später hielten sie dort auch illegale Versammlungen ab.[160] Im Nachhinein, in den Erzählungen, klang das insgesamt fast nach einer unbeschwerten Zeit. Als junge, ledige Burschen hatten sie nicht viel zum Leben gebraucht, sie waren ohnehin überaus genügsam gewesen. Verheiratete Paare mit Kindern waren eher von Elend bedroht. Damals war es üblich gewesen, Hühner und Hasen zu halten und Gemüse anzubauen. Das hatten viele Familien gebraucht, um zu überleben.

Von Bruckner erfuhr ich erstmals auch über die politischen Treffen in der Gemeindewohnung meiner Eltern. Auch diese Erzählungen klangen nach fröhlichen Erlebnissen in den Dreißigerjahren. Wenn wir – meine Schwester und ich – jedoch etwas über den Bürgerkrieg in Spanien oder seine Aufenthalte in den Konzentrationslagern der Nazis wissen wollten, mussten wir eine Weile bohren, bis er uns antwortete. Er bezeichnete das als »Ausfragen«. Ich hatte aber nicht den Eindruck, dass es ihm unangenehm war, über seine Vergangenheit zu reden. Er war der einzige Mensch, den ich kannte, der über solche Erlebnisse sachlich und völlig unsentimental berichten konnte.

Über Bruckners Aktivitäten im Spanischen Bürgerkrieg gibt es einen ausführlichen Akt im Dokumentationsarchiv des österreichischen Widerstandes (DÖW) in Wien. Als ich über meinen Vater zu recherchieren begann, fragte ich natürlich auch dort an. Der Akt über Bruckner und Kettler ist ziemlich umfangreich.[161] Sie wurden am 10. Oktober 1937 der Panzerwagenbrigade, 2. Bataillon, 1. Kompanie, zugeteilt. In ihr kämpften sie bis zum Ende des Bürgerkriegs, sie riskierten ihr Leben für die republikanische Sache. Von der spanischen KP, die stets in Verbindung mit der KPdSU stand, wurden sie beobachtet und taxiert und schließlich 1938 aufgenommen.

Im Archiv des DÖW gibt es auch eine Art »Spitzelbericht« der spanischen KP vom 14. März 1940, in dem Bruckner als »guter, zuverlässiger, disziplinierter Soldat« und »sehr zuverlässiger Genosse«, wenn auch »politisch schwach entwickelt, aber stark interessiert für politische Arbeiten«, beschrieben wird. Außerdem unterliege er »leicht schlechten

Stimmungen«. Kettler wird ebenfalls als zuverlässiger Soldat und Genosse sowie als »politisch gut«, aber »jähzornig« beschrieben. Diese Einschätzungen waren irgendwann in Moskau ins Deutsche übersetzt worden.

Als der Krieg in Spanien verloren war, flüchteten sie am 8. Februar 1939 mit ihrer Kompanie nach Südfrankreich. Dort wurden sie zunächst in einem Lager in Staint-Cyprien, dann im Lager von Gurs interniert. Im Frühjahr 1940 wurde Bruckner einer Arbeitskompanie als »Prestataire« zugeteilt (er hatte sich zum unbewaffneten militärischen Arbeitsdienst gemeldet), danach wurde er ins Lager Argelès-sur-Mer und dann nach Albi gebracht.

Für Bruckner hatte der Kampf gegen den Faschismus oberste Priorität, Gefühle waren da fehl am Platz. Er hatte zum Beispiel keinerlei Verständnis für das Heimweh, unter dem einer seiner jüdischen Mitgefangenen in einem der französischen Internierungslager litt. »Wie kannst du einer Heimat nachtrauern, in der Hitler regiert?«, hatte er diesen völlig verständnislos gefragt. Noch viele Jahre danach, als er uns diese Geschichte erzählte, schüttelte er – nach wie vor verständnislos – den Kopf über seinen Leidensgenossen, der seiner ihm von Hitler entrissenen Heimat nachtrauerte. Differenzieren war Bruckners Sache nicht. Vielleicht hatte ihn auch der politische Kampf hart gemacht. Der Primat der Politik bestimmte jedenfalls sein Leben, Sentimentalität und Empathie für andere Schicksale waren ihm fremd.

Aus dem Internierungslager Albi floh er im April 1940 gemeinsam mit zwei Mitgefangenen. Aufgrund ihrer mangelnden Ortskenntnis gerieten sie aber auf von Deutschen besetztes Gebiet und wurden neun Tage nach ihrer Flucht am 15. April 1941 in der Nähe von Bordeaux von der Gestapo verhaftet. Über Paris und Saarbrücken wurde Bruckner am 28. Juni 1941 zur Gestapo nach Wien überstellt. Er wurde zunächst im Polizeigefängnis Roßauer Lände inhaftiert (wo er mit dem kommunistischen Widerstandskämpfer Josef Kammerer aus Wien eine Zelle teilte) und dann nach Dachau gebracht.

Sein Freund Konrad Kettler, den alle in Traisen »Radl« nannten, wurde von der französischen Regierung im Frühjahr 1941 der deutschen

Feldpolizei übergeben und landete am 1. Mai 1941 ebenfalls in Dachau. Beiden retteten dort die Kommunisten, die eine ziemlich starke Position in der Lagerverwaltung hatten, das Leben. Bruckner erzählte uns, dass er in Dachau zunächst zum Arbeitsdienst im Steinbruch eingeteilt worden sei, was sein sicherer Tod gewesen wäre. Ein Genosse in der Schreibstube, wo die Kommunisten mehr oder weniger das Sagen hatten, teilte ihn stattdessen zum Dienst in der Küche ein. Dort konnte er sich mit Kartoffelschalen und anderen Küchenabfällen vor dem Verhungern retten. Auch Kettler wurde später dank des kommunistischen Einflusses in Dachau sogar Kapo eines Arbeitskommandos. Er blieb dort bis zur Befreiung Ende April interniert, während Bruckner am 8./9. Dezember 1944 nach Buchenwald verlegt wurde und dort die Häftlingsnummer 40590 erhielt. Am 4. Mai 1945 wurde das Lager von der US-Armee befreit.

Möglicherweise hatten Bruckner, neben der kommunistischen Partei, sein unverbrüchlicher Glaube an den Sozialismus und seine tiefe Verachtung für die Nationalsozialisten dabei geholfen, Hunger, Unterdrückung und Misshandlungen weitgehend unbeschadet zu überstehen. Dazu kam sein fröhliches, lebensbejahendes Naturell. Ich denke, dass er uns nicht alles erzählte, aber auch das, was er erzählte, ließ uns die Haare zu Berge stehen, etwa wenn er die Lampenschirme aus Menschenhaut in der Wohnung der berüchtigten Lagerleiterin Ilse Koch erwähnte.

Ganz anders habe ich die Erzählungen des Traisener Kommunisten Alfred Bernhard in Erinnerung: Er, der auch in Buchenwald gewesen war, hatte dauernd das Bedürfnis, über das Erlebte zu reden. Er konnte nie ohne Tränen über diese Zeit sprechen. Er war ein gebrochener Mann, während Bruckner sich nach 1945 sofort und tatkräftig in die neue Zeit einfand.

Wir Kinder, meine Schwester und ich, mochten den Bruckner Franz jedenfalls, und als wir erwachsen wurden und uns für Politik interessierten, hatten wir ihn oft »interviewt« oder, wie er es eben nannte, »ausgefragt«. Wir politisierten viel. Wir waren links wie er, wenn auch weniger dogmatisch. Und nicht kommunistisch. Als der Kommunismus sein diktatorisches Gesicht immer deutlicher zeigte und wir darauf hinwiesen, mussten wir erkennen, dass das Politisieren mit unserem Freund Bruckner immer weniger Sinn machte. Nach gröberen Meinungsverschiedenheiten anlässlich des Einmarschs der Warschauer-Pakt-Truppen in die ČSSR im August 1968 vermieden wir politische Diskussionen und konzentrierten uns lieber auf Berichte aus seiner Vergangenheit.

Er war und blieb Kommunist, er glaubte an Stalin, und nichts konnte diesen Glauben erschüttern. Dubček und Gorbatschow betrachtete er als Verräter, die *Perestroika* als einen großen politischen Fehler, und Stalin blieb sein Held. Schließlich hatte ihm Stalin – indirekt durch die kommunistische Partei – das Leben gerettet.

Bemerkenswert finde ich den Umstand, dass seine Frau Ilusch oder Ilonka, die er nach seiner Rückkehr heiratete, gleich im Jahr 1938 der NSDAP beigetreten und bis zum Kriegsende 1945 Parteimitglied geblieben war. Ilusch war nicht frei von antisemitischen Regungen. Sie sprach zum Beispiel von einem Direktor der Feinstahlwerke als einem »Juden, *aber* anständigen Menschen«. Oder von dem Fall eines beliebten jüdischen Arztes in Traisen, der bei »in Not« geratenen Frauen Abtreibungen vorgenommen und sich damit schon in der Zeit der christlichsozialen Diktatur der Gefahr einer Verhaftung ausgesetzt hatte. Die Nazis internierten ihn in Auschwitz, wo er als Häftlingsarzt tätig war.[162] Die anderen Juden im Ort – es war ohnehin nur eine Handvoll – wurden, wenn ihnen die Flucht nicht gelang, deportiert und umgebracht. Das hatte Ilusch hingenommen. Als wäre es selbstverständlich, dass plötzlich Kaufleute, bei denen sie bisher eingekauft hatte, von einem Tag auf den anderen verschwunden waren. Einer aber, das meinte sie zu wissen, habe das Lager überlebt. Er sei von einem Traisener Schulfreund, der bei der SS-Wachmannschaft gewesen sei, gerettet worden.[163]

Viel häufiger erzählte Ilusch von Liebschaften von Frauen des Ortes mit lokalen Nazigrößen und von der Besatzungszeit, als sich Frauen und Mädchen vor den Russen versteckten hatten und – so jedenfalls ihre Schilderung – ständig Angst vor Vergewaltigungen hatten haben müssen. Eine dieser – nicht nur von ihr erzählten – Geschichten betraf die Siedlung und handelte von einem russischen Kommandanten, der Frauen und Mädchen, die sich in einem Hinterhaus versteckten, kraft seiner Autorität in letzter

Minute vor der Vergewaltigung durch »besoffene« Soldaten gerettet hatte. Immerhin gab es auch das.

Ein Kuriosum am Rande ist, dass die Bruckners mit einem Ehepaar aus der Nachbarschaft eng befreundet waren, das politisch völlig gegensätzlich war: er ein Sozialdemokrat, sie eine evangelische Nazi-Anhängerin, die im Krieg als Krankenschwester gearbeitet hatte und bis zuletzt vom Nationalsozialismus überzeugt war. Die beiden Paare spielten jahraus, jahrein Karten miteinander.

Vereint waren die Freunde, wenn sie zusammen auf die Berge gingen: Lettners, Sattlers, Bruckners, Uskowicz, Knallers, Hans Mühlbauer. Später, in der Pension, kamen gemeinsame Urlaube hinzu, man fuhr nach Kroatien ans Meer oder nach Ungarn oder unternahm Ausflugsfahrten mit dem Bus, meist in Verbindung mit einer Bergwanderung.

Franz Bruckner starb am 15. März 1996 kurz vor seinem 88. Geburtstag. Wie alle seine Freunde liegt er auf dem Traisener Friedhof. Jedes Mal, wenn ich zum Grab meiner Eltern gehe, zünde ich auch auf seinem Grab eine Kerze an. Es hat einen wunderschönen Grabstein, einen grünen Schieferblock. Bei seinem Begräbnis wollte seine Witwe, dass die *Internationale* gespielt wird. Die Werkskapelle Traisen, die das Kampflied früher immer in ihrem Repertoire gehabt hatte, hatte nicht einmal mehr die Noten dazu. Iluschs Beharrlichkeit ist es zu verdanken, dass die Noten – ich glaube, in St. Pölten – doch noch aufgetrieben werden konnten. Aber – oh Schreck – die Musiker spielten die Melodie so träge oder hatten so falsch intoniert, dass man glaubte, das Lied »Der gute Kamerad« zu hören. Jedenfalls war lange Zeit nicht erkennbar, worauf es wirklich hinauslaufen sollte. Noch bei Franz Bruckners Begräbnis war also Ironie angesagt – dies eine Ironie der Geschichte –, und ich bin überzeugt, er hätte sich wieder einmal vor Lachen geschüttelt.

# 4. Wiederbegegnung und Enttäuschung (Traisen 2015)

Ich komme inzwischen nur noch selten nach Traisen. Meine Eltern und ihre Freunde sind nicht mehr am Leben. Mittlerweile ist auch mein geliebtes Kindermädchen Käthe im Alter von 98 Jahren, von einer Demenzerkrankung umnachtet, gestorben. Nun sind meine einzigen »noch lebenden« Bezüge zu Traisen meine Freundin Gitti, Käthes Tochter und einige erst vor kurzem wieder aufgetauchte Mitschüler aus der Volksschulzeit.

2015 beschloss ich, im Rathaus nach Archivmaterial über das Wirken meines Vaters zu suchen. Er war ja sowohl in der Ersten als auch in der Zweiten Republik Gemeinderat und von 1961 bis 1968 Bürgermeister von Traisen gewesen. Damals war mir das im neugotischen Stil erbaute Rathaus sehr vertraut gewesen. Fünfzig Jahre später stieg ich mit gemischten Gefühlen in den ersten Stock ins Büro des jungen Bürgermeisters hinauf. Dieser Nach-Nach-Nachfolger meines Vaters trägt den Namen eines seiner ehemaligen Kampfgefährten. Daran ließe sich ein Gespräch anknüpfen, dachte ich, aber merkte sofort das fehlende Wissen über die Dreißigerjahre. Was hatte ich erwartet? Zwischen den Generationen herrschte mittlerweile eine tiefe Wissenskluft.

Aus dem Bürofenster des Bürgermeisters überblickte ich den weitläufigen und noch immer unverbauten Rathausplatz. Hinter dem einstöckigen Volksheim standen die zwei schönen »310er-Häuser«, Zeugen sozialdemokratischer Architektur. In einem davon war ich geboren. Von meiner Traisener Freundin Gitti hatte ich vor kurzem erfahren, dass die Gemeinde überlege, sie abzureißen. Ich wollte das zunächst nicht glauben. Bei meinem Besuch im Rathaus sprach ich den Bürgermeister darauf an.

»Stimmt es, dass ihr die 310er-Häuser abreißen wollt?«

»Ja, da kommt was Neues.«

»Aber warum, die Bausubstanz ist doch gut und die Architektur wunderschön. Es sind immerhin die ersten Gemeindebauten hier und sichtbare Zeichen einer starken Sozialdemokratie.«

Der Bürgermeister schaute mich verständnislos an. »Wir haben das durchgerechnet. Die Renovierung hätte mehr gekostet als ein Neubau. Wir bauen jetzt daneben neue Seniorenwohnungen. Außerdem brauchen wir Parkplätze.«

Architekturdenkmäler waren ihm kein Anliegen. Aber schlimmer: sozialdemokratische Geschichte offenbar auch nicht. Dass ich den Abriss bedauerte, beeindruckte ihn nicht, auch nicht, als ich ihm sagte, dass ich dort geboren sei und wie sehr ich mich in unserer Wohnung wohlgefühlt habe.

Enttäuscht verließ ich sein Büro, um mich einen Stock tiefer den alten Gemeinderatsprotokollen und Fotodokumenten zu widmen. Aber ich konnte mich kaum auf das Material konzentrieren. Wie geht das, fragte ich mich – ein Bürgermeister, der an der Gemeindegeschichte nicht interessiert ist? Die Aufbewahrung der alten Dokumente im Rathaus kam mir ziemlich achtlos vor. Das meiste lag außerdem im Keller, unter dicken Staub- und Schimmelschichten begraben. Offenbar ging niemand mehr nach unten, um etwas zu recherchieren, und was in den Regalen vor Jahrzehnten abgelegt wurde, lag zufällig und unbeachtet da. Der Bürgermeister selbst wusste nicht, um welche Bestände es sich handelte.

Da und dort zog ich einen Faszikel heraus und beseitigte den Schmutz, ehe ich genauer in die einzelnen Mappen hineinsah. Es war nur wenig Material aus den Dreißigerjahren vorhanden. Von 1934 überhaupt nichts. Dennoch stieß ich auf einzelne Spuren meines Vaters. Die Atmosphäre des Kellerraums vertrieb mich bald. »Etwas habe ich doch gefunden«, sagte ich, als ich den Schlüssel zurückbrachte. Ein Nicken, ein freundliches Lächeln einer Mitarbeiterin. Ich hatte den Eindruck, dass es im Rathaus niemanden interessierte, dass im Keller etwas lag. Wurde die Traisener Geschichte, fragte ich mich, und mit ihr auch die einer stolzen Arbeiterschaft, der mein Vater sein ganzes Leben gewidmet hatte, einfach da unten abgelegt wie etwas, das man zwar aufhebt, aber nicht mehr braucht?

Der traurige Zustand des Gemeindearchivs ist ein vielsagendes Zeugnis der politischen Entwicklung. Der Verlust von Geschichtsbewusstsein bedeutet einen Verlust von politischem Bewusstsein. Vielleicht erklärt das, warum bei der Bundespräsidentenwahl 2016 im »roten« Traisen nicht der sozialdemokratische, sondern der freiheitliche Kandidat die meisten Stimmen im ersten Wahlgang erhielt. Ein solches Ergebnis wäre zehn Jahre zuvor hier noch völlig undenkbar gewesen.

Wenn man aus einer bildungsbewussten sozialdemokratischen Familie kommt, schmerzt einen diese Entwicklung, weil man zur Kenntnis nehmen muss, dass nicht nur nicht aus der Geschichte gelernt wird, sondern dass sich ein Großteil der Bevölkerung und selbst sozialdemokratische Politiker nicht mehr mit der Geschichte, der eigenen Geschichte, auseinandersetzen. Die 310er-Häuser waren ein ganz besonderes Symbol der Geschichte Traisens und eines der wenigen architektonischen Schmuckstücke in dem ansonsten wenig ansehnlichen Ort. Als ich das Rathaus verließ, überquerte ich den Platz und blieb lange vor den beiden Häusern stehen. Wie gut, sagte ich mir, dass mein Vater das nicht mehr erleben musste. Dass an ihrer Stelle nun Parkplätze errichtet werden, symbolisiert den Niedergang der sozialdemokratischen Kultur. Was ist aus der Sozialdemokratie nur geworden, fragte ich mich, einer Bewegung, für die mein Vater 1934 bereit gewesen war, sein Leben zu opfern?

## 5. Schatten der Vergangenheit: Gymnasium und Internat in Wien

1959. Ich bin zehn. Die Volksschule habe ich hinter mich gebracht und die Aufnahmeprüfung fürs Gymnasium ist bestanden. Ich möchte in das öffentliche Gymnasium in St. Pölten gehen. Der tägliche Schulweg wäre mit jeweils einer Stunde Bahnfahrt gut zu bewältigen und ich könnte gemeinsam mit einigen meiner Klassenkameraden nach St. Pölten fahren, mit ihnen lernen und maturieren, ohne die vertraute Umgebung, die vertrauten Personen zu verlassen, ohne die gewachsenen Beziehungen abzubrechen. Ich könnte weiterhin meine Nachmittage in gewohnter Freiheit verbringen.

Doch meine Eltern entscheiden sich anders: Meinem Vater erschien dieser tägliche Schulweg für eine unbegleitete Zehnjährige zu gefährlich. Da beiden Elternteilen aufgrund ihrer proletarischen Herkunft eine höhere Schulbildung verwehrt geblieben war, wollten sie ihren Kindern die bestmögliche Ausbildung ermöglichen. Die beste aller Schulen war gerade gut genug. Sie entschieden sich für die als Mädcheninternat geführte Bildungsschmiede *Bundeserziehungsanstalt* (BEA). Sie war bekannt für Disziplin und einen Lehrplan auf hohem Niveau, der neben Latein auch die Fremdsprachen Französisch ab der ersten und Englisch ab der fünften Klasse beinhaltete. Vielleicht spielte auch die Tatsache, dass die BEAs vom berühmten sozialdemokratischen Schulreformer Otto Glöckel gegründet worden waren, eine Rolle.[164]

Bestärkt wurde ihre Entscheidung durch die Tatsache, dass meine ältere Schwester Gerda bereits seit sieben Jahren in der BEA Boerhaavegasse aufgenommen war. Als Gerda zehn war, gab es weder in St. Pölten noch in Lilienfeld ein Gymnasium und daher keine andere Möglichkeit als das Internat in Wien. Was sich bei der älteren Tochter bewährt hatte, musste auch bei der jüngeren funktionieren. Beide Elternteile waren mit ihren anspruchsvollen Berufen beschäftigt und fanden es daher vernünftig, die zweite Tochter ebenfalls der Obhut der bewährten Institution anzuvertrauen.

Ich fühlte mich aber nicht anvertraut. Ich fühlte mich abgeschoben. Vom ersten Tag in der »Anstalt« an hatte ich schreckliches Heimweh und das Gefühl, in einem Gefängnis zu sein. Meine Eltern bauten just in diesem Jahr ihr Haus, umgeben von einem großen Garten. Meine Schwester und ich hatten zusammen ein eigenes Zimmer. Aber nun schoss mir durch den Kopf, das sei jetzt ein Gästezimmer! Ich sollte nicht mehr »zu Hause«, sondern nur noch Feriengast bei meinen Eltern sein.

Ich weinte jeden Tag. Ich war verzweifelt, fühlte mich ohnmächtig und hilflos. Aber wem hätte das auffallen, wer hätte mich verstehen sollen? Meine Schwester bemerkte wohl mein Leid, wusste aber nichts damit anzufangen. »Sie wird sich schon daran gewöhnen«, war alles, was meiner Familie zu meinem Unglück einfiel. Und ich selbst? Ich konnte meinen

Kummer nicht ausdrücken, konnte nicht sagen, was ich wollte. Für mich gab es keinen anderen Weg als den, der mir zugewiesen wurde. Den hatte ich zu gehen, bis zur Matura. Trotz Verständnis für die Beweggründe meiner Eltern verzieh ich ihnen nie, dass sie mich ins Internat gesteckt hatten.

Meine Schwierigkeiten in der BEA begannen gleich am ersten Tag. Ich durfte meinen geliebten Teddybären aus Schaffell nicht mitnehmen. Er war zu groß und entsprach nicht den vorgeschriebenen Maßen für Kuscheltiere, die im Internat erlaubt waren. Genauso vermisste ich meinen geliebten Kater Mieza. Und ich vermisste die verlorene Freiheit. Meine Privatsphäre war mit einem Schlag auf ein schmales Eisenbett in einem großen Schlafsaal reduziert, auf ein Nachtkästchen, einen Holzschrank und einen Schreibtisch in der Studierstube. Eine spartanische Welt.

Das riesige Internatsgebäude war früher eine k.u.k. Offizierskadettenschule gewesen, das sah man ihm immer noch an. Man musste einen endlos langen, finsteren Gang durchschreiten, wenn man vom Schlaftrakt in den Schultrakt oder in den Speisesaal gelangen wollte bzw. musste. Der sogenannte »lange Gang« war im Erdgeschoß, er war fensterlos und schlecht beleuchtet. Ich rannte jedes Mal, so schnell ich konnte, als wäre der Teufel hinter mir her, wenn ich allein durch ihn durch musste. Atemlos, mit wild klopfendem Herzen, kam ich am anderen Ende an. Am Abend war dieser lange Gang besonders furchterregend für mich, vermutlich auch für viele meiner Leidensgenossinnen.

Vier lange Jahre war das mein täglicher Weg, bis wir in der Oberstufe Vierbettzimmer im Schultrakt beziehen durften. In der Oberstufe wurde das Leben erträglicher. Wir wurden, so kam es mir vor, erstmals wie Menschen behandelt – obwohl wir auch als Oberstuflerinnen nur eine halbe Stunde »Ausgang« um die Mittagszeit hatten, die gerade reichte, um im Obstgeschäft oder in der *Aida* einzukaufen oder Schuhe oder Strümpfe zur Reparatur zu bringen.[165] Ansonsten war es uns verwehrt, ohne Begleitung auszugehen.

In der Regel kam mich meine Mutter einmal in der Woche besuchen. Als Prokuristin im *Zink- und Aluminiumwalzwerk Fried. v. Neuman* in Marktl fuhr sie meist am Dienstag mit ihrem Chef ins Wiener Büro der

Firma. Dann erledigten sie geschäftliche Termine bei Banken und gingen mit Geschäftspartnern essen. Zum dienstäglichen Ritual gehörte auch, dass meine Mutter zum Friseur ging und mich besuchte. Ich erwartete sie im Besuchszimmer der Schule im Erdgeschoß und nahm in Empfang, was sie mir mitbrachte. Meistens wünschte ich mir eine Knackwurst und eine Semmel. Es war jedes Mal ein kurzes, förmliches Treffen. Sie erkundigte sich nach meinem Schulerfolg, und ich berichtete pflichtgemäß. Nach einer knappen halben Stunde verabschiedeten wir uns voneinander, und ich blieb wie ein kleines, gezähmtes Wildtier in meinem Käfig zurück.

Als ich in der fünften oder sechsten Klasse war, erklärte sich eine junge, nette Erzieherin bereit, mit uns am 5. Dezember auf die Landstraßer Hauptstraße zu gehen, wo damals junge Burschen als Krampusse verkleidet Kinder und junge Mädchen erschreckten. Wir zogen Hosen an, um unsere Waden vor den Ruten zu schützen, und freuten uns auf das Abenteuer. Die gestrenge Direktorin Antonia Winter sah das anders und donnerte die arme, junge Erzieherin und uns an, als hätten wir ein Kapitalverbrechen begangen. »Ihr habt Hosen getragen!«, warf sie uns vor. »Das schickt sich nicht für junge Damen!« In ihrer Moralpredigt warnte sie uns vor einer Zukunft als verworfene Geschöpfe. Aber damit nicht genug: Unter der strengen Aufsicht unserer Erziehungsleiterin Ondraschek mussten wir die halbe Nacht getrennt voneinander stundenlang auf den eiskalten Gängen der Schule »Strafe stehen«.

Ich empfand die BEA eher als Gefängnis denn als Bildungsanstalt. Frau Winter, die uns diese Strafe aufgebrummt hatte, war nicht nur unsere Direktorin, sondern auch meine Geschichtslehrerin. Sie war durch und durch eine »Christlichsoziale«, nicht bloß im übertragenen Sinn. In der Zwischenkriegszeit hatte sie sogar eine Funktion in der *Vaterländischen Front* bekleidet, wie auch ihr Freund, Inspektor Wolf, der nach 1945 Ministerialrat im ebenfalls »erzschwarzen« Unterrichtsministerium wurde. Nun war Heinrich Drimmel – ein Vertreter des reaktionären Katholizismus, den Julius Raab jovial einen »alten Faschisten« genannt hatte[166] – Unterrichtsminister, und Wolf war unser Schulinspektor. Winter vermittelte uns unmissverständlich, dass Dollfuß ein Märtyrer und eine Art Heiliger sei, dass er das Beste für Österreich gewollt habe und die Nazis zuerst ihn und dann Österreich ausgelöscht hätten. Gegen die »Nazis« wurden wir allerdings immunisiert: Jedes Jahr zum Jahrestag des »Anschlusses« am 13. März wurde uns ein Dokumentarfilm über den Einmarsch Hitlers gezeigt. In Bezug auf die Ablehnung der Nationalsozialisten stimmte das Weltbild meiner Eltern mit dem der Schulleitung überein. Dunkel erinnere ich mich an eine Gedenkveranstaltung anlässlich des Dollfuß-Attentats vom Juli 1934, möglicherweise war es 1964, kurz vor den Ferien. Es wurde ein feierliches Gedenken an den Mörder der Freunde meines Vaters abgehalten. Aber damals begriff ich in meiner politischen Unwissenheit noch nicht das Ungeheuerliche dieses Aktes. Ich wundere mich noch heute, wie mich meine sozialdemokratischen Eltern in diese Schule hatten schicken können. Möglicherweise war ihnen wirklich nicht bewusst, wie reaktionär die Leitung der Schule in Wahrheit war. Es war damals schließlich das einzige Internat, das staatlich und nicht konfessionell geführt war. Die BEA hatte einen guten Ruf. Und im Interesse der Bildung ihrer Kinder taten meine Eltern wie erwähnt alles. Wir mussten zu Hause Hochdeutsch sprechen, darauf legte vor allem meine Mutter allergrößten Wert, auch wenn sie selbst und auch mein Vater Mühe damit hatten. Sie hatten den Ehrgeiz, uns vorurteilsfrei aufwachsen zu lassen, unbelastet von ihrer eigenen Vergangenheit, die von Armut und politischer Unterdrückung geprägt war. Wir Kinder sollten in einer besseren Zeit und einer besseren Welt aufwachsen und es sollte uns an nichts fehlen.

Ich war von meinen Eltern weitgehend im Unklaren über ihre Herkunft und viele ihrer Erfahrungen gelassen worden. Es wurde wenig darüber gesprochen. Auf Fragen antwortete mein Vater stereotyp, dass das Wissen über die Vergangenheit nichts nütze, weil ja jede Generation und alle Menschen ihre eigenen Erfahrungen machen müssten. Sogar meine Mutter, die in Bezug auf ihre Erlebnisse gesprächiger war, vermied es, uns mit ihren Geschwistern und deren Familien zusammenzubringen. Sie wollte nicht, dass wir mit ihren Brüdern und Schwestern, die auch nach dem Krieg noch in zum Teil armseligen Verhältnissen lebten, in Kontakt kamen. Sie selbst allerdings hielt diesen Kontakt und half auch, wenn sie darum gebeten wurde. Wir hingegen sollten in einer heilen Welt aufwachsen. Ihr erschien die Diskrepanz zwischen den sozialen Verhältnissen ihrer Herkunft und dem, was sie für uns wollte, zu groß.

Ich wusste in jungen Jahren zwar ungefähr über die politischen Ansichten meiner Eltern Bescheid; ich wusste, dass mein Vater während meiner Schulzeit Gemeinderat der SPÖ und später Bürgermeister war. Doch dass mein Vater 1934 Februarkämpfer und als Hochverräter verurteilt und eingesperrt war, zu einer Zeit, da meine Direktorin sich bei seinen politischen Erzfeinden engagierte, das wusste ich nicht.

Im Bestreben meiner Eltern, ihre Kinder »geschichtslos« und »vorurteilsfrei« aufwachsen zu lassen, zeigte sich ihr geringes Selbstbewusstsein und Bewusstsein der »Klasse«, der Schicht, der sie entstammten. Warum waren sie nicht stolz auf ihre Herkunft, auf ihre Leistungen, auf ihren Kampf für eine bessere Welt? Unser Wohlstand ist zweifelsfrei auch ihren Leistungen und ihren Kämpfen zu verdanken!

In meinen Augen ist das Klassenbewusstsein von Bürgerlichen da schon viel ausgeprägter. Ich glaube, keine bürgerliche Familie käme je auf den Gedanken, ihre Kinder »vorurteilsfrei« aufwachsen zu lassen. Im Gegenteil: Von Geburt an wird ihnen der Stolz auf ihre Vorfahren und die Familiengeschichte vermittelt, dunkle Flecken werden verschwiegen oder weißgewaschen, denke ich. Kinder aus bürgerlichen Familien, davon bin ich überzeugt, wachsen von Anfang an mit eindeutigen Urteilen und einem ausgeprägten Selbstbewusstsein auf.

Im Nachhinein stellte sich diese von meinen Eltern verordnete, »parsifalische« Unwissenheit als völlig unnütz heraus. Aber ihr Bemühen um eine gute Bildung für ihre Kinder trug Früchte. Die Bildung, die wir in der BEA erhielten, war wirklich gediegen. Die Schule hatte überwiegend gute und teilweise sehr gute Lehrer, wie in meinem Fall meine Französischlehrerin, Elisabeth Pohl, oder meine Musiklehrerin, Gertraud Cerha, die meine Liebe zur französischen Sprache und zur Musik förderten. Meine breite Bildung auf vielen Gebieten und meine guten Fremdsprachenkenntnisse habe ich dieser Schule zu verdanken. Und noch etwas verdanke ich ihr: Ich verliebte mich in die Stadt Wien und wurde zur überzeugten Städterin.

In meiner Pubertät rebellierte ich jedoch mit Lernverweigerung, und meine Eltern reagierten jedes Mal mit derselben Drohung: Dann müsste ich eben eine Lehre machen und arbeiten gehen, wenn ich nicht ordentlich lernte. Dafür hasste ich sie und fühlte mich von ihnen noch mehr im Stich gelassen. Auch wurde mir immer wieder das gute Beispiel meiner Schwester vorgehalten – wie übrigens auch von einigen pädagogisch besonders untalentierten Lehrerinnen. Meine Schwester war hübsch, fleißig und gescheit, neben ihr kam ich mir wie ein hässliches Entlein vor. Dafür hasste ich auch sie.

In diesen Jahren hatte ich nur mich selbst als Stütze. Ich wusste tief in mir drinnen, dass ich gescheit war, dass ich lernen wollte und auch erfolgreich sein würde. Dieses Wissen und mein starker Wille, es ihnen allen »einmal zu zeigen«, machten meine Stärke aus.

Ich muss daran denken, dass sich wohl auch meine Mutter, als sie mit vierzehn Jahren allein in die Handelsschule nach St. Pölten fuhr und bei Frau Fiedler in ein ihr ganz fremdes Milieu kam, sehr allein und minderwertig gefühlt haben muss. Geprägt von der Einsamkeit in ihrer Kindheit und Jugend setzte sie mich, unbewusst, dem gleichen Gefühl von Verlassenheit aus.

Nach acht Jahren kam die Matura. Das Gefühl von Freiheit, das ich danach erlebte, ist schwer zu beschreiben. Ich fühlte mich wie Fidelio aus dem Kerker befreit. Als würde jetzt erst das Leben beginnen. Noch zehn Jahre nach der Matura konnte ich nicht ohne Magenschmerzen an das BEA-Gebäude in der Boerhaavegasse denken. Keine zehn Pferde hätten mich deshalb dazu bringen können, durch diese Gasse zu gehen, obwohl ich am Ende meines Studiums ganz in der Nähe wohnte.

Erst als dreißig Jahre später mein Sohn sich ausgerechnet die BEA als die für ihn richtige Schule aussuchte, verlor das Gebäude, das sich ebenso wie der gesamte Lehrkörper sehr verändert hatte, seinen Schrecken. In dieser neuen BEA erinnerte fast nichts mehr an den Horror meiner Vergangenheit.

Und ich muss noch hinzufügen, dass die Schule auch meine Liebe zur Musik förderte. In der sechsten Klasse bekamen wir eine junge, sympathische Erzieherin, die Cello unterrichtete. Freya Diem und das Cello wurden meine große Liebe. Als sie drei Jahre später nach Afghanistan ging, um dort an einer Musikhochschule zu unterrichten, reichte sie mich an ihren Lehrer, Prof. Kühne, weiter. Ich war damals sehr motiviert und durfte auch nach der Matura als außerordentliche Hörerin fünf Jahre lang bei ihm an der Musikakademie lernen. Ich hatte als Maturageschenk von meinen Eltern ein Cello bekommen, und natürlich wollte ich damals eine große Cellistin werden. Aber ich musste zur Kenntnis nehmen, dass mein Talent dafür nicht ausreichte. Für uns Studenten war es unvermeidlich, dass wir, wenn wir auf unsere Stunde warteten, die letzte Phase des Unterrichts des vorhergehenden Schülers mithörten. In meinem Fall waren es die um zwei, drei Jahre jüngeren Schüler Stefan Gergely und Heinrich Schiff, die ich spielen hörte. Dabei wurde mir klar, dass aus mir keine Profi-Cellistin werden würde, sondern dass ich etwas anderes studieren sollte. Ich hatte erst mit sechzehn Jahren angefangen, Cello zu spielen, viel zu spät für eine Profi-Karriere. Auch Stefan Gergely, der viel besser als ich spielte, kapitulierte letztlich vor dem überragenden Talent Heinrich Schiffs und studierte Chemie. Ich entschied mich für ein Wirtschaftsstudium.

# 6. Mein Studium und die unbewältigte Vergangenheit

Ich interessierte mich immer schon für Politik und wollte die Strukturen und Vorgänge verstehen, die unser gesellschaftliches Leben bestimmten. Schon als Kind bemühte ich mich (vergeblich), die Nachrichten im Radio zu begreifen. Niemand erklärte sie mir damals. Auch später, als Jugendliche, hatte ich Mühe zu verstehen, was in den Zeitungen stand. Vor allem die Wirtschaftsseiten waren mir ein Rätsel. Da ich nach meiner Matura eher links orientiert war, war ich davon überzeugt, dass die Wirtschaftsmächte, in erster Linie die großen Konzerne, die Politik bestimmen würden. Um die Politik und ihre Mechanismen zu verstehen, musste ich mich also mit der Wirtschaft befassen.

Ich inskribierte an der damaligen Hochschule für Welthandel in der Franz-Klein-Gasse, der heutigen Wirtschaftsuniversität. Ich freute mich darauf, selbstbestimmt zu lernen. Das Gefängnis der BEA durfte ich nun eintauschen gegen eine kleine Zimmer-Küche-Wohnung mit WC am Gang, eine typische Bassena-Wohnung am Neubaugürtel. Die Gegend war nicht schön, die Wohnung laut, aber es war mein erstes eigenes Zuhause. Ich konnte tun und lassen, was ich wollte.

Voller Erwartung besuchte ich die Vorlesung über Volkswirtschaft. Nun würde ich der Wirtschaft auf die Schliche kommen, dachte ich. Aber so groß meine Erwartung war, so groß war die Enttäuschung, die ich erlebte. Ein kleines, dünnes Männchen namens Professor Heinrich lief im Hörsaal auf und ab und sprach mit deutschem Akzent über mir völlig unverständliche Dinge. Er hob die ganzheitliche Volkswirtschaftslehre Othmar Spanns in den Himmel und zeichnete ein merkwürdig zünftlerisches Bild von der Wirtschaft, das mir realitätsfern vorkam. Mir schien das näher an Wagners »Meistersingern« als an der wirklichen Wirtschaft. Von Othmar Spann hatte ich noch nie gehört, ich durchschaute die Ganzheitslehre bis zum Ende meines Studiums nicht. Heute weiß ich, dass das kein Fehler war.

Othmar Spann war ein Theoretiker des Ständestaats, eigentlich dessen Ideologe. Und Walter Heinrich, Spanns Schüler und Vertrauter, war Generalsekretär der Heimwehr und der Vaterländischen Front gewesen. 1930 hatte Heinrich den *Korneuburger Eid* verfasst, der zum Sturz des demokratischen Parteienstaats und des Parlamentarismus aufrief. Er soll den Text dem damaligen Bundeskanzler Ignaz Seipel überbracht haben.[167] Auf Spanns Ideologie einer autoritären Staatsführung, wonach nicht die Mehrheit, sondern »das Beste« herrschen sollte, baute Heinrich unter Anleihen bei der katholischen Soziallehre und beim italienischen Faschismus das theoretische Grundgerüst des Ständestaats auf. Für den Publizisten Hellmut Andics waren die beiden geistigen Väter des Austrofaschismus nicht bloß finstere Reaktionäre, die das Volk in mittelalterliche Gesellschaftsformen zurückzwingen wollten.

> Sie suchten eine Lösung der sozialen Probleme des Industriezeitalters gegen die marxistisch-leninistische Ideologie von der Diktatur des Proletariats. Sie landeten dort, wo der aufgeklärte Absolutismus schon eineinhalb Jahrhunderte vorher gehalten hatte: »Alles für das Volk, aber nichts durch das Volk.«[168]

Wie untauglich dieser Lösungsversuch sein musste, hatte die politische Realität in den Dreißigerjahren gezeigt und auch das Missverständnis der politischen Lager offenbart: Das »Beste« mit undemokratischen Mitteln erreichen zu wollen, war ein Widerspruch in sich. Ohne es noch zu ahnen, war ich, wenn auch nur theoretisch, mit einem Konflikt konfrontiert, der meine Eltern damals fast ihre Existenz gekostet hätte.

Im Nachhinein zeigt sich hier der typisch österreichische Umgang mit der Vergangenheit. Walter Heinrich, dieser ausgewiesene Antidemokrat, war 1933 und dann erneut 1949 zum ordentlichen Professor berufen worden, und anstatt die grundlegenden Theorien aus dem Ständestaat ad acta zu legen, hatte er die ganzheitliche Lehre Spanns um die – wissenschaftlich ebenso fragwürdige – »Vorrang- und Leistungslehre« erweitert, indem er ein hierarchisches System von »Hauptleistungen« nach ihrer volkswirtschaftlichen Bedeutung propagierte.[169] In seinen Vorlesungen berief er sich neben Spann auch gerne auf Adam Heinrich Müller, einen reaktionären und antisemitischen Theoretiker des 19. Jahrhunderts, der von einem monarchischen Ständestaat mit patriarchaler Ordnung schwärmte.[170]

Mit dieser rückwärtsgewandten Lehre konnte ich nichts anfangen und hatte von Volkswirtschaft am Ende meines Studiums kaum mehr Ahnung als zu Beginn. Zwar wurde die »Wiener Schule« mit Menger, Wieser und Böhm-Bawerk erwähnt, auch Smith und Malthus waren mir ein Begriff, ich glaube aber, bis zum Ende meines Studiums 1971 die Namen von Schumpeter, Hayek, Mises oder Keynes nie oder bestenfalls am Rande gehört zu haben. Die berühmte österreichische Schule der Nationalökonomie war kein Lehrstoff an der Hochschule für Welthandel!

Dafür lernte ich Buchhaltung und Rechnungswesen, was auch nicht verkehrt war. Dank meiner guten Sprachkenntnisse waren die Wirtschaftssprachen Englisch und Französisch für mich ein Kinderspiel.

Es ist bemerkenswert – und heute kaum mehr bekannt –, dass die österreichischen Hochschulen bis in die Siebzigerjahre generell in einem reaktionären Dornröschenschlaf verharrten. Vom intellektuellen Kahlschlag durch die Emigration bzw. Ermordung vieler jüdischer Intellektueller erholten sich die österreichischen Universitäten lange nicht. Gebürtige Österreicher waren nach England oder in die USA emigriert und hatten an dortigen Eliteuniversitäten Karriere gemacht. So etwa Hans Kelsen, der Schöpfer der österreichischen Verfassung, der Wirtschaftswissenschaftler Ludwig Mises oder die späteren Nobelpreisträger Kandel, Kohn und Hayek. Statt diese wirtschaftswissenschaftlichen Größen zurückzuholen, wurden viele Lehrkanzeln mit ehemaligen Nazis und Austrofaschisten besetzt, denen jegliche internationale Reputation fehlte und die in der Wissenschaftswelt meist bedeutungslos waren. Das war von der ÖVP so gewollt. Dass die SPÖ dem Regierungspartner die Bildungs- und Hochschulpolitik zur Gänze überließ, war ein schweres Versäumnis. Die sozialdemokratischen Regierungsmitglieder erhoben bei all den fragwürdigen Professorenernennungen nach 1945 kein einziges Mal einen Einwand. »Die Interesselosigkeit der linken Reichshälfte am Hochschulwesen«, schreibt Hellmut Andics, »hatte die Universitäten in diesen Jahren zu einem Reservat des konservativen Lagers gemacht.«[171] Dabei ging es um nichts weniger als die intellektuelle Zukunft des Landes.

Der traurige Höhepunkt dieser Entwicklung war die Affäre um Taras Borodajkewycz, der seit 1955 einen Lehrstuhl für Wirtschaftsgeschichte an der Hochschule für Welthandel innehatte. Borodajkewycz war in den Dreißigerjahren ein illegaler Nazi gewesen und hatte sich später nie von seiner Gesinnung distanziert, im Gegenteil. In seinen Vorlesungen äußerte er immer wieder Bewunderung für den Nationalsozialismus und tätigte antisemitische Aussagen. Mein späterer Chef in der Arbeiterkammer, Ferdinand Lacina, damals einer von Borodajkewycz' Studenten, hatte mit seiner Vorlesungsmitschrift den Fall ins Rollen gebracht und damit der Öffentlichkeit vor Augen geführt, welch reaktionärer, menschenverachtender Ungeist an österreichischen Hochschulen immer noch herrschte. Aber es dauerte zehn Jahre, bis daraus Konsequenzen gezogen wurden. 1965, ein

Jahr, bevor ich mein Welthandelsstudium begann, hatte Borodajkewycz in einer Pressekonferenz unter dem Beifall rechter Studenten seine nazistische und antisemitische Gesinnung unverhohlen zum Ausdruck gebracht. Dennoch hielten ÖVP-Politiker, allen voran der damalige Unterrichtsminister Piffl-Perčević und Bundeskanzler Klaus, ihre schützende Hand über ihn. In diesem Klima des Hasses schlug ein vorbestrafter Neonazi, zugleich RFS-Mitglied und Burschenschafter bei der »Olympia«,[172] bei einer Demonstration gegen Borodajkewycz den 67-jährigen ehemaligen Widerstandskämpfer Ernst Kirchweger nieder. Kirchweger erlag zwei Tage später seinen Verletzungen und gilt heute als das erste politische Todesopfer der Zweiten Republik. Erst 1971, als die SPÖ die Regierungsmacht hatte, wurde Borodajkewycz, ein Jahr vor seinem 70. Geburtstag, zwangspensioniert.[173]

Im selben Jahr wurde mit der Einrichtung eines eigenen Wissenschaftsministeriums auch ein wichtiger bildungspolitischer Schritt gesetzt, der für mein Studium, das ich 1971 abschloss, aber keine Auswirkung mehr hatte. Der Schritt signalisierte das neu erwachte Interesse der Sozialdemokratie an Wissenschaft und Forschung. Überhaupt begann in der Ära Kreisky ein fortschrittlicherer Wind durch die verstaubten Hörsäle zu wehen, und die Hochschulen öffneten sich – sehr langsam – für die nächste Generation von Wissenschaftlerinnen und Wissenschaftlern.

Es war mein Pech, dass meine Studienzeit damals bereits beendet und ich sowohl in der Schule als auch an der Universität einer austrofaschistischen Indoktrinierung ausgesetzt gewesen war. Die Kommilitonen an meiner Hochschule waren genauso uninteressant und reaktionär wie die Professoren. Sie waren entweder Söhne oder Töchter von Unternehmern, die mit dem Cabrio vorfuhren und ÖVP wählten, oder sie waren rechte, schlagende Studenten des RFS. Der RFS, der *Ring Freiheitlicher Studenten*, errang damals bei den Hochschülerschaftswahlen an der Hochschule für Welthandel etwa dreißig Prozent.

Für mich war klar, dass ich mich mit Gleichgesinnten offen gegen rechts engagieren musste. Mit einigen linksgerichteten Studenten der benachbarten Hochschule für Bodenkultur, die dort genauso in der Minderheit waren wie linke Studenten an der »Welthandel«, gründete ich einen Marx-Arbeitskreis. Wir nannten uns *Grüne Zelle* (GRÜZE) und trafen uns regelmäßig im katholischen Studentenheim in der Peter-Jordan-Straße. Der *Verband Sozialistischer Studenten Österreichs* (VSStÖ) überließ uns seinen Schaukasten an der »Welthandel«, den er nicht benutzte, und wir starteten unsere politischen Aktivitäten.

Eine unserer ersten Aktionen war ein Flugblatt in Form eines Briefes einer erstsemestrigen Boku-Studentin an ihre Mutter auf dem Land. In dem Brief, der mit »Liebe Mutti …« begann, wurden die rechten Studenten mit ihren weißen Stutzen und braunen Knickerbocker-Hosen verspottet. Die Idee für diese Form des Protests stammte von einem deutschen Studenten, der aus Freiburg nach Wien gekommen war, um Bodenkultur zu studieren. Er hieß Thomas Goldmann, sein Name stand auch im Impressum des Flugblatts. Durch seine Tätigkeit beim *Sozialistischen Deutschen Studentenbund* (SDS) hatte er bereits Erfahrung mit solchen Aktionen.

Das Flugblatt wollten wir vor der Mensa der Bodenkultur, die auch von Welthandelsstudenten gern frequentiert wurde, verteilen. Doch niemand von den höhersemestrigen Boku-Studenten aus unserer Gruppe zeigte sich dazu bereit. Also übernahmen ich als Welthandels-Absolventin und der erstsemestrige Goldmann die Verteilung. Das Flugblatt wurde uns aus den Händen gerissen, und bald summte die ganze Mensa von politischen Diskussionen.

Einige RFS-Studenten kamen mit wilden Gesichtern heraus und herrschten uns an: »Wer ist dieser Goldmann? Den hauen wir kurz und klein!« Ich kann nicht mehr sagen, ob uns diese Worte Angst machten. Heute denke ich an die rechten Studenten in den Dreißigerjahren, die an der Uni regelmäßig für Terror sorgten und schnell ihre Fäuste sprechen ließen. Das hätte leicht auch in diesem Augenblick geschehen können.

Nach dem Studium wollte ich in Volkswirtschaft dissertieren, allerdings an der Wiener Universität und nicht an der verzopften Hochschule für Welthandel. Ich klopfte bei Professor Streissler an – und flog hochkant hinaus. »Welthändler nehmen wir nicht als Dissertanten«, näselte er von oben herab. Ich war zornig, aber was sollte ich machen? Angesichts meiner volkswirtschaftlichen Vorbildung durch Prof. Heinrich und Konsorten konnte ich es ihm nicht einmal verübeln.

Da mich aber nach wie vor die Volkswirtschaft und nicht die Betriebswirtschaft faszinierte, beschloss ich, mich in der Arbeiterkammer um einen Halbtagsjob zu bewerben und daneben an meiner Dissertation zu arbeiten. Noch ein anderes Ereignis bestärkte mich darin: Ich nahm damals jede Gelegenheit wahr, um Cello zu spielen, und so spielte ich eines Nachmittags mit zwei alten Herren in einer gutbürgerlichen Wohnung im sechsten Wiener Bezirk Kammermusik. Es war kurz nach Kreiskys Wahlsieg 1970. Nachdem wir Klaviertrios von Beethoven gespielt hatten und bei Kaffee und Kuchen saßen, wurde es politisch. Es stellte sich heraus, dass beide Herren alte Nazis waren. Einer der beiden schimpfte über Kreisky und sagte unter beifälligem Nicken des anderen, dass man ihn an einem Laternenmast aufhängen sollte. Ich war derart vor den Kopf gestoßen, dass ich aufstand und mit zitternden Knien das widerliche Nazinest verließ. Am nächsten Tag bewarb ich mich in der Arbeiterkammer.

Ich war nicht die Einzige. Die Halbtags- oder Volontärsjobs waren unter Studenten, die sich ihr Studium finanzieren mussten, sehr begehrt, man musste sich sogar einer Aufnahmsprüfung unterziehen. Mein Prüfer war Erwin Weissel, der Sohn des 1934 hingerichteten Floridsdorfer Schutzbundführers Georg Weissel. Er war Sekretär in der Wirtschaftswissenschaftlichen Abteilung (WWA) der Arbeiterkammer Wien und Universitäts-Dozent für Volkswirtschaft, der erste linke Ökonom an der Universität Wien. Uns war damals nicht klar, dass hier der Sohn eines Schutzbündlers die Tochter eines Schutzbündlers zwecks Aufnahme in eine der intellektuellen Hochburgen der Arbeiterschaft prüfte.

Ich bestand und war stolz und glücklich, in der Arbeiterkammer zu sein. Endlich war ich in einem Biotop, das mir entsprach und wo ich mich entwickeln und weiterlernen konnte. Die langen Schatten aus der Vergangenheit meiner Eltern, die meine Schul- und Studienzeit überlagert hatten, verblassten allmählich.

# 7. Die Arbeiterkammer

1971 begann ich meine berufliche Laufbahn in der AK. Zunächst arbeitete ich nur halbtags als »Volontärin«, weil ich ja dissertieren wollte. Dann arbeitete ich nebenbei auch noch für ein Buchprojekt von Prof. Eduard März, dem Leiter der wirtschaftswissenschaftlichen Abteilung, und ließ meine Promotionspläne fallen. März hatte bei Joseph Schumpeter in Harvard dissertiert und an amerikanischen Universitäten gelehrt. 1953 war er nach Österreich zurückgekehrt und hatte sich bald als unabhängiger linker Denker in der SPÖ profiliert. Das Thema seines Buches, die Sozialisierung in der Ersten Republik, zog mich sofort in seinen Bann, dabei war mir noch gar nicht bewusst, wie sehr es meine Familiengeschichte betreffen würde.

Ich arbeitete viel in Archiven, überhaupt faszinierte mich das Forschen. Es war ungeheuer spannend, Originalakten mit den Unterschriften Otto Bauers und des Nationalökonomen Schumpeter in der Hand zu halten und die verzweifelte ökonomische Lage Deutsch-Österreichs nach dem Ende des Ersten Weltkriegs fast hautnah nachvollziehen zu können. Geschichte hatte mich schon in der Schule interessiert und wurde damals endgültig zu meiner Leidenschaft. Mir scheint es kein Zufall zu sein, dass ich mich in die Zeit der Jugend meiner Eltern, in die Blütezeit der sozialdemokratischen Bewegung vertiefte.

Ich wühlte mich durch das Finanzarchiv, das in den Siebzigerjahren noch auf dem Dachboden des Prinz Eugen'schen Stadtpalais in der Himmelpfortgasse untergebracht war. Es gab kein Fließwasser. Um meine Hände nach Durchsicht der staubigen Aktenfaszikel zu waschen, goss ich aus einem Emailkrug Wasser in ein altvaterisches Lavoir. Mit Leidenschaft studierte ich die Protokolle der Privatisierungskommission, die 1919 ins Leben gerufen worden war, deren Präsident Wilhelm Ellenbogen war und die 1922 wieder aufgelöst wurde, nachdem die Sozialdemokraten 1920 aus der Regierung ausgeschieden waren. Ich verfolgte die meist erfolglosen Versuche, die Rüstungsbetriebe auf zivile Produktion umzustellen, und die verzweifelten und meist ebenso erfolglosen Unternehmungen der

Regierung, um Kohle aus der Tschechoslowakei zu beziehen, die sie nicht bezahlen konnte. Ich fand – ebenso verzweifelte – Briefe des Außenministers Otto Bauer an die tschechische Regierung und den Schriftverkehr zwischen Joseph Schumpeter, Finanzminister der jungen Republik, und Richard Kola, der – wohl mit Wissen Schumpeters – den Verkauf der Aktien der *Alpine Montan* von der Republik an den Börsenspekulanten Camillo Castiglioni vermittelte. Offenbar wollte Schumpeter mit dem Verkaufserlös die Kohlelieferungen aus der Tschechoslowakei bezahlen. Bauer war darüber erbost. Ich konnte die Dramatik dieser ersten Monate der jungen Republik förmlich spüren. Die Ratlosigkeit der führenden Politiker, die aus den verstaubten Akten sprach, war erschütternd.

Ich arbeitete diese Geschichte, die mir wie ein Krimi vorkam, später detailliert auf. Leider bin ich nicht mehr im Besitz dieser Unterlagen, die Recherche wurde nie veröffentlicht. Als mir 1973 Prof. März das Angebot machte, ganztags für ihn zu arbeiten und mit ihm in die Creditanstalt zu wechseln, wo er die Geschichte des Bankinstituts aufarbeiten und in einem Buch veröffentlichen wollte, entschied ich mich schließlich doch nicht für die wissenschaftlich-historische Arbeit, sondern für die wirtschaftswissenschaftliche und wirtschaftspolitische Tätigkeit in der Arbeiterkammer. Dort war Ferdinand Lacina nach dem Weggang von März Leiter der wirtschaftswissenschaftlichen Abteilung geworden. Ich war lern- und wissbegierig wie meine Eltern.

Ich genoss die täglichen Diskussionen, die beim morgendlichen Kaffeetrinken und Zeitunglesen in unserem kleinen Besprechungszimmer geführt wurden. In dieser Umgebung fühlte ich mich außerordentlich wohl, konnte ich doch, insbesondere von den älteren Kollegen, so viel Neues und Wichtiges erfahren. Einer der interessantesten Menschen, von dem ich lernen und mit dem ich zusammenarbeiten durfte, war für mich Teddy Prager, einst Parteiintellektueller der KPÖ, der jedoch 1969 aus der Partei austrat. Im Austrofaschismus war er von der Schule verwiesen worden, weil er linke Flugblätter verteilt hatte, danach emigrierte er nach England, beendete dort die Schule und studierte an der *London School of Economics* (LSE). Er war mit Joan Robinson, Piero Sraffa, Nicholas

Kaldor, Maurice Dobb und Eric Hobsbawm persönlich befreundet. Bereits in der Emigration hatte er sich im Austrian Center in London mit forschungspolitischen Fragen befasst und 1963 in der Arbeiterkammer das erste forschungspolitische Konzept Österreichs erstellt. Ab 1971 war er forschungspolitischer Berater von Herta Firnberg, der ersten Wissenschaftsministerin Österreichs. Seine Erzählungen und Anekdoten waren faszinierend, ebenso jene von Peter Milford, dem Sohn von Rudolf und Margarete Hilferding, die beide von den Nazis ermordet worden waren. Peter hatte sich nach Neuseeland gerettet, wo er mit seinem Freund Karl Popper in der Armee diente.

Jeden Tag ging ich froh gestimmt in die Arbeit, sie war ein wichtiger und bereichernder Bestandteil meines damals insgesamt sehr erfüllten Lebens. Ich empfand es immer als Privileg, für eine Tätigkeit, in der ich so große Befriedigung fand und bei der ich ständig etwas Neues lernte, auch noch bezahlt zu werden. Diese »Gnade« wird nur wenigen zuteil, und noch weniger sind sich ihrer bewusst und können sie genießen. Fast mein ganzes Berufsleben hindurch habe ich dieses Glück gehabt.

Gemeinsam mit Ferdinand Lacina, Hans Wehsely und später auch Gitti Ederer recherchierten wir im Handelsregister die Eigentumsverhältnisse aller registrierten Kapitalgesellschaften und wussten als Einzige in Österreich, wem welche Unternehmen gehörten. Ziel dieser sehr arbeitsaufwendigen Recherche war eine Studie über das Eigentum an der österreichischen Wirtschaft, die wir schließlich 1991 im Verlag Orac publizierten.[174] Es war die Fortsetzung der Studie über das Auslandskapital von Grünwald und Lacina im Jahr 1967.

Die Entwicklung und wachsende Größe der multinationalen Großunternehmen veranlasste uns, Industrieriesen wie IBM, General Motors, Unilever, Nestlé, IT & T sowie Ölriesen wie Shell, Mobil, Exxon näher zu studieren. 1976 gründeten wir die Vierteljahres-Zeitschrift *Informationen über Multinationale Konzerne* (IMK), die wegen ihres türkisfarbenen Umschlags »Blaue Hefte« genannt wurde. Die Zeitschrift war zwanzig Jahre lang (bis 1995) eine linke, wirtschaftswissenschaftliche und wirtschaftspolitische Diskussionsplattform mit vielen Abonnenten.

Nachdem das erste »Blaue Heft« erschienen war, verließ Ferdinand Lacina, den ich bewunderte und sehr schätzte und der einer der besten Chefs meines gesamten Berufslebens war, die Arbeiterkammer, um im Kabinett von Bruno Kreisky zu arbeiten. Später gehörte er als Verkehrs- und anschließend Finanzminister elf Jahre lang der Bundesregierung an. Nach seinem Abgang aus der AK fungierte ich als Herausgeberin der »Blauen Hefte« und organisierte und redigierte mit viel Freude die Zeitschrift. Auch als meine Kinder Agnes (1979) und Bruno (1981) geboren wurden, betreute ich während meiner Mutterschutz- und Karenzzeiten die Zeitschrift weiter. Ich konnte die Arbeit auch gut von zu Hause aus machen.

Mir und meinem Mann war es wichtig, mein Berufsleben nicht vollständig zu unterbrechen, um nicht aus der Karrierebahn geworfen zu werden. So gab ich zum Beispiel nie meine Positionen in Förderungseinrichtungen und Aufsichtsräten auf, erfüllte weiterhin meine damit verbundenen Aufgaben in vollem Umfang und ging zu allen Sitzungen. Wenige Wochen nach der Geburt meines Sohnes folgte ich im Oktober 1981 Hans Wehsely als Vizepräsidentin des *Forschungsförderungsfonds für die gewerbliche Wirtschaft* (FFF) nach, eine von den Sozialpartnern selbstverwaltete Einrichtung. Ab diesem Zeitpunkt war ich auch für Forschungs- und Technologiepolitik verantwortlich und leitete ab 1986 das dafür zuständige Referat.

So sehr ich meine Arbeit liebte und ernst nahm, war mir Karriereplanung im engeren Sinn mein ganzes Berufsleben lang fremd. Noch als Ferdinand Lacina mein Chef war, wurde mir in den Siebzigerjahren zweimal die Leitung einer Abteilung – einmal die Abteilung Kommunalpolitik, dann die Abteilung Konsumentenpolitik – angeboten. Das wäre jeweils ein schöner Karrieresprung gewesen, mit mehr Ansehen und einem höheren Gehalt. Ich lehnte ab, weil mich die Arbeit inhaltlich nicht interessierte. Einer meiner Kollegen, der diesen Job annahm, machte in der Folge politische Karriere in der Wiener Stadtverwaltung, wurde Stadtrat und maßgeblicher SPÖ-Politiker. Ich habe ihn keine Sekunde lang darum beneidet.

Als Vertreterin der Arbeiterkammer war ich in vielen Aufsichtsräten, ministeriellen Arbeitsgruppen und vor allem in sozialpartnerschaftlich besetzten Gremien tätig. Ich wurde Aufsichtsrätin in der Länderbank, damals eine hoch angesehene und nach der Creditanstalt die zweitgrößte Bank Österreichs. Das Aufsichtsratsgremium bestand aus lauter alten Herren, kaum einer war unter siebzig. Es war damals nicht üblich, vor den Sitzungen Unterlagen zu verteilen; man konnte zwar einige Tage vor der Sitzung einige davon einsehen, doch gab es in der Sitzung selbst immer noch sogenannte »Tischvorlagen«, besonders heikle und riskante Geschäftsfälle, die unter Zeitdruck abzusegnen waren.

Ich war mit dieser Praxis nicht einverstanden. Als Einzige bereitete ich mich gewissenhaft vor, stellte mehr Fragen als alle anderen und machte mir Notizen. Ich saß neben Otto Binder, dem damaligen Generaldirektor der Wiener Städtischen Versicherung, der mich in meiner Gewissenhaftigkeit unterstützte. Aber dem Vorsitzenden des Gremiums, Alois Piperger, wie Otto Binder ein alter Sozialdemokrat und ehemaliger Zentralsekretär der SPÖ, waren meine Fragen und meine Notizen nicht geheuer. Wiederholt wurde ich auf die Vertraulichkeit der Sitzungen hingewiesen. Eines Tages besuchte er mich sogar in meinem Büro in der Arbeiterkammer, um mir die Leviten zu lesen. Ich aber blieb freundlich und standhaft und versicherte ihm, dass ich keine bösen Absichten hegte, sondern im Gegenteil meine Verantwortung für die Bank sehr ernst nähme. Dieses Gespräch und die Fotos meiner Kinder auf meinem Schreibtisch beruhigten ihn doch einigermaßen, und nachdem wir uns eine Weile unterhalten hatten, schieden wir als gute Freunde.

# 8. Sozialpartnerschaft – eine österreichische Besonderheit

Der Grundstein der Sozialpartnerschaft wurde bereits in der Ersten Republik gelegt. Der erste Sozialminister nach der Republikgründung, Ferdinand Hanusch, schuf 1920 mit dem Arbeiterkammergesetz die erste gesetzliche Interessensvertretung der Arbeitnehmer. Er war ein Verfechter der Sozial- und Wirtschaftspartnerschaft, die aber in der Ersten Republik nicht wirklich zum Tragen kam. Nach dem Zweiten Weltkrieg wurde sie aber zu einer bedeutenden Institution in Österreich und dominierte bis in die Achtziger- und Neunzigerjahre den wirtschafts- und sozialpolitischen Diskurs. Ohne Sozialpartner lief nichts in der österreichischen Sozial- und Wirtschaftspolitik, und die Regierung musste bei wichtigen Gesetzen den Konsens mit dem mächtigen Präsidenten des Österreichischen Gewerkschaftsbundes, Anton Benya, und dem Präsidenten der Bundeswirtschaftskammer, Rudolf Sallinger, suchen, wie in den Jahrzehnten davor mit Johann Böhm und Julius Raab.

Die Arbeiterkammer war neben der Wirtschaftskammer und dem ÖGB eine gewichtige Sozialpartner-Organisation. In der Zeit der SPÖ-Alleinregierung in den Siebziger- und noch zu Beginn der Achtzigerjahre stellte die Arbeiterkammer sowohl den Sozial- als auch den Wirtschaftsminister. Meist verständigten sich die Sozialpartner vorab untereinander und schränkten dadurch den Handlungsspielraum der Politik stark ein. Sehr zum Missfallen der damaligen Parteichefs Bruno Kreisky und Alois Mock, denen es nur teilweise gelang, die Macht der Sozialpartner zurückzudrängen.

Eine Besonderheit der Sozialpartnerschaft bestand darin, dass sie eine echte Partnerschaft war und auf einer sehr stabilen Vertrauensbasis beruhte, die keine Koalitionsregierung je erreichte. Das Verhältnis zwischen den Sozialpartnern war von Offenheit geprägt, die Diskussionen waren konstruktiv. Kam einmal kein Kompromiss zustande, trübte das nicht das persönliche Verhältnis der Kontrahenten. Jeder kannte und respektierte die Grenzen des anderen.

Ich wurde in diesem sozialpartnerschaftlichen Gefüge sozialisiert und fühlte mich darin wohl. In der Wirtschaftskammer gab es ebenso interessierte und aufgeschlossene Personen wie auf der Arbeitnehmerseite, und wir pflegten einen partnerschaftlichen, manchmal sogar freundschaftlichen Umgang miteinander. Wir beschäftigten uns mit inhaltlichen und sachlichen Fragen der Wirtschafts- und Sozialpolitik und nicht mit deren politischer Umsetzung. Im Rahmen des *Beirats für Wirtschafts- und*

*Sozialfragen* erstellten wir wissenschaftlich fundierte Studien und erarbeiteten Empfehlungen an die Bundesregierung. Wir waren der Politik nahe, aber nicht in sie verstrickt.

In meiner Funktion als Mitglied des Beirats für Wirtschafts- und Sozialfragen war ich Mitverfasserin vieler Studien und damit verbundener Empfehlungen, unter anderem einer über die Telekommunikationsindustrie, deren technologische Entwicklung und die zu erwartenden Liberalisierungen. Der Zufall wollte es, dass die Studienreise des Beirats im »Schicksalsjahr« 1985, in dem auch die verstaatlichte VÖEST zusammenbrach, stattfand und einen weiteren Pfeiler meines sozialistischen Gedankengebäudes erschütterte. Wie viele Ökonomen war ich damals überzeugt, dass es »natürliche« staatliche Monopole gab und geben sollte und dass bestimmte Bereiche der Infrastruktur, wie etwa das Telefonnetz, ebenso naturgemäß im Eigentum des Staates verbleiben sollten. Für gewisse Bereiche gilt das ja auch heute noch, etwa für die Verkehrsinfrastruktur, für die Wasserversorgung, das Gesundheitswesen, die Altersversorgung und andere soziale Dienste.

Was jedoch auf dieser Studienreise faszinierend war, war die Entdeckung, dass (abgesehen vom politischen Willen, den Markt zu liberalisieren) allein die technologische Entwicklung im Telekom-Sektor den Markt liberalisierte, denn die Entstehung vom Festnetz unabhängiger Dienste wie Mobil- und später auch Internet-Telefonie untergrub das Leitungsmonopol und machte staatliches Eigentum daran schlicht obsolet.

Die Studienreise ging nach Dänemark, Schweden, Finnland und Großbritannien. Ich und meine Mitreisenden, darunter mein technologiepolitisches Pendant in der Wirtschaftskammer, Werner Teufelsbauer, sowie Hannes Farnleitner, späterer Wirtschaftsminister, verfassten Empfehlungen, wie Österreich und die damals noch staatliche Österreichische Post auf die zu erwartenden Markt- und Technologieentwicklungen reagieren sollten. Denn die Marktentwicklungen waren absehbar und ziemlich bedrohlich für unsere in diesem Sektor versteinerten Strukturen. Dass diese Entwicklungen viel schneller eintraten und ihre Auswirkungen viel dramatischer waren, als wir es damals vorhergesehen hatten, gab uns mehr recht, als zumindest mir lieb war, die ich noch gerne an »natürliche« Monopole geglaubt hätte.

Mir wird eine Episode meiner damaligen Bemühungen, einen positiven – und noch dazu rechtzeitigen – Beitrag zum notwendigen Strukturwandel der österreichischen Telekomindustrie zu leisten, immer in Erinnerung bleiben: Eine der Empfehlungen der Beiratsstudie 1985 war, dass sich die Österreichische Post und Telegraphenverwaltung (ÖPT) wie ein Unternehmen (im Unterschied zu einer staatlichen Verwaltung, die sie damals war) organisieren sollte, um den kommenden Anforderungen eines sich entwickelnden Marktes gerecht zu werden. Das schrieb ich auch in ein Memorandum der Arbeiterkammer und löste damit einen Sturm der Entrüstung bei der Postgewerkschaft aus: Der Gedanke, dass sich das *Amt der Post- und Telegraphen Verwaltung*, wie es damals noch hieß, unternehmerische Organisationsstrukturen geben sollte, erschien den Gewerkschaftern verwerflich. Ich dachte ja damals selbst nicht im Traum daran, das Amt in ein echtes Unternehmen umzuwandeln, es sollte nur flexibler, moderner und kundenorientierter werden.

Der damalige Vorsitzende der Gewerkschaft, Norbert Tmej, organisierte in Windeseile 800 Telegramme, die aus allen Bundesländern bei meinem damaligen Chef, dem Arbeiterkammer-Präsidenten Adolf Czettel, einlangten und eine Maßregelung meiner Person forderten. Ich wurde zum Präsidenten gerufen – Czettel beruhigte in meinem Beisein den aufgebrachten Tmej, und ich blieb bis auf weiteres Angestellte der AK. Immerhin bewirkten unsere permanenten Diskussionen mit dem Management der ÖPT, dem wir wohl maßlos auf die Nerven gingen, dass dieses sich schließlich im Jahr 1987 bereit erklärte, die Empfehlungen der Studie umzusetzen und ein Marketing- und strategisches Unternehmenskonzept erarbeiten zu wollen. Ohne es allerdings tatsächlich zu tun.

In den nächsten zehn Jahren wurden die Österreicher Zeugen einer gewaltigen Strukturkrise der Telekom-Branche und der Untätigkeit ebendieser Österreichischen Post- und Telegraphenverwaltung,[175] die schließlich zehn Jahre später, also zu spät, mit einem gewaltigen Schuldenberg von über 50 Milliarden Schilling von der zu diesem Zeitpunkt bereits schuldenfreien Österreichischen Industrieholding AG (ÖIAG) übernommen werden musste. Diese Schulden wären nicht entstanden, hätte die Post rechtzeitig, das heißt zehn Jahre früher, auf die Markt- und Technologieentwicklung reagiert und die Empfehlungen der Beiratsstudie von 1985 umgesetzt. So mussten wie auch bei der Verstaatlichten Industrie die hohen Schulden mittels Privatisierung zurückgezahlt werden. Die ÖIAG spaltete das Unternehmen schließlich in Telekom, Post und Postbus auf.

Die Vorgänge um die einstige staatliche österreichische Post sind ein Lehrbeispiel für zwei Grundprinzipien, die in der Politik wirken:

1. Im langfristigen Interesse der Allgemeinheit (der Staatsbürger) zu handeln, wird meist vom Wähler nicht honoriert und von den Lobbys, die ihre eigenen Interessen verfolgen, oft sogar hintertrieben.

2. Politiker können auf das Kurzzeitgedächtnis der Bevölkerung vertrauen. Sie müssen ihre Entscheidungen selten evaluieren. Letztlich bleibt es Sache der Historiker, die Fakten zu bewerten und Fehlentscheidungen zu benennen, was aber im Nachhinein keine politische Relevanz mehr hat.

Es mag sein, dass Politik die Kunst des Machbaren ist. Wenn aber das »Machbare« sich darauf beschränkt, den Status quo zu perpetuieren, weil aufgrund der Machtverhältnisse nichts anderes »machbar« ist, dann ist Politik uninteressant. Jedenfalls für Menschen, die gestalten wollen. Dann ist die Macht der Politiker nichts als eine Machtillusion. Die populistische Politik, die in letzter Zeit immer mehr die Demokratie beherrscht, hat nur ein Interesse: an der Macht zu bleiben und vorgeblich die Interessen der sie Unterstützenden wahrzunehmen. Das ist in meinen Augen eine unlautere Politik, ohne Inhalt, ohne Gestaltungswillen und ohne Moral.

Für wahrheitsliebende Menschen wie mich, die von Jugend an den Drang verspürte zu gestalten, ist daher die Politik uninteressant geworden. Auch ist der Handlungsspielraum inzwischen mit so vielen sachlich nicht zusammenhängenden Junktimierungen verbunden, dass politische Arbeit keinen Spaß mehr macht. Das einzige Faszinosum, das die Politik immer noch hat, ist der Einblick in die wahren Machtverhältnisse und die Erfahrung, warum etwas wie geschieht. Durch die langjährige Nähe meiner Arbeit zur Politik war mir dieser Einblick immer wieder gegönnt.

Manchmal ist es möglich, eine politische Linie auch gegen den Mainstream der öffentlichen Meinung durchzusetzen. Es war das große Verdienst der Regierung Vranitzky, ab 1987 den EU-Beitritt Österreichs vorzubereiten und die Bevölkerung von den Vorteilen, ja der Notwendigkeit einer Mitgliedschaft in der Europäischen Union zu überzeugen. Mit der erfolgreichen EU-Volksabstimmung 1994 wurden die Mühen dieser Politik belohnt, nicht zuletzt, weil die Bevölkerung sehr deutlich sehen konnte, dass es ein gemeinsames Projekt der beiden sogenannten staatstragenden Parteien SPÖ und ÖVP auf Augenhöhe war.

Die Sozialpartner waren aktiv in diesen Vorbereitungsprozess eingebunden. Als engagierte EU-Befürworterin bestritt ich einige Podiumsdiskussionen zu diesem Thema. Unter den vielen Diskussionen blieb mir eine besonders in Erinnerung: Ich sollte in Linz als Vertreterin der Arbeiterkammer mit Christoph Leitl als Vertreter der Wirtschaftskammer das Für und Wider des EU-Beitritts diskutieren. Wir argumentierten einhellig für den Beitritt Österreichs zur EU und fanden uns einer Zuhörerschaft gegenüber, die mehrheitlich gegen den Beitritt war. Einige Post- und Telekom-Bedienstete argumentierten besonders aggressiv, vor allem gegen mich. Ich nahm es gelassen hin, weil ich darin eine von der Postgewerkschaft gesteuerte Aufregung wegen meiner Empfehlungen erkannte. Leitl war schockiert und überrascht. Er verstand die massive Gegnerschaft nicht. Nach der Diskussion analysierten wir die Gründe für die EU-feindliche Haltung unseres Auditoriums. Damals arbeitete noch etwas mehr als die Hälfte aller unselbstständig Beschäftigten im geschützten Sektor, und es war daher verständlich, dass sich Beamte und Beschäftigte in einem nicht dem Wettbewerb ausgesetzten Sektor von der EU bedroht fühlten. Aber die Durchsetzung des EU-Beitritts und die überzeugende Zustimmung von zwei Dritteln der Bevölkerung zeigte, dass man sehr wohl auch gestalten kann, wenn man eine Vision und Mut hat.

Apropos Vranitzky: Er war der einzige Politiker, der mich je ernsthaft einlud, eine politische Funktion zu bekleiden. Ich war Prokuristin in der ÖIAG, als ich im Café Griensteidl saß und mich auf eine Sitzung im nahen Wissenschaftsministerium vorbereitete. Da klingelte mein Handy, und die

Stimme des Bundeskanzlers fragte mich, ob ich Staatssekretärin bei ihm im Bundeskanzleramt werden wolle, als Nachfolgerin von Caspar Einem, der Innenminister werden sollte. Ich schnappte nach Luft und bekam einen Schweißausbruch. Vorsichtig schaute ich mich um, ob die anderen Kaffeehausbesucher gehört haben könnten, was Vranitzky mich da eben gefragt hatte. Eigentlich wollte ich ihm sagen, dass ich gerade nicht sprechen könne, ihn zurückrufen würde. Aber das wäre natürlich unhöflich gewesen. Also flüsterte ich in mein Handy, dass ich nicht glaubte, das machen zu wollen und dass ich mich in meinem derzeitigen Job in der ÖIAG sehr wohlfühlte. Er war am anderen Ende der Leitung – physisch saß er ja am Ballhausplatz sozusagen um die Ecke – etwas konsterniert und bat mich, meine Entscheidung bis morgen zu überdenken und sie auch mit meiner Familie zu besprechen.

Es blieb bei meiner Ablehnung. Ich hatte damals einen interessanten und spannenden Job in der ÖIAG mit großem Gestaltungsspielraum. Außerdem, sagte ich Vranitzky, hätte ich keine Ahnung vom Beamtendienstrecht, was nicht gelogen war. Das Beamtenwesen interessierte mich inhaltlich nicht, und die Politik reizte mich kein bisschen. Mir tat es nur leid wegen Vranitzky, den ich sehr schätze. Er war und ist ein anständiger und tüchtiger Politiker mit aus meiner Sicht richtigen politischen Ansichten und Haltungen. Wenn man einmal Nein sagt, wird man nie wieder gefragt.

## 9. VÖEST-Krise und Entpolitisierung der Verstaatlichten Industrie

1985 erschütterte ein industriepolitisches Erdbeben nicht nur meinen Glauben an die Verstaatlichte Industrie. Die *Vereinigten Österreichischen Eisen- und Stahlwerke* (VÖEST), das als unsinkbar angesehene Flaggschiff der Verstaatlichten Industrie, waren aufgrund gescheiterter Spekulationen im Ölhandel praktisch konkursreif. Das Management hatte versucht, die operativen Verluste, die infolge der internationalen Stahlkrise und falscher Diversifizierungsentscheidungen entstanden waren, durch Spekulationsgeschäfte auszugleichen, ohne ihren Eigentümer, die Österreichische Industrieholding AG (ÖIAG), darüber in Kenntnis zu setzen. Der Schock und der Vertrauensverlust, den dieses Ereignis bei den verantwortlichen Eigentümervertretern auslöste, waren gewaltig und deren Reaktionen entsprechend drastisch.

Der damalige Minister für öffentliche Wirtschaft und Verkehr, Ferdinand Lacina, wechselte in einer Strafaktion mit einem Schlag den gesamten VÖEST-Vorstand aus, entmachtete die Betriebsräte und setzte Manager aus der Privatwirtschaft in VÖEST und ÖIAG ein. Lacina leitete als sozialistischer Minister mit diesem Tabubruch eine Trendwende in der Haltung der Sozialdemokratie gegenüber der staatlichen Wirtschaft ein, denn er signalisierte damit das Aufgeben des (partei-)politischen Einflusses.

Die Politik, die jahrzehntelang ihre Eigentümerfunktion missverstanden hatte, indem sie in einem System des Proporzes der beiden großen Regierungsparteien Einfluss auf Personalbesetzungen nahm und den Betriebsräten dadurch viel Macht einräumte, verzichtete nun ostentativ auf jeden politischen Einfluss und versuchte durch Professionalisierung des Managements die Unternehmen auf die richtige Bahn zu bringen. Sie verabschiedete sich vom Dogma der Verstaatlichten Industrie. Es sollten keine Steuergelder mehr in die staatlichen Unternehmen fließen. Diese »Entpolitisierung« kulminierte acht Jahre später im Privatisierungsauftrag der ÖIAG, bei dem ich maßgeblich mitwirkte.

Ich hatte die Ehre, in der entpolitisierten VÖEST einige Monate als Aufsichtsrätin zu wirken, und konnte in dieser kurzen Zeit des Umbruchs feststellen, dass die Manager aus der Privatwirtschaft um keinen Deut besser waren als die der verstaatlichten Unternehmen, im Gegenteil: Sie hatten weniger Erfahrung im Umgang mit einem politischen Eigentümer. Ich begriff damals, dass das entscheidende Kriterium einer guten Führung das Vertrauen zwischen Managern und Eigentümern ist. Aber Vertrauen ist in der Politik sehr selten, und das Dilemma der Verstaatlichten Industrie war, dass nie ein Vertrauensverhältnis zwischen den Eigentümervertretern in der ÖIAG und den Vorstandsdirektoren der von ihr kontrollierten Unternehmen entstanden war. Daher gab es auch selten offene und sachliche Diskussionen über unternehmerische Entscheidungen. Allzu oft mischten sich politische Interessen in unternehmerische. Das ist im Nachhinein schade und hatte zur Folge, dass die Politik – und auch die Bevölkerung – genug hatte von dem »Fass ohne Boden«, in dem Budgetmittel versickerten.

Für mich persönlich war der Schock des Zusammenbruchs der VÖEST einschneidend und veranlasste mich dazu, die Ursachen und Hintergründe zu erforschen. Ich kam zum Schluss, dass der Einfluss der Politik auf Wirtschaftsunternehmen schädlich ist und ein zu großer Einfluss von Betriebsräten nicht nur den Unternehmen schadet, sondern auch der Gewerkschaftsbewegung, da die Partikularinteressen einer privilegierten Funktionärsschicht die generelle Gewerkschaftspolitik zu dominieren drohen. Dass Gewerkschaftsfunktionäre durch Macht und Geld dermaßen korrumpierbar sind, war die fast noch größere Erschütterung meines sozialistischen Glaubens. Konnte ich schon ein Jahrzehnt zuvor am Beispiel der Baugewerkschaft sehen, dass Partikularinteressen einer Gruppe von Arbeitern dem Gesamtinteresse der Arbeiterschaft schaden können, so war ich vom Egoismus und der Verantwortungslosigkeit der Betriebsräte der VÖEST richtig abgestoßen. Wie groß musste erst die Enttäuschung meines Vaters nach dem Krieg gewesen sein, als er Zeuge der Korruption »seiner« Gewerkschaftsfunktionäre in der Niederösterreichischen Gebietskrankenkasse wurde.

# 10. Privatisierung der Verstaatlichten Industrie

Als vier Jahre nach der VÖEST-Krise der Eiserne Vorhang fiel und das kapitalistische Wirtschaftssystem konkurrenzlos den ganzen Erdball erfasste, verbreitete sich damit das neoliberale Credo, dass es kein besseres

Regulativ für die Wirtschaft als den Markt gäbe. Diese Ideologie erfasste damals viele Menschen und machte auch nicht vor sozialdemokratischen Kreisen Halt. Auch ich geriet in die Marktwirtschaftsfalle. Als ich dann in der ÖIAG in den 1990er-Jahren als für die Privatisierung der verstaatlichten Unternehmen zuständige Prokuristin die Börse und ihre Mechanismen entdeckte, erschreckte mich zwar das Fiktive und Spekulative dieses Mechanismus, doch erlag auch ich der Illusion, dass der Kapitalismus das beste Wirtschaftssystem für eine Demokratie sei und ihr am besten entspräche. Die Entwicklung der letzten zwanzig Jahre hat eindrucksvoll das Gegenteil belegt. Die Herrschaft eines unregulierten Finanzkapitalismus hat die Ungleichheit und ihre soziale Sprengkraft in unseren Volkswirtschaften und weltweit in noch nie dagewesenem Ausmaß vergrößert.

Sicherlich trugen auch der Zusammenbruch des Kommunismus 1989 und die Implosion der sozialistischen Volkswirtschaften in Europa, allen voran Russland und der DDR, dazu bei, dass die Entparteipolitisierung der Verstaatlichten Industrie und ihre Privatisierung kein Tabu mehr waren, nicht einmal bei den Gewerkschaften. Die SPÖ war spätestens seit Viktor Klima weitgehend entideologisiert. Vor den Folgen der uneingeschränkten Privatisierung der staatlichen Unternehmen warnten nur noch einige Linke, zu denen ich damals nicht gehörte. Ich denke nach wie vor, dass im internationalen Wettbewerb stehende Unternehmen nicht in staatlichem Eigentum sein müssen, Infrastruktur- und Versorgungsunternehmen aber durchaus. Wichtiger als das Eigentum an Unternehmen ist aber die Regulierung der Märkte, insbesondere der Finanzmärkte. Der Kapitalismus muss von der Politik kontrolliert und reguliert werden, damit er den Menschen dienen kann. Der unregulierte Markt tut das nicht.

1992 wechselte ich von der Arbeiterkammer in die ÖIAG, eine Entscheidung, die mir nicht leicht gemacht wurde, da ich auf alle meine Pensions- und die Abfertigungsansprüche verzichten musste. Aber mein Wunsch nach Unabhängigkeit war stärker. Ich gab die Sicherheit auf, verzichtete auf viel Geld und stürzte mich in eine ungewisse Zukunft. Wie ungewiss diese war, musste ich bald erkennen. Die Regierung hatte nach dem VÖEST-Debakel verkündet, dass die ÖIAG kein Geld bekommen und der Staat keine Haftungen mehr übernehmen würde. Im Jahr 1993 war die ÖIAG praktisch insolvent und saß auf einem riesigen Schuldenberg. Die wirtschaftliche Ausweglosigkeit der ÖIAG spitzte sich gegen Jahresende weiter zu, und am 31. Dezember 1993 beschloss der Nationalrat ein Gesetz, das die ÖIAG verpflichtete, sämtliche Schulden in ihrer Bilanz aus Privatisierungserlösen zurückzuzahlen. Der Staat haftete weiterhin für die bestehenden Schulden, übernahm aber keine neuen Haftungen. Ich glaube, dass damals kein Politiker ernsthaft damit rechnete, dass die dekretierten Privatisierungen wirklich stattfinden und den Staat entlasten würden. Klima und Schüssel schickten Generaldirektor Oskar Grünwald in Pension und verkündeten Anfang des Jahres bei einer Pressekonferenz, dass nunmehr die beiden neuen Vorstandsdirektoren der ÖIAG, Karl Hollweger und Erich Becker, zwei erfahrene Industriemanager, die alleinige Verantwortung für die Umsetzung des Gesetzes trügen. Sprachen's und kümmerten sich nicht mehr darum. Wie eine heiße Kartoffel ließen sie die Verstaatlichte Industrie fallen. Niemand glaubte, dass die Privatisierung ein Erfolg werden könnte. Und wo kein Erfolg winkt, erlischt jedes politische Interesse.

Hollweger und Becker bestellten mich zur Prokuristin und Leiterin des Bereichs Privatisierungen und Beteiligungsmanagement. Zu dritt – mit den anderen Prokuristen waren wir zu fünft – beschritten wir nun neues Terrain und definierten selbst unsere neue Aufgabe. Wir berieten uns mit den besten Rechtsanwaltskanzleien und Investmentbanken und legten die Regeln und Rahmenbedingungen für die zu erfüllende Privatisierungsaufgabe fest. Aufsichtsrat wie Eigentümer respektierten unsere Regeln.

Zum Glück war Österreich mit Jahresanfang 1995 Vollmitglied der Europäischen Union geworden, und wir hielten uns streng an die Privatisierungs- und die Transparenzrichtlinie der EU, die uns auch als Schutz vor politischen Interventionen nützlich waren. Auf diese Weise waren wir sehr autonom in unserem Handeln und verkauften der Reihe nach das Portfolio der ÖIAG. Die großen Unternehmen wie die VA Tech, die VÖEST und den Edelstahlkonzern Böhler-Uddeholm brachten wir Schritt für Schritt in mehreren Tranchen an die Börse. Die kleineren Unternehmen, wie z. B. AT & S oder Schoeller-Bleckmann, verkauften wir an strategische Investoren. Das Portfolio der ÖIAG des Jahres 1993 umfasste 12 Mehrheitsbeteiligungen, die bis 1999 auf nur eine reduziert wurden. Unsere Privatisierungskriterien waren: Die Käufer mussten nachhaltige Ziele mit den erworbenen Firmen verfolgen und bereit sein, langfristig die Beschäftigung zu sichern. Es erfüllte mich mit Befriedigung, dass alle diese Unternehmen florierten und fünf Jahre nach ihrer Privatisierung um 23 % mehr Arbeitnehmer und Arbeitnehmerinnen beschäftigten als zum Zeitpunkt der Privatisierung. Die börsennotierten Konzerne allerdings hatten nach fünf Jahren um 4 % Beschäftigte weniger.

Nach nur drei Jahren hatten wir das uns gesteckte Ziel, die Schulden der ÖIAG durch die Erlöse aus Privatisierungen zurückzuzahlen, erreicht. Der Gesamterlös aus Börsentransaktionen betrug 30,5 Milliarden Schilling, jener aus dem Verkauf an strategische Investoren betrug 6,8 Milliarden. Wir waren stolz auf unsere Arbeit, und nun wurde auch die Politik wieder auf ihre so unerwartet erfolgreiche Privatisierungsagentur aufmerksam. Das Finanzministerium, das sich schon lange von seinen Beteiligungen, die es aus historischen Gründen an allen möglichen Gesellschaften hielt, trennen wollte, nahm die Gelegenheit wahr und beauftragte die ÖIAG mit dem Verkauf dieser Beteiligungen. So verkauften wir zum Beispiel die Bundesanteile an der Salinen Austria AG sowie am Flughafen Wien und an der Timmelsjoch-Hochalpenstraße. Auch hier wehrten wir alle Interventionen erfolgreich ab.

Wenn es Erfolge zu feiern gibt, erwacht das Interesse der Politik und ihr Wunsch, Einfluss zu nehmen. Anstatt den parteilosen Becker und mich als logische Nachfolgerin von Hollweger, der in Pension gehen wollte, zu Vorständen zu bestellen, setzten die Regierungsparteien – in alter Proporz-Manier – zwei ehemalige Politiker, einen roten und einen schwarzen, auf diese Posten. Becker übernahm als Generaldirektor die VA Tech; an meiner statt bestellte der SPÖ-Finanzminister einen alten Polit-Kumpel.

Während meiner Zeit in der ÖIAG hatte ich das schönste Büro meiner ganzen Berufslaufbahn. Ein großes, helles Eckzimmer in der Kantgasse 1 mit Blick auf den Kursalon im Stadtpark. Das Haus war seit dem Krieg der Sitz der Verstaatlichten Industrie, auch als es noch dem Ministerium für Vermögenssicherung gehörte – hier hatte einst Margarethe Ottillinger vor ihrer Verschleppung in die Sowjetunion und auch wieder nach ihrer Rückkehr gearbeitet.

Ganz in der Nähe der Kantgasse steht am Beethovenplatz das Haus, in dem sich das Wiener Büro der Firma Neuman aus Marktl befand, als meine Mutter dort Prokuristin war. Oft dachte ich an sie. Sie war damals in meinem Alter gewesen und ebenfalls Prokuristin. Ich stellte mir vor, wie sie als elegante und erfolgreiche Managerin den Beethovenplatz überquert hatte, so wie ich fast vierzig Jahre später. Als fünfzigjährige Managerin und nicht nur aufgrund der Parallelität unserer Karrieren fühlte ich mich ihr näher als damals in den 1960er-Jahren, als ich im Internat war und sie mich besuchte, sooft sie nach Wien kam.

Mit den Wahlen am 3. Oktober 1999 und der Angelobung der ersten Schwarz-Blauen Regierung in der Geschichte Österreichs am 4. Februar 2000 hatte sich die politische Landschaft deutlich verändert. Im Mai 2000 beschloss das nun von ÖVP und FPÖ dominierte Parlament ein neues ÖIAG-Gesetz, das einen radikalen Umbau der bisherigen Führungsstruktur der Staatsholding zur Folge hatte: Der Aufsichtsrat setzte sich nun nicht mehr aus von der Regierung nominierten Fachleuten zusammen, sondern aus Vertretern der Industrie, die von der Industriellenvereinigung aufgestellt wurden. Der Aufsichtsrat sollte sich aus sich selbst heraus erneuern. Das sollte den Eindruck der Unabhängigkeit von Parteiinteressen erwecken, allerdings hatte die Regierung Schüssel zuvor selbst noch den Aufsichtsrat neu bestellt. In der Folge bestimmte nun de facto die Industriellenvereinigung die Geschicke der ÖIAG und ihrer Beteiligungen. Was nach außen hin als »Selbsterneuerung« verkauft wurde, war in Wahrheit, wie es der langjährige Spitzenmanager Claus Raidl später formulierte, »eine Art Selbstbedienung«. Die neuen Aufsichtsratsmitglieder betrieben »Freundschaftspflege«, eine »Insiderclique« hatte das Sagen.[176] Das führte schließlich zu jenen Verwerfungen, die die österreichischen Gerichte heute beschäftigen.

Die neue Struktur der ÖIAG zeigte aber vor allem eine Veränderung im wirtschaftspolitischen System, die man im historischen Kontext betrachten muss: Die österreichische Privatindustrie, in ihrer politischen Färbung seit jeher schwarz-blau, verfügte nun über die staatlichen Unternehmen. Damit war ein alter bürgerlicher Traum in Erfüllung gegangen. Nach dem Koalitionskrach zwischen ÖVP und SPÖ 1997 anlässlich des Verkaufs der Mehrheit an der »schwarzen« Creditanstalt an die »rote« Bank Austria war dies eine Art Revanche der ÖVP für die damals erlittene Schmach.

Für mich bedeuteten diese Veränderungen einen Einschnitt in meinem Berufsleben. Schon seit längerem wollte ich aus der zweiten in die erste Reihe eines Unternehmens aufrücken. Ich hatte unter Hollweger und Becker viel gelernt und fühlte mich in der Lage, selbst Verantwortung für eine Firma zu übernehmen.

## 11. Wenige Frauen unter lauter Männern

2001 übernahm ich gemeinsam mit einem aus Deutschland geholten Bus-Fachmann die aus der Post ausgegliederte, defizitäre Postbus AG. Die Verantwortlichen, die mich (im Übrigen ausgerechnet am 8. März, dem internationalen Frauentag) zur Finanzvorständin eines als unsanierbar geltenden Unternehmens bestellten, rechneten mit meinem Scheitern und hatten für diesen Fall bereits einen männlichen Nachfolger ins Auge gefasst. Ich bin auch heute noch davon überzeugt, dass ich nie zur Vorstandsdirektorin bestellt worden wäre, wäre der Busdienst ein gewinnbringendes Unternehmen gewesen und hätten sich an meiner Stelle genügend Männer beworben. Dass es mir zusammen mit meinem Team und einer motivierten Belegschaft nach nicht einmal vier Jahren gelang, den Postbus erfolgreich und nachhaltig zu sanieren, war von niemandem erwartet worden. Ein radikaler Strategiewechsel und gelebtes Leadership hatten dieses »Wunder« möglich gemacht.

Als ich in der Folge Finanzvorständin in der ÖBB-Personenverkehr AG wurde – ich sollte den defizitären Personenverkehr sanieren –, veranstalteten die Zeitungen einen regelrechten Medienrummel um meine Bestellung. Ich war die erste Frau im Vorstand der ÖBB. Bei einem Frauenanteil des Unternehmens von fünf Prozent war das tatsächlich eine Sensation. Wieder einmal musste ich mich, wie schon so oft und wie einst auch meine Mutter, in einer traditionellen Männerdomäne behaupten. Wie sie bekam auch ich am Ende meiner beruflichen Laufbahn Schwierigkeiten mit meinen Vorgesetzten.

Meine Mutter musste in den 1920er-Jahren eine Ausbildung für sich erkämpfen, die für sie gar nicht vorgesehen war. Sie sollte nämlich »in den Dienst« und nicht in die Schule gehen. Doch mit ihrem Widerstandsgeist setzte sie für sich das – heute selbstverständliche – Recht auf Bildung durch. Als Frau eines Schutzbündlers und besonders in der Illegalität bewies sie später großen Mut, wofür sie schließlich drei Monate ins Gefängnis musste. Auch in England, als Hausgehilfin, schlug sie sich erfolgreich durch, immer auf ihre Unabhängigkeit bedacht.

Zurück in der Heimat arbeitete sie sich in einem mittelständischen, metallverarbeitenden Unternehmen schnell hinauf, und in schwierigen Phasen stand sie »ihren Mann«. Sie übernahm von den männlichen Führungskräften, die noch alle im Krieg oder in Gefangenschaft waren, deren Aufgaben, und 1945 verhinderte sie, dass Maschinen und Anlagen gestohlen oder von den russischen Truppen abtransportiert wurden. In der Folge machte sie als Prokuristin und Co-Chefin der Firma eine beispiellose Karriere. Sie war nicht nur eine tüchtige und kompetente Buchhalterin und Finanzchefin, sondern sie war auch eine gute Führungskraft, die Entscheidungen traf und Verantwortung übernahm. Sie wurde von ihren Chefs, Kollegen, Kunden, Geschäftspartnern und Mitarbeitern geachtet und respektiert, von manchen auch gefürchtet. Bei ihrem Begräbnis folgten viele Menschen, darunter auffallend viele Männer, ihrem Sarg. In den Grabreden wurden ihre Leistungen und positiven Charaktereigenschaften sowie ihr spektakulärer Werdegang und ihre tiefe Religiosität gewürdigt.

Neben all dem führte sie ihrem Mann, der ein tüchtiger Abteilungsleiter in der Gebietskrankenkasse war, aber in der Küche keinen Finger rührte, den Haushalt; sie war überdies eine hervorragende Köchin. Ich frage mich bis heute, wie sie dieses Arbeitspensum schaffte. Ihr Perfektionismus und Pflichtbewusstsein waren beeindruckend. In all den Jahren ihres Berufslebens verdiente sie mehr als ihr Mann, und das noch dazu in einer Zeit, da der Mann Haushaltsvorstand war und eine Frau dessen Unterschrift brauchte, wenn sie ein Konto eröffnen wollte, und dessen Einverständnis, dass sie arbeiten gehen durfte. Mutter verfügte über ein Dienstauto und chauffierte auch immer selbst. Mein Vater besaß zwar einen Führerschein, überließ aber das Autofahren gerne seiner Frau.

Ich hatte es viel einfacher. Ich musste mir um meine Ausbildung keine Gedanken machen, dafür sorgten meine Eltern. Ich musste auch nicht wie sie Klassenschranken überwinden, trug nicht den Makel der niederen Herkunft an mir. Als Akademikerin hatte ich später einen geebneten Start ins Berufsleben. In diesem allerdings musste ich mir ebenso wie meine Mutter Anerkennung und Respekt erkämpfen. Ich war zwar keine Selfmadefrau wie sie, aber in vielen Positionen und Situationen die einzige Frau in einer von Männern dominierten Berufswelt. Letztere betrachteten mich manchmal als exotisches Wesen, zum Teil mit Irritation, zum Teil ignorierten sie mich oder nahmen mich nicht ernst. Beleidigt hat mich nur einmal einer. Er war der Vorstandsdirektor eines großen Konzerns. Das war ganz zu Beginn meiner Arbeiterkammer-Zeit. Damals war es mir nicht möglich, mich zu wehren, aber zehn Jahr später zahlte ich es ihm mit Zins und Zinseszins heim: Ich stellte ihn im Kreise bedeutender Frauen, darunter Politikerinnen, als Macho und Frauenfeind bloß. Völlig vor den Kopf gestoßen, verließ er fluchtartig die Runde.

Was in den 1970er-Jahren noch als Kavaliersdelikt durchgehen konnte, war das in den 1980er-Jahren nicht mehr. Frauenministerinnen und der Kampf für mehr Rechte für die Frauen hatten die Sensibilität in der Gesellschaft erhöht. Außerdem gab es nun in staatlichen Institutionen mehr akademisch gebildete Frauen. In einer ausschließlich von Männern besetzten Institution wie dem Forschungsförderungsfonds für die gewerbliche

Wirtschaft (wie die Forschungsförderungsgesellschaft damals hieß) musste ich allerdings ein Jahr darum kämpfen, dass der Präsident das Plenum, in dem auch ich Sitz und Stimme hatte, ja sogar dessen Vizepräsidentin war, endlich mit »meine Damen und Herren« ansprach. Oft wurde mir paradoxerweise gesagt, ich sei »der einzige Mann in der Runde«, weil ich in schwierigen Verhandlungen meine Position hielt. Aber warum, frage ich mich bis heute, sollte »wie ein Mann zu sein« ein Kompliment darstellen? Kann einem als Frau nicht zugetraut werden, genauso konsequent und erfolgreich zu handeln?

Ich musste dabei wieder an meine Mutter denken, die eigentlich immer die einzige Frau in einer Männerwelt der metallverarbeitenden Industrie und der Banken gewesen war. Sie verhandelte federführend mit Geldgebern, Lieferanten und Kunden, sie war die treibende Kraft bei vielen geschäftspolitischen Entscheidungen, und ihre Meinung zählte bei personalpolitischen Fragen, bei Neuaufnahmen oder Kündigungen. Sie war die erste Anlaufstelle für das Personal, wenn es Probleme zu lösen und Konflikte zu schlichten gab. Sie hatte den Ruf, streng und in der Regel, wenn auch nicht immer, gerecht zu sein. Und auch sie hatte, wie später manchmal ich, mit einem feindlich gesinnten Betriebsrat zu tun, wobei es in ihrem Fall ein starker, kommunistischer Betriebsrat war, mit dem sie zu kämpfen hatte. Bei der Belegschaft genossen wir beide hohes Ansehen, und wir konnten uns immer des Vertrauens der Kollegenschaft sicher sein. Dennoch stießen wir beide am Ende unserer Berufslaufbahn an Grenzen, die uns andere gesetzt hatten. War es bei Mutter ein Eigentümer- und Chefwechsel an der Spitze der Firma, so war es bei mir die Parteipolitik, die in die ÖBB-Führung hineinspielte.

Frauen in Wirtschaft und Politik befanden sich lange in einer exponierten Position, die keine Fehler erlaubte. Es dauerte Jahrzehnte, bis sie in Führungspositionen ebenso anerkannt wurden, wie ihre männlichen Kollegen, und bis man begann, der Gleichrangigkeit auch sprachlich Rechnung zu tragen. Ich kann mich noch gut an die Vor-Gender-Zeit erinnern, als es noch Frau Minister, Frau Ministerialrat und Frau Landeshauptmann hieß. (So ist es übrigens auch heute noch in Italien üblich.) Während mir im

Inland mit der Zeit Anerkennung und Respekt für meine Leistungen wie für meine Person gezollt wurden, musste ich mich, wenn ich im Ausland zu tun hatte, wieder auf männliche Ignoranz gefasst machen. Ich wurde automatisch als Sekretärin eingestuft, vor allem Franzosen und Italiener erwiesen sich als überaus präpotent. In Skandinavien, England und den USA war das anders, hier waren Frauen in Führungspositionen einfach Normalität.

Ich habe mir damals angewöhnt, in einer frauenfeindlichen Umgebung besonders aggressiv aufzutreten und dem Gegenüber keine Chance zu lassen, seine vermeintliche Überlegenheit auszuspielen. Als ich am Ende meines Berufslebens mit Intrigen und Mobbing konfrontiert war, gelang es mir immerhin, mich nicht als Opfer zu fühlen – dazu verachtete ich die mich bedrängenden Männer viel zu sehr – und mich nach Kräften zu wehren. Damals unterstützten mich die SPÖ-Frauen, auch gegen den Parteiobmann, der nichts in meiner Sache unternahm. Es sprachen mich viele mir völlig unbekannte Frauen an, bei Veranstaltungen oder sogar in öffentlichen Toiletten, um mir für meinen Kampf zu danken. Viele gestanden mir, dass sie selbst Opfer von Mobbing gewesen wären. Schließlich gelang es mir mit Unterstützung des Aufsichtsratsvorsitzenden, eine akzeptable Vertragsauflösung zu erwirken.

Aus meiner Partei erhielt ich damals keinerlei Hilfe, obwohl im Herbst 2006 die SPÖ überraschend die Wahlen gewonnen hatte und das Verkehrsministerium und damit die Aufsicht über die ÖBB wieder in sozialdemokratischer Hand waren. Ich besuchte den neuen Verkehrsminister im alten Regierungsgebäude, in einem Besprechungszimmer, das für mich den Geruch des altmodischen und korrupten Bautenministeriums hatte. Ich saß ihm und seinem engsten Berater, der die ganze Zeit kein einziges Wort sagte, an einem großen Tisch gegenüber. Er tat verbindlich, aber mein Fall interessierte ihn nicht. Es interessierte ihn auch nicht meine Meinung über die ÖBB-Führung. »Warum geht es ihm nicht um die Sache?«, fragte ich mich und konnte mich des Eindrucks nicht erwehren, dass seine Loyalität zu meinen Gegenspielern größer war als die zu seiner Parteigenossin. Später, als der Verkehrsminister Kanzler wurde, musste ich feststellen: Es ging ihm auch nicht um die Ziele seiner Partei. Damals saß mir jemand gegenüber, der einfach an den Dingen, so wie sie waren, nicht rühren wollte. Und der so gar keine emotionale Verbundenheit mit der Geschichte unserer Bewegung hatte. Macht korrumpiert. Da hatte mein Vater schon Recht. Und wer mit der Geschichte nicht verbunden ist, kann auch die Zukunft nicht gestalten.

So wehrlos man in einem solchen Fall auch ist, es gilt, Haltung zu bewahren. Es ist das Wichtigste für Frauen, sich weder als Opfer zu fühlen noch sich in der Öffentlichkeit als Opfer hinstellen zu lassen. Das ist leichter gesagt als getan. Einer meiner ehemaligen Kollegen verstand damals nicht, warum ich nicht kampflos aufgegeben hatte, und fragte mich kopfschüttelnd: »Wieso hast du dir das um Himmels willen angetan?« Mut ist wohl eher Frauen- als Männersache, denke ich inzwischen. Mir ging es damals nicht nur um mich, sondern auch um die Sache der Frauen im Allgemeinen.

## 12. Meine Familie: Proletarisierung und Entproletarisierung

Die Geschichte meiner Familie, die eng mit der Geschichte unseres Landes verwoben ist, umfasst das ganze zwanzigste Jahrhundert von der Endphase der Monarchie bis in die Gegenwart. Die Recherche dieser Geschichte hat mich mit meinen Eltern lange nach ihrem Tod auf neue Weise und in einem unerwarteten Ausmaß verbunden.

Aufgewachsen in den prekären Lebenswelten des Proletariats haben sie den Aufstieg der Arbeiterklasse und deren Projekt einer menschenwürdigen Zukunft mitgeprägt. Sie haben zwei Weltkriege, die Monarchie und zwei totalitäre Regime erlebt; die erste Hälfte ihres Lebens war von Armut, Seuchen, Unterdrückung, Aufstand, Revolution und der Errichtung eines Sozial- und Gemeinwohlstaates bestimmt. Ihre Lebensgeschichte kann in größerem Zusammenhang als Geschichte der Proletarisierung und

Entproletarisierung der österreichischen Arbeiterklasse gelesen werden. Oder als Beispiel für den Aufstieg der österreichischen Arbeiter aus proletarischem Elend zu Bildung und Wohlstand.

Meine Urgroßeltern, väter- wie mütterlicherseits, waren Bauern. Nur ein Urgroßvater, von der Vaterseite in Baumgartenberg, besaß eine Bäckerei, doch konnte diese sein Sohn, mein Großvater, nicht erhalten. Und er konnte seiner Frau, der Bauerntochter Josefa Kaindl, meiner Großmutter, keine gesicherte Existenz bieten. Um die Jahrhundertwende mussten sich beide schließlich als Fabriksarbeiter in Steyr verdingen. Ein sozialer Abstieg, der auch das Milieu und die politische Einstellung veränderte. Denn die bäuerliche Welt, aus der meine Großmutter väterlicherseits stammte, war tief katholisch geprägt und wurde später nationalsozialistisch infiziert.

Meine niederösterreichischen Vorfahren mütterlicherseits waren über Generationen hinweg evangelische Holzarbeiter gewesen. Sie waren im 18. Jahrhundert vor der Gegenreformation aus dem Salzkammergut nach Niederösterreich geflohen und lasen dort im Schutz der Wälder heimlich in ihren Lutherbibeln. Später wurden sie Bauern oder schließlich auch Arbeiter in einer Fabrik. Mein Großvater Karl Reiter aus Mitterbach, der die Bauerntochter Maria Weber aus Annaberg geheiratet hatte, siedelte sich kurz nach der Jahrhundertwende im Industrieort Traisen an, wo er für sich und seine Familie ein kleines Haus am Hang gegenüber der Fabrik baute. Die Proletarisierung der Bauernsöhne und -töchter war vollzogen. Dem Wald und seinem Holz aber blieben sie bis in meine Generation verbunden.

Nach dem Ende der Monarchie wurde die Sozialdemokratische Arbeiterpartei (SDAP) mit ihren sozialen und politischen Reformen und ihrem Bildungsangebot zur maßgeblichen Identifikations- und Projektionsplattform für die jungen Arbeiter. Die Partei war für meinen Vater, Franz Lettner, nicht nur das Tor zu Bildung und einem besseren Leben, sondern auch seine große Liebe. Eine Liebe, der er trotz mancher von ihm nicht geschätzter Veränderungen bis zum Ende seines Lebens treu blieb. Meine Mutter, Wilhelmine Reiter, die als Waisenkind in einem proletarischen und sozialdemokratischen Haushalt aufwuchs, lernte meinen Vater über die

Partei kennen. Ihr unbändiger Wissensdrang sprengte die engen Grenzen ihres Milieus: Sie fügte sich nicht in ihr vorgezeichnetes Schicksal als Dienstmädchen, sondern organisierte sich mit Hilfe des evangelischen Pfarrers eine weiterführende Ausbildung. Beide Elternteile verkörpern den Aufstieg der Arbeiter aus proletarischem Elend, den Fortschritt zu Bildung und Wohlstand.

Diese Entwicklung wurde durch die politischen Verwerfungen am Ende der Ersten Republik erschüttert. Nach den traumatischen Ereignissen im Februar 1934 war für meine Eltern nichts mehr so wie vorher. Zunächst verbrachten sie bis 1938 eine Art Übergangszeit und teilten das Schicksal vieler aus dem sozialistischen Milieu: als Arbeits- und Wohnungslose, als Widerstandskämpfer im Untergrund, als Gefängnisinsassen und, zumindest meine Mutter, als Emigrantin. Während der Nazizeit lebten sie zurückgezogen, hielten sich von Politik fern und unterstützten heimlich vom Naziterror betroffene Familien mit Geldbeträgen.

Nach den Schrecken des Krieges begann eine neue Zeit und mit ihr der soziale Aufstieg meiner Eltern. In dieser Zeit bewältigten sie ihre Abstammung und Vergangenheit auf unterschiedliche Weise. Mein Vater blieb bis an sein Lebensende seiner Herkunft treu. Er blieb materiell anspruchslos, legte keinen Wert auf elegante Kleidung, gutes Essen oder sonstige Luxusgüter. Reisen wollte er sowieso nie. Es war eine Frage der Loyalität zu seiner Klasse: Man bleibt, was und wo man ist.

Meine Mutter hatte weniger Skrupel, ihren sozialen Aufstieg zu genießen. Sie wollte ein Haus mit Garten und schönen Möbeln, gut essen, reisen und schöne Kleider tragen. Damit erreichte sie, was für sie als armes Proletarierkind in den 1920er-Jahren unerreichbar erschienen war, als sie all diese Dinge im bürgerlichen Milieu wahrgenommen hatte, dem sie aber nicht angehörte: bei der Familie des Fabriksbesitzers Lenz in Traisen und in der St. Pöltner Villa von Frau Fiedler. Sie selbst fühlte sich damals in ihrer Armut minderwertig.

Mein Leben begann fast zwanzig Jahre später bereits auf einer höheren sozialen Stufe und entspricht der Fortsetzung der Entwicklung der sozialdemokratischen Arbeiterschaft. Dabei hob sich der Lebensstandard meiner Familie schon bei meiner Geburt von unserem sozialen Umfeld ab: Mein Vater war bereits in der Zentrale der Niederösterreichischen Gebietskrankenkasse in St. Pölten beschäftigt, und meine Mutter stand am Beginn ihrer beispiellosen Karriere als Prokuristin in einem Industriebetrieb mit 500 Beschäftigten, während ihre Nachbarn und Freunde Arbeiter und bestenfalls kleine Angestellte blieben. Aus meiner Volksschulklasse haben außer mir nur drei eine höhere Schule besucht und studiert. Einer davon nur auf Betreiben seiner Lehrer und gegen den heftigen Widerstand seines Vaters, der Eisengießer in der Fabrik war. Dieser Bub ist schließlich Universitätsprofessor geworden.

Mit der Übersiedlung aus der kleinen, heimeligen Wohnung in den von mir so geliebten 310er-Häusern, den ersten Gemeindebauten Traisens aus den 1920er-Jahren, in eine wesentlich größere Wohnung im sogenannten 93er-Haus an der Mariazeller Straße wurde der soziale Aufstieg in ein bürgerliches Umfeld sichtbar. Ich wurde dort allerdings nie heimisch.

Meine Mutter erlebte ich als streng und wenig liebevoll. Sie legte den allergrößten Wert auf die Schulbildung von uns Kindern und ignorierte dabei, dass ich nicht ins Internat nach Wien wollte. Während sie und mein Vater versuchten, die Vergangenheit zu verdrängen, während sie die soziale Aufstiegsleiter erkletterten, holten mich die Schatten ihrer Vergangenheit ein. Der austro- und nazifaschistische Geist wehte noch lange durch meine Schul- und Studienzeit.

Meine Berufsentscheidung für die Arbeiterkammer freute meinen Vater, und für mich war sie genau die richtige. Einerseits verband mich meine Arbeit mit der Klasse, aus der meine Eltern stammten, andererseits bewirkten die tiefen Einblicke in die durch Wohlstand korrumpierte Funktionärsschicht eine kritische Distanz. Im intellektuellen Biotop der Wirtschaftswissenschaftlichen Abteilung der Arbeiterkammer holte ich jenes ökonomische Wissen auf, das ich an der Hochschule nicht gelernt hatte, und machte mich in sozialpartnerschaftlichen Auseinandersetzungen und Diskussionen mit dem politischen System Österreichs vertraut. Obwohl ich seit früher Kindheit unter der Abwesenheit und Distanziertheit meiner Mutter und ihrer großen Strenge litt, bin ich ihr in vielem ähnlich. Als

Managerin und später als Leiterin und Chefin großer Unternehmen trat ich, ohne mir dessen bewusst zu sein, in ihre Fußstapfen. Meine Eltern und ihr Leben haben mich geprägt, ob ich es wollte oder nicht. Diese Erkenntnis trug auch dazu bei, dass ich mich mit ihnen versöhnen konnte.

## 13. Sozialdemokratie einst und Probleme von heute

Im Zuge meiner beruflichen Laufbahn kam ich mit der nie überwundenen Feindschaft zwischen ÖVP und SPÖ in Berührung und erlebte das tiefe Misstrauen, ja die Verachtung, die die »Bürgerlichen«, wie sie mein Vater immer nannte, den »Sozis« gegenüber empfanden und empfinden. Jahrzehntelange konstruktive Zusammenarbeit in großen Koalitionen nach 1945, die das Land Österreich enorm voranbrachten, konnte die DNA beider Parteien offenbar nicht verändern.

Als vor mehr als hundert Jahren die Republik ausgerufen wurde, waren die Sozialdemokraten die Einzigen, die die neue Staatsform wollten und stützten. Die Christlichsozialen, deren Repräsentant Ignaz Seipel Mitglied der letzten Regierung der Monarchie gewesen war, trauerten der alten politischen Wirklichkeit nach. Aber die Monarchie hatte sich aufgelöst, und die revolutionäre Stimmung in der Bevölkerung, insbesondere unter den Arbeiter- und Soldatenräten, machte die Ausrufung der Republik zur alternativlosen Notwendigkeit. Den Sozialdemokraten gelang es, die revolutionären Kräfte zu besänftigen und die Kommunisten in die Sozialdemokratie zu integrieren. Durch eine fortschrittliche Sozialgesetzgebung wurde die Grundlage für einen modernen Sozialstaat sowie die Sozialpartnerschaft geschaffen. Dies war im Wesentlichen das Werk Ferdinand Hanuschs, dem es damit auch gelungen war, eine blutige Revolution zu verhindern. Bis heute sind die Bürgerlichen nicht bereit, dieses große Verdienst der Sozialdemokratie, nämlich einen kommunistischen Umsturz verhindert zu haben, anzuerkennen.

Bis heute bilden die sozialen Reformen, die die Sozialdemokratie 1918/19 durchsetzen konnte, das Fundament des österreichischen Sozialstaats. Die fortschrittlichen Sozialgesetze konnten damals oft nur mit Hilfe des Drucks der Straße im Parlament beschlossen werden, meist gegen den Widerstand der Christlichsozialen, die diese Reformen bekämpften und nur mit Zähneknirschen aufgrund der Machtverhältnisse akzeptierten – die Sozialdemokraten hatten damals die Mehrheit der Bevölkerung hinter sich. Für die nach 1945 Geborenen ist dieser Sozialstaat zu einer Selbstverständlichkeit geworden, die heute niemand mehr in Frage stellt. Im Gegenteil, der Sozialstaat wurde in der zweiten Hälfte des 20. Jahrhunderts sogar noch ausgebaut. Keine politische Partei kam damals auf die Idee, ihn abzuschaffen. Mittlerweile allerdings erodiert er schleichend. Aber wer von den jungen Leuten ist sich dessen bewusst, dass all diese sozialen Errungenschaften, von denen sie heute profitieren, hart erkämpft werden mussten; ebenso wie wer sich dafür eingesetzt hatte, dass wir heute im sozialen Frieden leben können?

Kreisky und seine Regierung – also wiederum die Sozialdemokraten – brachten weitere, längst fällige Reformen und Modernisierungen auf den Weg. Gratisschulbücher, Schülerfreifahrt und freier Universitätszugang ermöglichten auch Kindern aus Arbeiter- und Bauernfamilien, zu studieren und ihre Klassenschranken zu überwinden. Als in den 1970er-Jahren ein Arbeitersohn, der Medizin studierte, und als Arzt im Krankenhaus seinen verunfallten Vater behandelte, rümpfte der Oberarzt die Nase: »Wieso sind Sie mit diesem Mann per du?« Mit der Antwort des jungen Turnusarztes, es handle sich um seinen Vater, hatte er nicht gerechnet. Bis heute feiern, so mein Eindruck, Standesdünkel fröhliche Urstände.

Die ÖVP war so überzeugt, in der Zweiten Republik immerzu die führende Rolle in der Parteienlandschaft innezuhaben, dass sie in ihrem Parteistatut verankert hatte, dass der Bundeskanzler automatisch Mitglied des ÖVP-Parteivorstands war. Was für ein Schock musste für die ÖVP der Wahlsieg Bruno Kreiskys im Jahr 1970 gewesen sein. Schleunigst änderte sie ihr Parteistatut, sonst wäre Kreisky bei den Parteivorstandssitzungen der ÖVP aufgetaucht. Das Selbstverständnis der ÖVP erfuhr mit jeder

Kanzlerschaft eines SPÖ-Kandidaten einen Dämpfer, bis sich dann im Jahr 2000 Wolfgang Schüssel aus der dritten Position in die erste manövrierte, mit der Haider-FPÖ eine Koalition einging und die SPÖ in die Opposition zwang. Nun endlich waren die »Normalität« der Zwischenkriegszeit mit einer »bürgerlichen« Regierung wiederhergestellt und die verhassten Sozis in der Opposition. Dort blieben sie aber nicht. Nach sechs Jahren Schwarz-Blau erhielt die SPÖ wieder die Mehrheit. Auf zwei Jahre Alfred Gusenbauer folgten acht Jahre Werner Faymann und ein Jahr Christian Kern, immer mit der ÖVP als Juniorpartner. Allerdings war die Glanzzeit der Großen Koalition vorbei, und sowohl Inhalte als auch das Parteipersonal hatten auf beiden Seiten an Strahlkraft verloren. Diese Schwäche ausnützend setzte sich Sebastian Kurz an die Macht, um sie, wie es aussieht, zu missbrauchen.

Eine andere Frage ist die nach dem Fundament der sozialdemokratischen Wählerschaft, nämlich die nach der Arbeit: In den 1980er-Jahren begannen die arbeitenden Menschen andere Bedürfnisse zu entwickeln als jene, deren Befriedigung die Gewerkschaften mit der 40- bzw. 38-Stundenwoche abgesichert hatten. Jetzt wollten sie flexiblere Arbeitszeiten und Teilzeitbeschäftigungen. Das Modell der Ganztagsbeschäftigung passte nicht mehr für alle.

Einer der Gründe dafür, dass ich 1992 nach langer Überlegung von der Arbeiterkammer in die ÖIAG wechselte, war die Starrheit der Gewerkschaften. Sie verteidigten den »sozialen Besitzstand« der gewerkschaftlich Organisierten und interessierten sich nicht für die aktuellen Bedürfnisse vieler Arbeitnehmer; für Flexibilisierung der Arbeitszeit und Teilzeitbeschäftigung fühlten sie sich nicht zuständig. Mit dieser Haltung verloren sie Boden an der Basis, und die Mitgliederzahlen gingen zurück. Die Gewerkschaften, in der Vergangenheit treibende Kraft für den sozialen Fortschritt, waren konservativ geworden. »Den sozialen Besitzstand wahren« war nunmehr ihr Credo.

Als dann zur Jahrtausendwende die neoliberale Wende den bis dahin gezähmten Kapitalismus entfesselte, setzte eine zunächst fast unbemerkte Erosion des Sozialstaats ein. Mittlerweile haben sich Zwölfstundentag,

Neue Selbstständigkeit und prekäre Arbeitssituationen immer mehr durchgesetzt, und die Politik unternimmt nichts, um die soziale Situation der EPUs, der oft unfreiwilligen Ein-Personen-Unternehmen, deren Zahl immer größer wird, zu verbessern. Auch wollen viele nicht mehr 38 Stunden in der Woche arbeiten; die Ausgewogenheit zwischen Beruf und Privatleben ist ihnen wichtiger als Karriere und Geld, auch darauf wird sich der Arbeitsmarkt einstellen müssen.

Die Gewerkschaften, aber noch mehr die Sozialdemokratie stehen diesen Herausforderungen weitgehend hilflos gegenüber und haben keine Antworten auf brennende soziale Fragen, die neue Formen der Armut nach sich ziehen und immer mehr auch den Mittelstand in Gefahr bringen.

Hinter der sozialen Problematik steht aber auch eine Krise der Demokratie, und auch hier könnte der Sozialdemokratie eine tragende Rolle zukommen. Schon im 19. Jahrhundert waren die Sozialdemokraten die treibende Kraft in Richtung Demokratisierung. Es ist kein Zufall, dass das Republikdenkmal neben dem österreichischen Parlament die Büsten dreier Sozialdemokraten zeigt: Jakob Reumann, Victor Adler, Ferdinand Hanusch. So wie sich die Sozialdemokratie den Sozialstaat an ihre Fahnen heften kann, ist auch der Wandel zur Republik weitgehend ihr Verdienst. Im Auftrag des sozialdemokratischen Staatskanzlers Renner arbeitete der junge Verfassungsrechtler Hans Kelsen eine demokratische Verfassung aus, die 1920 von allen Parteien beschlossen wurde. Damit war die Grundlage unseres demokratischen Rechtsstaats geschaffen. Leider waren die Parteien nicht reif für eine parlamentarische Demokratie. Sowohl Christlichsoziale als auch Sozialdemokraten waren der Meinung, eine Mehrheit haben zu müssen, um regieren zu können. Vergeblich machte Kelsen sie darauf aufmerksam, dass der Sinn von Demokratie nicht im Recht der Mehrheit zu herrschen liegt, sondern im Schutz der Minderheiten.

Leider wurde Kelsen nicht gehört und wohl auch nicht verstanden. So gesellte sich zur Angst der Bürgerlichen vor einer roten Revolution (eine Angst, die 1918/19 durchaus berechtigt war) deren Hass auf die Sozialdemokratie, die bei allen Wahlen dazugewann und im Parlament unentwegt nervte. Der rhetorisch brillante Exponent der Sozialdemokratie,

Otto Bauer, wurde nicht müde, die Christlichsozialen mit verbalradikalen Phrasen zu provozieren, ohne dass ein strategisches, geschweige denn ein militärisches Konzept dahinterstand. Als die Konservativen (allen voran Seipel) nach dem Debakel des 15. Juli 1927 begriffen, dass die Sozialdemokraten völlig harmlos und als Gegner nicht zu fürchten waren, begannen sie, sukzessive die Schlinge um den Hals der SDAP enger zu ziehen. Bis zum Überfall auf das Arbeiterheim im Hotel Schiff in Linz am 12. Februar 1934, der den Bürgerkrieg auslöste.

Was setzt die Sozialdemokratie heute der Gefahr von rechts und dem fast schon selbstverständlich gewordenen Populismus entgegen? Anstatt sich entschieden gegen demokratiefeindliche Strömungen abzugrenzen, versucht sie heute selbst, mit populistischer Politik ihren schwindenden Einfluss zu wahren. Wäre es nicht besser, sich wieder auf das eigene Parteiprogramm zu besinnen und sich zu vergegenwärtigen, wofür die Sozialdemokratie eigentlich steht?

Manche politischen Entwicklungen der Gegenwart erinnern auf geradezu gespenstische Weise an die Zwischenkriegszeit. Der saloppe Umgang mit unserer Verfassung, Politiker, die einen »egozentrischen, autoritätsfrohen Stil«[177] pflegen, die von rechts geschürte Ausländerfeindlichkeit, ein wieder erstarkender Antisemitismus und die Vorliebe des österreichischen Wahlvolks für »starke Männer« in Krisenzeiten scheinen unsere immerhin noch junge Demokratie zu bedrohen. Ein demokratiefeindlicher Autokrat in Ungarn, eine extreme Rechtsregierung in Italien mit einer postfaschistischen Ministerpräsidentin und rechte Regierungen in Serbien, alle diese Konstellationen an oder nahe Österreichs Grenzen lassen ebenfalls an die Zwischenkriegszeit denken. Es ist zu hoffen, dass die letzten 75 Jahre seit Kriegsende die Demokratie in unserem Land so weit gefestigt haben, dass sie autoritären oder gar faschistischen Tendenzen standhält. Mir ist das ein Anliegen, schließlich haben meine Eltern dafür gekämpft, dass nicht mehr gekämpft werden muss, dass Grundrechte nicht mehr gewaltsam erstritten, sondern in demokratischer Reife ausverhandelt werden können.

# 14. Woher, warum der Hass?

Das politische Gefüge scheint immer mehr auseinanderzuklaffen. Mit der Bildung einer zweiten Schwarz-Blauen Regierungskoalition im Jahr 2017 wurde nachhaltig die Basis einer konstruktiven Zusammenarbeit zwischen Schwarz und Rot zerstört. Dabei zeigte sich, welch starke Vorbehalte im bürgerlichen Lager noch immer vorhanden sind und dass der Hass auf die Sozialdemokratie noch immer nicht Geschichte ist. Der jugendliche, zum Autoritarismus neigende Ex-Kanzler Kurz machte kein Hehl daraus, dass er sich als »Sozi-Hasser« verstand, und erinnerte dabei bewusst an die altvorderen Christlichsozialen der 1930er-Jahre. Obwohl die heutige Sozialdemokratie schon lange nichts Sozialistisches mehr an sich hat, scheint sein Feindbild vom »Sozialismus« unverrückbar. Sein Denken steht in der Tradition von Seipel, Dollfuß, Schüssel und Khol. Die Philosophin Isolde Charim brachte es in einem *Falter*-Gastbeitrag im Februar 2020 auf den Punkt: »Er ist ein eingefleischter Sozi-Fresser, wie er im Buche steht. Nur dass diese Bücher schon etwas älter sind. Er, der doch in allem so modern und up to date, so auf der Höhe der Zeit sein möchte, ist darin erstaunlich aus der Zeit gefallen.«[178]

Das hat mit Kurz' mangelnden Geschichtskenntnissen zu tun, wenn er etwa – damals noch Regierungschef – Sozialdemokraten mit Marxisten gleichsetzt und damit ignoriert, wer Österreich 1918/19 und 1950 vor einem drohenden kommunistischen Putsch bewahrt hat. Dieses Unwissen ist für das hohe Amt erstaunlich – und nicht ungefährlich, setzt es doch den für die Zweite Republik so wichtigen, gleichsam staatstragenden »Geist der Lagerstraße« (also die Einsicht zu Kooperation und Verständigung zwischen den ehemals verfeindeten politischen Lagern) und die Sozialpartnerschaft aufs Spiel. Oder hatte das alles in der Denkweise eines jugendlichen Kanzlers keine Bedeutung mehr? »Es wirkt«, so Charim, »als würde er mit seiner Feindschaft den gesamten Nachkriegskonsens entsorgen wollen.« Dabei entging ihm in seinem Sozi-Hass, dass die Sozialdemokratie längst auf einen anderen Kurs eingeschwenkt war, nämlich den des Kapitalismus und in der Folge des Neoliberalismus. Charim nennt es eine »paradoxe Situation«, nämlich dass Kurz »der vielleicht Einzige ist, der die SPÖ noch als eine sozialistische Partei wahrnimmt«.[179] Würde es etwas helfen, würde man ihm gerne zurufen: »Lernen Sie Geschichte, Herr Kurz!«

Die von der Staatsanwaltschaft im Zuge der Ibiza-Affäre sichergestellten Chatnachrichten haben zutage gebracht, dass die »bürgerliche« Sozi-Verachtung immer noch zum Selbstverständnis der ÖVP gehört: »Ich hasse Kern«, wurde aus Sebastian Kurz' Umfeld gechattet,[180] »Rote bleiben Gsindl!«, hatte die heutige niederösterreichische Landeshauptfrau Johanna Mikl-Leitner, damals Innenministerin, geschrieben.[181] Andreas Khol, ehemaliger ÖVP-Klubobmann und Nationalratspräsident, kann schon lange keine »roten Gfrieser« mehr sehen,[182] und der nunmehrige Ex-ÖBAG-Chef und Kurz-Intimus Thomas Schmid hat Angst davor, mit »einfachen« Menschen zweite Klasse zu fliegen: »Oh Gott. Reisen wie der Pöbel.«[183]

Hass und Verachtung scheinen ungebrochen und flammen dann auf, wenn auch das Demokratieverständnis schwindet und das Parlament missachtet wird. Autoritäre Tendenzen lassen sich in der Kanzlerschaft von Sebastian Kurz deutlich ausmachen: etwa Message Control, Personenkult, Inseratenkorruption; nicht zuletzt sind die offen gezeigten Sympathien für Viktor Orbán ein alarmierendes Zeichen. Das sind allesamt Phänomene, die sich auch in anderen europäischen Ländern zeigen, aber die Art und Weise, wie Kurz etwa die junge ÖVP auf seine türkise Linie einschwor – mit propagandistischen Zeichen und Symbolen –, erinnert an das Atmosphärische totalitärer Strömungen, wie sie im 20. Jahrhundert schließlich zum Untergang der Demokratie geführt haben.

Das haben in Österreich nur wenige von Anfang an durchschaut. Martin Pollack beispielsweise nannte Kurz in einem *Profil*-Interview »unbeleckt« und »skrupellos«.[184] Viele taten sich schwer, Sebastian Kurz ideologisch einzuordnen, ihnen war unklar, wofür er eigentlich stand, gab er sich doch stets politisch sparsam und ideologisch flexibel. Isolde Charim hielt treffend fest, dass man ihm »keine konsistente Ideologie zusprechen kann«[185] – mit Ausnahme der Sozi-Feindschaft.

Für mich war Sebastian Kurz historisch ungebildet und reaktionär, dafür rhetorisch bestens geschult und in sozialer Hinsicht geschickt. Ich betrachtete ihn als echte Gefahr für unsere Demokratie. Irritierend war für mich, dass die alte, schwarze ÖVP fast widerspruchslos mitgemacht hatte. Nicht erst im Nachhinein erscheint es mir verantwortungslos, dass man ihn stützte und gewähren ließ. Haben auch die »alten« ÖVPler schon wieder genug gehabt vom demokratischen Parlamentarismus, so wie ihre Vorfahren in der Ersten Republik? Oder war das, was sie mit Sebastian Kurz verband, einfach der Hass auf die SPÖ? Nach wie vor? Ich habe meine Zweifel, dass sich am eingefleischten Sozi-Hass der nunmehr schwarz-türkisen ÖVP etwas ändern wird, während sie sich, aufgesplittert wie eh und je in Bünde und Bundesländerorganisationen, wieder konsolidiert.

»Sie werden dir nie vertrauen«, sagte einst einer meiner Sozialpartner-Freunde von der Wirtschaftskammer nach einer sehr konstruktiven und offenen wirtschaftspolitischen Diskussion zwischen roten und schwarzen Sozialpartnern Ende der 1980er-Jahre zu mir. »Warum nicht?«, fragte ich erstaunt. »Ich vertraue ihnen doch auch.« Ich hatte nie Schwierigkeiten damit, der anderen Seite, also den Vertretern der ÖVP, Vertrauen entgegenzubringen und im Interesse der Sache auch über den eigenen Schatten zu springen. Mein Gegenüber jedoch lächelte gequält über meine Naivität und antwortete: »Weil es so ist.«

Später musste ich durch eine Reihe von Erfahrungen erkennen, dass er mit seiner Einschätzung leider vollkommen Recht gehabt hatte. Die ÖVP führt mehr oder weniger ungebrochen den Klassenkampf der Zwischenkriegszeit fort, indem sie die Sozialdemokraten hasst und ihnen misstraut. Interessant ist, dass die Sozialdemokraten diesen Hass nicht erwidern. Sie sind mitunter durchaus bereit, sich mit der zweiten Position zufrieden zu geben und auch den »Schwarzen« Vertrauen entgegenzubringen – wie schon erwähnt, auch ich lange Zeit. Es ist ein ungleiches Verhältnis, wie es auch das Verhältnis zwischen Christdemokraten und Sozialdemokraten in der Zwischenkriegszeit gewesen war, bis etwa 1927, längstens bis 1932, als die Christdemokraten unwiderruflich den Weg zum Bürgerkrieg einschlugen. Bis dahin hatten immer wieder Gespräche zwischen den Parteien stattgefunden. Sogar bis 1934.

Ich habe lange gebraucht, um das zu begreifen. Seit ich weiß, dass Menschen wie meine Eltern für Vertreter des bürgerlichen Lagers nichts als »rote Banditen«, »rotes Gsindl«, »rote Gfrieser« sind, mache ich mir in gesellschaftspolitischer Hinsicht Sorgen. Welches Geschichts- und Demokratieverständnis muss hinter einer solchen Sicht stehen? Und was bedeutet das für die politische Zukunft?

## 15. Die Bedeutung der Geschichte

Am 1. Juni 2022 wurde im Bruno-Kreisky-Forum für internationalen Dialog die Autorin Eva Menasse für ihren im Jahr davor erschienenen Roman *Dunkelblum* ausgezeichnet. Eine der beiden Laudatorinnen war die damalige Vorsitzende der SPÖ, Pamela Rendi-Wagner. Sie sprach über Demokratie und die Bedeutung von Geschichte. Die Zeit nach 1945 hob sie als großartigen Neubeginn der Republik hervor, während die Erste Republik, so ihre Worte, eine Geschichte des Scheiterns gewesen sei. Nun gut, die Republik ging zugrunde, aber die Reformen der Sozialdemokratie, etwa 60.000 moderne und leistbare Wohnungen allein in Wien, eine moderne Sozialgesetzgebung, Mitbestimmung, ein fortschrittliches Schul- und Gesundheitswesen – das sind keineswegs Symbole des Scheiterns.

Ich fragte die Parteivorsitzende nachher, wie sie das gemeint habe. Ich zählte ihr die Leistungen der Ersten Republik – Leistungen der Sozialdemokratie! – auf und versuchte, ihr verständlich zu machen, dass all das nicht nur ein Scheitern gewesen sei, sondern dass diese weitsichtigen Leistungen den Erfolg der Zweiten Republik ausmachten und dass mit ihnen der Grundstein zu einem demokratischen, sozialen Österreich gelegt worden sei. Ich weiß nicht, ob sie mich verstand, vielmehr hatte ich das Gefühl, dass im Wechsel der Generationen etwas verloren gegangen war, nämlich das Wissen um die eigene Geschichte.

Anlässlich des hundertjährigen Jubiläums der Republikgründung 2018 erschienen zahlreiche einschlägige Bücher. Die Titel dieser Bücher sehen für die Erste Republik Begriffe wie »verzweifelt«, »umstritten«, »erkämpft«, »umkämpft«, »verspielt«, »gefeiert« vor. Möglicherweise trifft keine oder treffen alle Bezeichnungen zu. Manche Titel sind aber schlicht und einfach falsch, wie zum Beispiel: »*100 Jahre Republik 1918–2018*« von Heinz Fischer (der es eigentlich besser wissen müsste) oder »*Die Republik Österreich 1918–1938. Das Provisorium*« von Lothar Höbelt (der es nicht besser weiß). Abgesehen davon, dass die Erste Republik zunächst »Republik Deutsch-Österreich« hieß, endete sie mit der Auflösung des Parlaments im Jahr 1933. Man sollte die Zeit der austrofaschistischen Diktatur, also die Jahre 1933 bis 1938, als die demokratische Verfassung außer Kraft gesetzt war, nicht als republikanische Ära ausweisen. Diese Ungenauigkeiten in der Definition bezeugen, dass die Dollfuß/Schuschnigg-Diktatur im Geschichtsbewusstsein der Österreicher noch immer keinen festen Platz gefunden hat. Und auch die Diktatur der Nationalsozialisten wird, was einer (wenn auch unbewussten) Verharmlosung gleichkommt, meist nur als »Nazi-Zeit« bezeichnet, als wäre diese für einen unglaublichen Massenmord verantwortliche Schreckensherrschaft nur eine von vielen Zeiterscheinungen unserer jüngeren Geschichte gewesen.

Unwissenheit und mangelndes Geschichtsbewusstsein führen zu gefährlichen Relativierungen. Leider nehmen sie in unserer Gesellschaft, auch in der Politik, zu. Gerade Sebastian Kurz hat in seinen Urteilen oft genug historische Unkenntnis unter Beweis gestellt, das mag seiner jugendlichen Unerfahrenheit geschuldet sein. Andererseits frage ich mich, ob Ahnungslosigkeit und Halbwissen bis hin zur Lüge nicht schon zum politischen Geschäft gehören, weil sich damit das Volk leichter manipulieren lässt.

Ich habe noch gut im Ohr, wie Bruno Kreisky einst einen ORF-Journalisten belehrte: »Lernen S' a bisserl Geschichte, Herr Reporter!«[186] Dabei war es ein sozialdemokratischer Redakteur, der diese Maßregelung nach einer Ministerratssitzung im Februar 1981 über sich ergehen lassen musste. Kreisky war damals erbost gewesen, dass sich die ÖVP in einer tagespolitischen Frage direkt an den Bundespräsidenten gewandt hatte, damit dieser quasi ein Machtwort spreche. Das bedeutete in den Augen Kreiskys, der das Ende der Ersten Republik hautnah miterlebt hatte, eine Missachtung des Parlaments und der Verfassung. Im Pressefoyer verglich er daher den Vorgang mit den Dreißigerjahren, was der erwähnte Redakteur in Frage stellte. Kreiskys darauf folgende Zurechtweisung wurde legendär, und sie ist im Grunde nicht verwunderlich. Er wusste, wie wichtig die Kenntnis geschichtlicher Ereignisse für das politische Handeln ist.

Zurück zur Auszeichnung von *Dunkelblum*: Der nun folgenden Rede Eva Menasses hatte ich mit den gerade geschilderten Gedanken im Kopf zugehört. Die Autorin bezeichnete die Nicht-Aufarbeitung eines traumatischen geschichtlichen Ereignisses als »klaffende Wunde«. Und genau die verspürt man noch nach so vielen Jahren. So wie die Ermordung von fast 200 Juden in Rechnitz im Jahr 1945 sind auch der brutal niedergeschlagene Arbeiteraufstand und die Hinrichtung von neun Widerstandskämpfern eine klaffende Wunde im historischen Gedächtnis. Und zwar nicht, weil etwas nicht aufgeklärt worden wäre, sondern wegen der konsequenten Verdrängung durch die damals Verantwortlichen und ihre Nachkommen, durch ÖVP und SPÖ gleichermaßen, die ängstlich darauf bedacht waren, die Ereignisse unter dem Teppich zu belassen.

Keine der beiden Parteien setzte sich jemals ernsthaft mit den Gründen und Hintergründen des gegenseitigen Hasses auseinander. Beide wollen lieber den Mantel des Vergessens darübergebreitet lassen und pflegen stattdessen ihre jeweiligen Mythen und Säulenheiligen: Dollfuß als der von den Nationalsozialisten ermordete Märtyrer, der für die Sozialisten aber immer nur der Arbeitermörder sein wird, und Otto Bauer als unantastbarer Theoretiker der Linken und bolschewistischer Gottseibeiuns für die Bürgerlichen. Dass der eine ein antisemitischer Faschist und Antidemokrat war und der andere ein illusionistischer Denker und glückloser Realpolitiker, der im entscheidenden Augenblick vor der Verantwortung flüchtete, steht auf einem anderen Blatt. Einem Blatt, das noch geschrieben werden muss, ja das von den Nachkommen der damals Verantwortlichen auch *unterschrieben* werden sollte. Beide Parteien, SPÖ und ÖVP, haben – wie

Heinz Fischer es formulierte – aus der Geschichte gelernt, aber sie haben nicht Geschichte gelernt.

Geschichte lernen bedeutet, Fehler wie Heldentaten der damals agierenden Personen zu analysieren und zu verstehen versuchen und – vor allem – sie anzuerkennen als das, was sie waren: als Heldentaten und als Fehler. Es bedeutet, der Wahrheit so nahe wie möglich zu kommen. Nur die Wahrheit kann heilen.

## 16. Tabu Bürgerkrieg

Aber zur Wahrheit braucht es Mut. Bis heute gibt es kein gemeinsames Erinnern der beiden ehemaligen Großparteien ÖVP und SPÖ. Auf dem Wiener Zentralfriedhof steht seit 1948 das Mahnmal für die »Opfer für ein freies Österreich 1934–1945«. Es ist kein eindeutiges Mahnmal für den Februar 1934, sondern vereint die Opfer des Austrofaschismus mit den Opfern des Nationalsozialismus. So verwässert man die spezifische, eigene Schuld mit einer größeren, anonymen Schuld. Und so lässt sich Unangenehmes besser verdrängen.

Vor diesem Denkmal reichten sich am 12. Februar 1964 zum ersten Mal nach dem Krieg die Parteivorsitzenden der ÖVP und der SPÖ die Hand. Der Handschlag von Alfons Gorbach und Bruno Pittermann, ein »Handschlag über die Gräber hinweg«, hatte symbolhafte Bedeutung, aber der Zweck war nicht Aufarbeitung der Geschichte durch Einbekenntnis der Wahrheit, sondern der Wunsch, die Vergangenheit ruhen zu lassen und zu vergessen. Ein sehr österreichisches Verlangen.

Danach kam es fünfzig Jahre lang zu keinem gemeinsamen Gedenken mehr. Erst am 12. Februar 2014, achtzig Jahre nach dem Bürgerkrieg, versammelten sich Mitglieder der Bundesregierung vor dem Denkmal »Opfer für ein freies Österreich«, Bundeskanzler und SPÖ-Vorsitzender Werner Faymann und Vizekanzler und ÖVP-Parteiobmann Michael Spindelegger legten einen Kranz nieder. War auch das nur eine symbolhafte Aktion? Ich erinnere mich an den Beifall, auf den dieses Gedenken beim »Geschichtslehrer der Nation« Hugo Portisch stieß. Er sprach von einem »Signal, dieses hasserfüllte Gegeneinander nicht wieder aufkommen zu lassen«.[187] Gleichzeitig revidierte er den Mythos der »geteilten Schuld«, bisher eines der Dogmen der Zweiten Republik, und rechnete der ÖVP 70 Prozent der Schuld zu. Damals prangte immer noch das Dollfuß-Porträt im Parlamentsklub der ÖVP. Portisch meinte, dass die Hauptverantwortung für die blutigen Ereignisse das Dollfuß-Regime trage, bewaffnet aber hätten sich beide Seiten. Kann man eine Schuld in 70:30 teilen? Mein Vater hätte sich wohl darüber empört.

Vielleicht wurde die Auseinandersetzung auch dadurch erschwert, dass man immer die Schuldfrage auf beide Parteien verteilte und die SPÖ dem nicht entschieden widersprach. Das würde auch erklären, warum sie im Jahr 2011 das Aufhebungs- und Rehabilitierungsgesetz, das Historiker vehement und Politiker gar nicht gefordert hatten, nur widerwillig mitbeschloss. Immerhin zeigt das: Auch die SPÖ hat ein hohes Maß an Aufarbeitung nötig. Auch sie müsste den Geschichtsunterricht nachholen und ebenso für die Fehler ihrer Vorgängerpartei einstehen. Aber alle Versuche wurden bisher gleich im Keim erstickt. Als Norbert Leser schon in den 1960er-Jahren die Politik Otto Bauers meines Erachtens völlig zu Recht kritisierte, fiel er bei der Parteiführung in Ungnade und wurde als »Rechter« bezeichnet. Otto Bauer und seine verunglückte Strategie waren damals (und sind es nach wie vor) tabu.

Heute verlangt niemand von der ÖVP, die Schuld für das Beschießen von Arbeiterwohnungen und die Hinrichtung von Schutzbündlern auf sich zu nehmen. Da es sich um eine historische Schuld handelt, müsste die ÖVP einfach nur die Verantwortung als Nachfolgepartei übernehmen. Wenn sie sich zu Dollfuß bekennt, müsste sie sich endlich auch zu dieser Verantwortung bekennen.

2017 wurde das umstrittene Dollfuß-Porträt, das so lange in den Klubräumen der ÖVP hing, als »Leihgabe« in das Museum Niederösterreich verbracht. Wäre es zu viel verlangt, endlich einmal auch »Es tut uns leid« zu sagen? Und sich von jenem seltsamen Reliquienkult zu verabschieden, wie er im niederösterreichischen Texingtal, dem Geburtsort von Engelbert Dollfuß, offenbar bis heute betrieben wird?[188] Zu Beginn der Schwarz-Blauen Koalition im Jahr 2000 beharrte der Klubobmann der ÖVP, Andreas Khol, darauf, dass man das Wort Austrofaschismus nicht in den Mund nehmen dürfe, weil »faschistisch« seiner Meinung nach nur die Nationalsozialisten gewesen seien.[189] Bis heute tut sich die ÖVP schwer mit dem Terminus »Austrofaschismus«, weil dadurch die Gegnerschaft der Christlichsozialen zu den Nationalsozialisten verdeckt würde. Darüber könnte man diskutieren, aber nicht so wie ÖVP-Kanzler Karl Nehammer, der den Begriff nur im Zusammenhang mit »Austromarxismus« diskutieren will. Dieses Aufrechnen-Wollen zeigt, wie verkrampft immer noch das Verhältnis zur Vergangenheit ist.[190]

Immerhin spricht die ÖVP neuerdings von »Kanzler-Diktatur«, wenn von der Dollfuß/Schuschnigg-Ära die Rede ist, und sie ist nun auch bereit, die »Ausschaltung« des Parlaments beim Namen zu nennen, anstatt weiterhin das von Dollfuß geprägte, geschichtsverzerrende Wort »Selbstausschaltung« zu verwenden. Dennoch war am 4. März 2023, als sich dieses unselige Ereignis zum 90. Mal jährte, eine gemeinsame Gedenkveranstaltung im österreichischen Parlament nicht möglich. Vielleicht nicht einmal angedacht. Derartiges Gedenken bleibt anderen überlassen, das offizielle Österreich befasst sich damit nicht.

## 17. Vergessene Geschichte in Traisen

Die SPÖ bekennt sich zwar bei offiziellen Anlässen zur Gedenkkultur und zeigt sich um die »Zukunft der Demokratie« besorgt, aber das historische Fundament, das Wissen um die eigene Geschichte und das Interesse daran drohen immer mehr verloren zu gehen.

Das bemerke ich in letzter Zeit besonders in meiner Heimatgemeinde Traisen. Dort erinnert nichts mehr an das Jahr 1934. Ebenso wenig an das Jahr 1938: Bevor man auf dem Platz, wo einst das Geschäftshaus der jüdischen Familie Tichler stand, den kleinen Gedenkstein mit den Namen der ermordeten Mitglieder dieser Familie entdeckt, bleibt der Blick stattdessen an einem riesigen Drachen aus Aluminium hängen, einem Fabeltier, das der Sage zufolge durch eine Sturzflut aus dem Inneren eines Berges bei Lilienfeld hierher geschwemmt worden und verendet sein soll.

Die Sage ist offenbar wichtiger als die Wirklichkeit, als die Zeitgeschichte des Ortes, zumindest scheint sie unverfänglicher. Will man hier durch Vergessen etwas ungeschehen machen, oder warum sonst verdeckt man die politische Realität des 20. Jahrhunderts mit einem solchen Pseudo-Denkmal? Oder man hat sich einfach gar nichts dabei gedacht?

Und auch an das Jahr 1945, als die Front mitten durch den Ort ging, soll offenbar nichts mehr erinnern. In meiner Kindheit gab es auf dem Friedhof von Traisen eine eigene Abteilung mit Soldatengräbern. Etwa 200 weiße Holzkreuze zeigten an, dass hier russische und deutsche Soldaten begraben liegen, manche mit, manche ohne Namen. Später erzählten Eltern ihren Kindern, dass dies Kindergräber seien. Den Krieg wollte man ihnen offenbar verschweigen. Heute sind auch die weißen Holzkreuze längst verschwunden. Lediglich beim Urnenhain im hintersten Winkel wurde ein völlig nichtssagendes Mahnmal gegen Krieg und Terror errichtet. Erklärt das etwas? Macht es uns begreiflich, was geschehen ist?

Traisen ist bis heute eine tiefrote Gemeinde. Aber wenn ich den sozialdemokratischen Bürgermeister frage, warum es all die Zeugnisse der Geschichte nicht mehr gibt, dann versteht er mich nicht. Dort, wo vor kurzem noch die 310er-Häuser standen, klafft nun eine Lücke, wie ich schon berichtet habe. Parkplätze statt Gemeindebauten, das kann doch nicht die Entwicklung meiner Sozialdemokratie sein, der Bewegung, für die mein Vater alles gegeben hat?!

Da und dort verschwinden die sichtbaren Zeichen. Irgendwann wird es wahrscheinlich auch das Grab meiner Eltern nicht mehr geben. Aber darum geht es nicht. Es geht um ein öffentliches Erinnern, darum, politische Fehler nicht mehr zu wiederholen. Dazu braucht es als Basis historisches Wissen. Politiker, die kein Bewusstsein, keine Verbindung mehr zur Vergangenheit ihrer Bewegung haben, agieren im luftleeren Raum, ihnen fehlt die Bodenhaftung.

Bei meinem letzten Besuch in Traisen im Juni 2022 erzählte ich dem Bürgermeister, wie es mit meinem Buchprojekt steht. Da und dort seien noch Ergänzungen nötig, müssten noch Quellen recherchiert werden. Bereitwillig hatte er mich ja das Archiv im Keller durchstöbern lassen, das ebenso ungeordnet wie unbemerkt dort liegt. Warum sich über die austrofaschistische Zeit keinerlei Dokumente finden ließen, konnte er mir nicht sagen, es schien ihn auch nicht zu interessieren. Ihn interessierte vielmehr der heimische Motorsport, worüber er auch schon einige Bücher veröffentlich habe, wie er mir mit Stolz erzählte. Sofort kam die Rede auf Rupert Hollaus, die bekannte Motorsportlegende aus Traisen, Motorrad-Weltmeister in der 125er-Klasse. Hollaus wurde 1931, drei Jahre vor dem Bürgerkrieg, hier geboren, 1954 verunglückte er, wie Jochen Rindt, tödlich in Monza. Noch heute wird er in Traisen als Held verehrt. An sein Begräbnis, ich war damals sechs, erinnere ich mich noch dunkel. Sein pompöses Grab befindet sich nicht weit von dem meiner Eltern entfernt, auch ein Denkmal ziert die Stätte.

Ich hörte den begeisterten Ausführungen des Bürgermeisters zu – aber was hatte das alles mit der Geschichte meiner Eltern zu tun, ich war doch nach Traisen gekommen, um Dokumente über das Jahr 1934 zu finden. Als ich wieder zu Hause war, rief ich erstmals den Wikipedia-Eintrag über Traisen auf, in dem der Name Hollaus natürlich unter den »Persönlichkeiten« der Gemeinde gereiht ist. Neben ihm auch ein Fußball- und ein Baseballspieler. Man erhält einen kurzen Überblick über Gemeindegliederung, Geografie und Geschichte, Kultur und Sehenswürdigkeiten, Wirtschaft, Politik. Ich las mich von oben nach unten, folgte der Chronologie der Entwicklung: Dass Traisen im Altertum Teil des keltischen Königreichs Noricum gewesen sei, 1926 zum Markt erhoben wurde und die heutige Marktgemeinde ihren Namen dem Fluss Traisen verdanke, der durch sie fließe. Das war alles. Unter »Politik« erfuhr ich noch, dass der Gemeinderat 23 Mitglieder hat: 16 SPÖ, 5 ÖVP und 2 FPÖ. Kein einziges Wort zum Jahr 1934, nichts über das Kriegsende im April 1945. Die Stahlgießerei der VÖEST wird genannt, aber der Arbeiterstreik von 1905 bleibt ebenso unerwähnt wie die Waffenproduktion im Ersten Weltkrieg.

Wären das nicht alles interessante Themen, fragte ich mich. Fehlt aber das Interesse an und das Wissen über geschichtliche Ereignisse, fehlt auch die dazugehörige Nachdenklichkeit. Und für die politische Gestaltung fehlt immer mehr das Fundament. (Seit kurzer Zeit hat Traisen eine neue Homepage, da kommt die Geschichte des Ortes überhaupt nicht mehr vor; das zuvor sehr ausführliche Kapitel über den Heimatdichter Walter Sachs etwa fehlt völlig.) Wie man am Beispiel der Gemeinde Traisen sieht, hat das zum Verlust der eigenen Geschichte und damit Identität geführt. Was bleibt dann übrig?

Meinen Vater hätte es sicherlich geschmerzt, hätte er voraussehen können, dass sich eines Tages selbst in seiner Partei niemand mehr für die Sache interessieren würde, der er sein Leben gewidmet hatte. Dabei wäre es ihm nicht um seine Person gegangen. Ob man sich neunzig Jahre nach dem Bürgerkrieg noch an seinen Namen erinnert oder nicht, wäre ihm völlig unwichtig gewesen, aber die Nöte der Menschen damals, ihre Bedürfnisse und ihre Ansprüche an ein demokratisches System und eine sozial gerechte Welt, das dürfte doch niemals vergessen werden. Und auch: Dass man einmal bereit war, für Demokratie und soziale Gerechtigkeit zu kämpfen und dafür sogar sein Leben zu opfern. Dass man sein Leben der Bewegung widmete und dem Bestreben, die Gesellschaft zum Besseren zu verändern. »Seien wir doch Republikaner!«, schreibt mein Vater am Ende seines Buches über die Arbeiterbewegung im Traisental, und dieser Ruf kommt mir immer mehr als Mahnung an uns Heutige vor, für die die demokratische Gesellschaft mit ihren Freiheiten so selbstverständlich geworden ist, dass gar nicht mehr darüber nachgedacht wird, welchen Kampf es bedeutet hatte, dieses Ziel zu erreichen und als Errungenschaft zu festigen.

Wir sollten uns das wieder bewusst und den politischen Diskurs wieder lebendig machen. So hat es mein Vater immer gehalten, im Wissen, dass es unbequem ist: »Denn das, was die Republik erst als Staatsform bestehen lässt, die Demokratie also, das gegenseitige Geltenlassen, das wahrhafte, unvoreingenommene Gespräch, das sachliche Abwägen der Tatsachen und Argumente, ist ja ungleich schwerer darzustellen, zu durchdenken und vor allem zu l e b e n. Aber darauf kommt es an.«[191]

# Ferdinand Lacina: Nachwort

In einer entspannten und bislang kultivierten Diskussion zwischen Sozialpartnern über die politischen Verhältnisse im Österreich der Zwischenkriegszeit fallen die Worte eines Funktionärs der Industriellenvereinigung, die Wilhelmine Goldmann zum Titel ihres Buches macht: »Rote Banditen«. Gemünzt ist es zweifellos auf Sozialdemokrat*innen, auf Gewerkschafter*innen, auf die Arbeiter*innenbewegung, jenen Teil des Volkes, dem Nähe zur Kriminalität unterstellt wird.

Nicht minder schockiert war ich selbst einmal, als ein Mitarbeiter der Kammer der gewerblichen Wirtschaft, der etwas über den Durst getrunken hatte, einen seiner Kollegen als »Rote Sau« bezeichnete. Ich erkundigte mich dann beim so Titulierten, der mir nur die Erklärung geben konnte, dass er mit der Tochter eines SPÖ-Funktionärs befreundet sei. In der Gegenwart genügen den Funktionären der Volkspartei abschätzige Bemerkungen wie »Rote Gfraster« (Khol) oder »Rotes Gsindl« (Mikl-Leitner). Ein weiteres skurriles Erlebnis die Wertschätzung von Sozialdemokrat*innen betreffend kann ich aus meiner Zeit als Politiker beisteuern. Am Rande eines Ministerrates stellte mir eine gestylte Ministerkollegin der ÖVP die unerwartete Frage: »Wieso sind eigentlich eure Frauen so schiach?« Nach einer Pause der Verblüffung war ich immerhin imstande zu antworten, dass diese Frage wohl dem diskreten Charme der Bourgeoisie zu verdanken wäre, dem meine Kollegin erlegen sei.

Als »Roter« sollte man die Haltung unserer Bourgeoisie aber nicht allzu tragisch nehmen. Leider gibt es den im Französischen klaren Unterschied zwischen *citoyen* und *bourgeois* im Deutschen nicht, beide werden als Bürger bezeichnet. Dies führt zu dem verheerenden Irrglauben, dass Bürger unseres Landes in Wirklichkeit nur jene sein können, die sich als »Bürgerliche« fühlen. Viele Jahre hat mich in meinem politischen Denken die Vorstellung beherrscht, dass die Sozialist*innen über die Nummer Zwei bei Wahlen nicht hinauskämen. Zwar gelang es der SPÖ in den Nationalratswahlen 1953 und 1959, eine Mehrheit der Stimmen zu erreichen, die

Mehrheit der Mandate verblieb hingegen bei der ÖVP, dank eines Wahlrechts, das die städtischen Wahlkreise benachteiligte. Die Wahlen 1970 brachten daher ein sensationelles Ergebnis. Erstmals hatte die SPÖ die relative Mandatsmehrheit erreicht, 1971 sogar die absolute. Der Bundeskanzler hieß Bruno Kreisky. Nun musste eine Peinlichkeit diskret beseitigt werden: Das Parteistatut der ÖVP sah nämlich vor, dass der Bundeskanzler der Republik automatisch Mitglied des Parteivorstandes der Volkspartei ist. Eine geradezu naturgesetzlich fundierte Bestimmung musste revidiert werden, auch wenn Kreisky dieses Privileg wohl ohnehin nicht in Anspruch genommen hätte. Jene, die das Statut entworfen und beschlossen hatten, waren von derselben Vorstellung geprägt, wie ich sie viele Jahre lang hatte, nur eben umgekehrt.

In den jüngsten Debatten um Integration und Staatsbürgerschaft feiern die Vorurteile von gestern fröhliche Wiederauferstehung. Wenn ein immer größer werdender Anteil von in Österreich Ansässigen Steuern und Abgaben zahlt, Menschen, die unser Sozialsystem mitfinanzieren, oft hier geboren sind, aber vom Wahlrecht ausgeschlossen bleiben, verblasst der Unterschied zum Kurienwahlrecht der vordemokratischen Epoche.

Das Ehepaar Lettner lernte ich an einem schönen Sommertag kennen, als ich von der Schwester Wilhelmine Goldmanns, Gerda, in den Garten in Traisen eingeladen wurde. An diesem Tag lernte ich auch einen alten Freund Franz Lettners kennen, der über seine Zeit in den Internationalen Brigaden im Spanischen Bürgerkrieg berichtete. Wilhelmine Goldmann schreibt von einem Brief Franz Lettners an mich, an den ich mich beim besten Willen nicht erinnern kann. Gern hätte ich mit ihm auch über die Gegenwart der sozialdemokratischen Bewegung diskutiert, von seinen Erfahrungen gelernt. Jeder, der in diesem Buch den Bericht über sein Leben liest, wird mein Bedauern verstehen.

Von Minna Lettners Berufstätigkeit erfuhr ich erst später. Sie war Prokuristin eines Familienbetriebs, der Firma Fried. von Neuman in Marktl, aber wohl die eigentliche Chefin des Unternehmens. Jahre nach ihrer Pensionierung kam das Unternehmen, das auf Veränderungen des Marktes zu spät reagiert hatte, in existenzielle Probleme. Die Nachricht von der Gefährdung der Arbeitsplätze erreichte auch Bundeskanzler Kreisky. Es war ein Betrieb, der in einer strukturschwachen Gegend lag, noch dazu im Wahlkreis des Kanzlers. Der war – zwar in Wien wohnhaft – schon in der Ersten Republik von der Sozialistischen Arbeiterjugend nach Niederösterreich entsendet worden. Dort sollte der Intellektuelle wohl zeigen, dass er nicht nur gescheit reden, sondern in einem schwierigeren Umfeld auch organisieren, überzeugen konnte.

1981 frühstückte Bruno Kreisky in Zürich, als ihm Alexander Grupp, österreichischer Generalkonsul in Stuttgart, im Hotel über den Weg lief. Spontan fragte der Kanzler den deutschen Unternehmer, ob er Interesse an einem Unternehmen der Aluminiumverarbeitung in Österreich habe, das sich im Ausgleich befände. Alexander Grupp war bereit, sich die Sache anzusehen. Damals war ich Kabinettschef bei Kreisky und immer wieder auch mit Problemen akut gefährdeter Unternehmen befasst. Kreisky berichtete mir von dem Gespräch mit Alexander Grupp und gab mir den Auftrag, mit ihm Kontakt aufzunehmen. An der Sanierung des Unternehmens hatte Kreisky ein ganz besonderes Interesse, das mich verblüffte. Er erinnerte daran, dass der damalige Eigentümer der Firma Fried. von Neuman Präsident der niederösterreichischen Industriellen gewesen sei. Er habe vor dem Streik und den Demonstrationen am 1. Mai 1890 mit Victor Adler, dem Vorsitzenden der Sozialdemokraten, Kontakt aufgenommen und mit ihm einen Burgfrieden für diesen Tag – der ersten Maidemonstration – vereinbart. Die *Neue Freie Presse* schrieb am 1. Mai 1890: *»Die Soldaten sind in Bereitschaft, die Tore der Häuser werden geschlossen, in den Wohnungen wird Proviant vorbereitet wie vor einer Belagerung, die Geschäfte sind verödet, Frauen und Kinder wagen sich nicht auf die Gasse«*. Victor Adler saß zwar wegen »anarchistischer Umtriebe« gerade im Gefängnis, aber der Burgfrieden hielt. In Wien zogen mehr als 100.000 Arbeiterinnen und Arbeiter in den Prater, ebenso wurde in vielen Industriegebieten Österreichs die Streikparole befolgt, aber es kam zu keinen Ausschreitungen. Friedrich Engels bemerkte dazu: *»Feind und Freund sind sich einig darüber, dass auf dem ganzen Festland Österreich,* *und in Österreich Wien den Festtag des Proletariats am glänzendsten und würdigsten begangen hat.«*

So gab es also viele gute Gründe, um die Erhaltung des Betriebes Fried. von Neuman zu kämpfen. Mit Hilfe des wirtschafts- und sozialpolitischen Instrumentariums, insbesondere mit der Unterstützung von Sozialminister Alfred Dallinger, gelang es, ein attraktives Angebot für einen Investor zu machen. In Gesprächen mit Generalkonsul Grupp und seiner Frau schnürten wir ein Paket, das Arbeitsplätze erhalten und die Umstrukturierung des Betriebes unterstützen sollte. Alexander Grupp meinte, die Sanierung des Unternehmens sei ein Gesellenstück für seinen Sohn Cornelius. Sieht man sich heute die Liste der Grupp-Beteiligungen an österreichischen Unternehmen an, so muss man wohl feststellen, dass dem Sohn das mehr als gelungen ist. Das Land Niederösterreich hatte – wie in allen anderen Sanierungsfällen – jegliche Hilfe verweigert. Aber das hinderte Landeshauptmann Pröll nicht, 15 Jahre später die Sanierung als »tolles Beispiel« zu würdigen, die Vorgeschichte ließ er jedoch unerwähnt.

Bruno Kreisky, vor allem als Außenpolitiker profiliert, war 1968 in einer Kampfabstimmung zum Vorsitzenden der SPÖ gewählt worden. Sein Ziel war die Modernisierung des Landes. Reformen auf vielen Gebieten, beispielsweise die längst überfälligen im Familien- und Strafrecht, standen auf seinem Programm. Ebenso die Öffnung und der Ausbau der Bildungseinrichtungen, von den höheren Schulen bis zu den Universitäten. Am Beispiel jener Hochschule, die wir beide, Wilhelmine Goldmann und ich, absolvierten, kann der Reformstau demonstriert werden. Die Autorin berichtet über den Volkswirtschaftsprofessor Walter Heinrich, Schüler Othmar Spanns und Vertreter des Universalismus, der den berüchtigten Korneuburger Eid der Heimwehren (»Wir verwerfen den westlichen demokratischen Parlamentarismus und den Parteienstaat«) verfasst hatte. Sein Kollege als Nationalökonom war Richard Kerschagl, ehemals hochrangiger Funktionär im Austrofaschismus. Von seinen Vorlesungen ist mir in Erinnerung, dass er die Studentinnen gerne verdächtigte, auf der Hochschule nur einen »Jagdschein« erwerben zu wollen, auf der Pirsch nach einem der zukünftigen Firmenerben unter der Studentenschaft. Wirtschafts- und

Sozialgeschichte lehrte der seinerseits gleichzeitig dem katholischen Cartellverband und einst der NSDAP angehörende Taras Borodajkewycz.

Übrigens war es kein Zufall, dass der Linken nahestehende, aus der Emigration zurückgekehrte Nationalökonomen an österreichischen Universitäten keine Chance hatten, einen Lehrstuhl zu ergattern. Einmal wurde eine Habilitationsschrift abgelehnt, weil sie in englischer Sprache verfasst worden war, ein andermal wurde bemängelt, die italienische Literatur sei zu wenig berücksichtigt. Und im Fall Eduard März ließ sich ein Hochschulprofessor zu dem tiefsinnigen Wortspiel herab, dass dieser eher *ausgemerzt* werden sollte.

Unter den Student*innen sah es politisch kaum anders aus. Mitte der Sechzigerjahre saßen mir als Vertreter der Sozialistischen Studenten in der Hochschülerschaft der »Welthandel« sieben Vertreter des ÖVP-nahen Wahlblocks und drei Vertreter des Rings Freiheitlicher Studenten gegenüber. Es genügte schon, auf der Hochschule während einer Vorlesungspause Dokumente zur Geschichte der NSDAP und ihrer Herrschaft zu lesen, um von Kollegen angepöbelt zu werden.

Da tauchte man in eine ganz andere Wirklichkeit, wenn man an Diskussionen in der Wirtschaftswissenschaftlichen Abteilung teilnehmen konnte. Wilhelmine Goldmann hatte – so wie ich – den Vorteil, die mangelnde Bildung an der Hochschule durch unsere Tätigkeit in der Wiener Arbeiterkammer auszugleichen. Leiter der Wirtschafswissenschaftlichen Abteilung war der oben erwähnte Eduard März, in den USA Schüler und Mitarbeiter von Joseph Schumpeter, 1953 nach Wien zurückgekehrt. Ebenso aus der britischen oder amerikanischen Emigration zurückgekommen waren die Mitarbeiter*innen Maria Szecsi, Peter Milford, Philipp Rieger und Theodor Prager. Auf anglo-amerikanischen Universitäten ausgebildet formten sie die jüngeren Kollegen – Erwin Weissel, Ernst Eugen Veselsky, Oskar Grünwald. Ihnen folgte eine neue Generation, unter anderen Brigitte Ederer, Wilhelmine Goldmann, Susanne Valter, Günther Chaloupek, Herbert Ostleitner, Hannes Swoboda.

Zurück zu Bruno Kreisky: Ihm war bewusst, dass ein Vorurteil die Chancen eines sozialdemokratischen Reformvorhabens behinderte: Die

SPÖ sei meisterhaft, was das Verteilen von Gütern betreffe, aber nicht imstande, deren Produktion zu befördern. Sie hätte »keine Wirtschaftskompetenz«. Tatsächlich war auch in den Koalitionsregierungen das Schlüsselressort Finanzen immer ein Monopol der ÖVP gewesen. Das von Kreisky initiierte Wirtschaftsprogramm musste also das Kernstück der sozialdemokratischen Alternative werden. Die »Ökonomischen Konferenzen« brachten eine Vielzahl von Anregungen, die schließlich in einem »Programm zur Reform der österreichischen Wirtschaft« mündeten. Die Aufgabe der Zusammenfassung und Präsentation der einzelnen Kapitel entfiel auf Heinz Kienzl, damals Leiter der volkswirtschaftlichen Abteilung des Gewerkschaftsbundes, Hannes Androsch, damals Sekretär des Parlamentsklubs der SPÖ, und die Mitarbeiter*innen der Wirtschaftswissenschaftlichen Abteilung der Arbeiterkammer. Heute kaum vorstellbar: Der Parteivorstand der SPÖ diskutierte in einer zweitägigen Klausur mit den Leitern der Arbeitskreise intensiv die Formulierungen des Wirtschaftsprogramms. Die Politiker*innen widersprachen den Experten das eine oder andere Mal, sie holten sie des Öfteren auf den Boden der Realität zurück. Beispielsweise kam eine der Forderungen, in Österreich einen einheitlichen Strompreis einzuführen, bei den Vertretern der westlichen Bundesländer gar nicht gut an. Insgesamt erfüllte das Programm aber seine Funktion – ein glaubwürdiges Dokument für die Nationalratswahl 1970 zu sein.

Aber ich will die Geschichte nicht verklären. Wilhelmine Goldmann gibt eine Reihe von Hinweisen auf die Benachteiligung von Frauen, auch in Institutionen der Arbeiter*innenbewegung. Als Leiter der Wirtschaftswissenschaftlichen Abteilung in der Nachfolge von Eduard März hatte ich ein Erlebnis, das für die Vorurteile gegenüber Frauen als Illustration dienen kann. Damals gab es in der Arbeiterkammer die Möglichkeit, in Form eines Volontariats halbtägig zu arbeiten. Als ich beantragte, eine der Volontärinnen nach Abschluss ihres Studiums in eine Ganztagsarbeit zu überstellen, wurde ich zur Kammerleitung gerufen. Dies sei aber die letzte Frau, die wir aufnehmen könnten, wurde mir gesagt, es seien ja jetzt schon fast die Hälfte in der Abteilung weibliche Bedienstete. Auf die Frage nach dem Grund für diese Entscheidung wurde ich der Naivität geziehen, müsste ich doch wissen, dass die Frauen nach ihrer (teuren) Ausbildung an den Herd zurückkehrten. Übrigens, die Frau, um die es damals ging, hieß Brigitte Ederer.

Das ist vierzig Jahre her. Inzwischen haben zwei Präsidentinnen, Lore Hostasch und Renate Anderl, die Arbeiterkammer geleitet. Es hat sich viel verändert seither, aber nicht genug und nicht überall.

# Anmerkungen

1 SDAP steht für Sozialdemokratische Arbeiterpartei, die Vorläuferin der SPÖ.

2 Krankenakte Wilhelmine Lettner: Niederösterreichisches Landesarchiv, Heil- und Pflegeanstalt Mauer-Öhling, Patientenakten, Aktenzahl 00/1934.

3 Der Republikanische Schutzbund wurde am 31.3.1933 von der Regierung Dollfuß aufgelöst, bestand jedoch im Untergrund weiter.

4 Schönleitner versteckte sich am nächsten Tag bei seinem Schwager und wurde erst am 14. Februar verhaftet. Am 18. April bat er »inständigst« mit »besonderer Hochachtung« um Haftentlassung. (Niederösterreichisches Landesarchiv, Kreisgericht St. Pölten, Vr 266/34.)

5 Interview mit Franz Sattler am 23.3.2008.

6 Ebenda. Mein Vater Franz Lettner teilte später einige Zeit eine Gefängniszelle mit eben diesem Wilderer. Eine der wenigen Geschichten, die ich ihn hatte erzählen hören, war die, dass der Wilderer wie ein gereizter Tiger in der Zelle hin und her lief, während mein Vater ruhig auf seiner Pritsche saß. »Wie hältst du das aus, so ruhig dazusitzen?«, herrschte ihn der Wilderer an. »Na ja, ich bin halt kein Wilderer«, antwortete mein Vater lakonisch. Diese Episode kennzeichnet gut seinen gänzlich undramatischen Charakter. Nichts konnte ihn so leicht aus der Ruhe bringen, und das war eine wichtige Eigenschaft, um all das, was nach dem 12. Februar auf ihn zukam, durchzustehen.

7 In Niederösterreich standen die Sturmscharen, angeführt vom Bauernbunddirektor Leopold Figl, dem späteren Bundeskanzler der 2. Republik, nicht im Gegensatz zur Heimwehr wie im übrigen Österreich, im Gegenteil, hier hatte die katholisch-politische Wehrformation sogar die Niederösterreichische Heimwehr aufgenommen.

8 Franz Lettner: *Aus der Arbeiterbewegung im Traisental*. Traisen 1970, S. 94.

9 Luis Lew: *1934–1945. Vom Widerstand gegen Faschismus und Krieg in Traisen und Umgebung*, hg. von der KPÖ-Bezirksleitung Traisen. Traisen o. J. [1985], S. 8.

10 Lettner, Aus der Arbeiterbewegung im Traisental, S. 94f.

11 Ebenda.

12 Ebenda.

13 Erinnerungen von August Sattler, zur Verfügung gestellt von Frau Mag. Brigitte Knapp-Sattler. August Sattler bewirtschaftete damals die Naturfreundehütte auf der Hinteralm.

14 Lebenserinnerungen meiner Mutter, mitgeteilt in einem Brief an Josef Podlipnig, 18.8.1981.

15 Ebenda.

16 Die Familie von Lenz war bis zum Ende des Ersten Weltkriegs sowohl wirtschaftlich wie politisch tonangebend in Traisen: der Industrielle und Reichsratsabgeordnete Alfred von Lenz (1832–1907), die Söhne Dipl.-Ing. Alfred von Lenz (geb. 1861), Guido (1863–1916), Dr. Arthur und Edgar von Lenz, die maßgeblich die Geschicke der Gemeinde bestimmten.

17 Die *Volkstribüne* erschien als »Organ für die Interessen des arbeitenden Volkes« zwischen 1891 und 1917 halbmonatlich im sozialistischen Vorwärts-Verlag in Wien. 1905

war Franz Schuhmeier der verantwortliche Herausgeber und Ludwig August Bretschneider der leitende Redakteur.

18 Franz Schuhmeier (1864–1913), legendärer Arbeiterführer, wegen seines oft agitatorischen Auftretens als »Volkstribun von Ottakring« und mitreißender Redner bekannt, wenngleich seine demagogische Redeweise und sein Vorstadtdialekt auch innerhalb der Sozialdemokratie als derb empfunden wurden. 1900 war er neben Jakob Reumann der erste sozialdemokratische Gemeinderat in Wien, ein Jahr später wurde er auch in den Reichsrat gewählt. Schuhmeier war in der Redaktion der *Arbeiter-Zeitung* tätig und gründete 1891 die *Volkstribüne*. 1913 wurde er von Paul Kunschak, dem Bruder des christlichsozialen Politikers Leopold Kunschak, erschossen. Der Täter, offenbar geistig verwirrt, hatte Schuhmeier für seine Arbeitslosigkeit und soziale Not verantwortlich gemacht.

19 *Volkstribüne*, Nr. 27, 6.7.1905, S. 7.

20 Dipl.-Ing. Alfred von Lenz (geb. 1861). Nachdem schon sein Vater von 1894 bis 1900 Bürgermeister in Traisen gewesen war, bekleidete auch er das Amt des Bürgermeisters von 1908 bis 1917. Auch seine Brüder Edgar und Dr. Arthur von Lenz waren in der Gemeindepolitik tätig. Alle vier Brüder wurden mit der Ehrenbürgerschaft von Traisen ausgezeichnet.

21 Karl Kraus: *Die letzten Tage der Menschheit*, München 1974, S. 307–309.

22 Nach seinem Buch *Aus der Arbeiterbewegung im Traisental*, 1970, verfasste er das *Heimatbuch der Marktgemeinde Traisen*, eine ebenso umfangreiche Dokumentation, die 1974 erschien.

23 Unveröffentlichte Erinnerungen meines Vaters.

24 *Jacob Levy Moreno und das Barackenlager Mitterndorf*, Archiv für Geschichte der Soziologie in Österreich, Universität Graz 2012, http://agso.uni-graz.at/mitterndorf/index.htm (aufgerufen am 20.2.2022).

25 Kostburschen oder Kostgeher waren Arbeiter, die bei einer Familie oder in einem Wirtshaus verbilligt essen durften.

26 Lebenserinnerungen meiner Mutter, mitgeteilt in einem Brief an Podlipnig 1981.

27 Unveröffentlichte Erinnerungen von Franz Lettner.

28 Ernst Fischer: *Erinnerungen und Reflexionen*. 2. Aufl., Frankfurt/Main 1987, S. 72–89.

29 Alfred Pfoser/Andreas Weigl: *Die erste Stunde null. Gründungsjahre der österreichischen Republik 1918–1922*. Salzburg–Wien 2017, S. 20.

30 Die erkämpfte Republik 1918/19 in Fotografien, Ausstellung im Wien Museum 2018.

31 In Österreich fielen ca. 21.000 Menschen der Spanischen Grippe zum Opfer, https://de.wikipedia.org/wiki/Spanische_Grippe.

32 Diese wurde nach den ersten freien Wahlen von der konstituierenden Nationalversammlung im Februar 1919 im Amt bestätigt. Der christlichsoziale Jodok Fink war Vizekanzler, Ferdinand Hanusch Staatssekretär für Soziale Fürsorge, Julius Deutsch für das Heerwesen, Otto Bauer für Äußeres.

33 Zitiert nach: Norbert Christian Wolf: *Revolution in Wien. Die literarische Intelligenz im politischen Umbruch 1918/19*. Wien 2018, S. 190.

34 Julius Deutsch, *Aus Österreichs Revolution*, S. 33

35 Vgl. Hellmut Andics: *50 Jahre unseres Lebens. Österreichs Schicksal seit 1918*.

Wien–München–Zürich 1968, S. 31. Andics nennt als Quelle eine Resolution des sozialdemokratischen Parteitags zur Wehrfrage.

36 Bernhard Kuschey: *Eine sozialdemokratische Geschichte der Ersten Österreichischen Republik. Politische Taktik in Arbeiterräten und Arbeiterjugend, dem Republikanischen Schutzbund und der SDAP(D)Ö.* Typoskript, Archiv des Vereins für Geschichte der ArbeiterInnenbewegung, Wien, Sign.: 5749.

37 Walter Göhring/Brigitte Pellar/Ferdinand Hanusch: *Aufbruch zum Sozialstaat*. Wien 2003, S. 199.

38 Ebenda.

39 Lettner, Arbeiterbewegung im Traisental, S. 73.

40 Ferdinand Hanusch: »Volkswirtschaft und Sozialpolitik«, in: *Arbeit und Wirtschaft*, Nr. 1, 1923, S. 8ff.

41 Brief Renners an Hanuschs Witwe 1923, in: Siegfried Nasko: *Karl Renner. Zu Unrecht umstritten? Eine Wahrheitssuche.* Salzburg–Wien 2016, S. 71f.

42 Norbert Leser: *Zwischen Reformismus und Bolschewismus*, Wien 1968, S. 319.

43 Gemeinderatssitzungsprotokoll der Gemeinde Traisen vom 1.10.1923, S. 183.

44 Ernst Hanisch: *Der große Illusionist. Otto Bauer (1881–1938).* Wien–Köln–Weimar 2011, S. 199.

45 Hannes Leidinger/Verena Moritz: »Das Kriegswirtschaftliche Ermächtigungsgesetz (KWEG) vor dem Hintergrund der österreichischen Verfassungsentwicklung«, in: Florian Wenninger/Lucile Dreidemy: *Das Dollfuß/Schuschnigg-Regime 1933–38. Vermessung eines Forschungsfeldes.* Wien–Köln–Weimar 2013, S. 449–470.

46 Jacques Hannak: *Renner und seine Zeit*, Wien 1965, S. 405.

47 Karl Renner, 1953 über Ignaz Seipel und Otto Bauer.

48 Hanisch, Der große Illusionist, S. 201.

49 Unveröffentlichtes Manuskript von Franz Lettner, 1987.

50 Weblexikon der Wiener Sozialdemokratie, http://dasrotewien.at/seite/republikanischer-schutzbund (aufgerufen am 9.4.2022).

51 Lettner, Arbeiterbewegung im Traisental, S. 73.

52 *Volkswacht*, Nr. 3/1923, hier zitiert nach: Lettner, Arbeiterbewegung im Traisental, S. 74.

53 Unveröffentlichte Erinnerungen meines Vaters sowie Akten der Bezirkshauptmannschaft Lilienfeld (Niederösterreichisches Landesarchiv) aus 1931.

54 Unveröffentlichte Erinnerungen von August Sattler, zur Verfügung gestellt von Mag. Brigitte Knapp-Sattler.

55 Gemeinderats-Sitzungsprotokoll vom 21. Oktober 1931.

56 *Volkswacht*, Nr. 52/1925, hier zitiert nach: Lettner, Arbeiterbewegung im Traisental, S. 77.

57 Unveröffentlichte Erinnerungen von August Sattler, zur Verfügung gestellt von Mag. Brigitte Knapp-Sattler.

58 Ebenda.

59 Ebenda.

60 Andics, 50 Jahre unseres Lebens, S. 155f.

61 *Arbeiter-Zeitung* (Morgenblatt), 15.7.1927, S. 2.

62 Andics, 50 Jahre unseres Lebens, S. 157.

63 Lettner, Arbeiterbewegung im Traisental, S. 88.
64 *Arbeiter-Zeitung* vom 28.7.1927.
65 *Volkswacht*, Nr. 14/1927, hier zitiert nach Lettner, Arbeiterbewegung im Traisental, S. 77.
66 Im Rückblick bezeichnete Kreisky es als falsch, nicht entschiedener den Kompromiss gesucht zu haben, um in dieser kritischen Phase in der Regierung zu sein. »Meiner Meinung nach war das die letzte Chance zur Rettung der österreichischen Demokratie. [...] Ganz gewiß aber wäre es nicht zum 12. Februar 1934 gekommen.« (Bruno Kreisky: *Zwischen den Zeiten. Erinnerungen aus fünf Jahrzehnten*, Berlin 1986, S. 196.)
67 Vgl. das Kapitel »Die Verfassung«.
68 Zitiert nach Lettner, Arbeiterbewegung im Traisental, S. 90.
69 Lew, 1934–1945, S. 4f.
70 Es handelte sich dabei um Pius Schneeberger, den Führer der Land- und Forstarbeiter, der jahrelang mit Dollfuß in der Versicherung der Land- und Forstarbeiter zusammengearbeitet hatte und, da er weder als jüdisch noch als marxistisch-intellektuell galt, ein Kompromisskandidat gegenüber Otto Bauer gewesen wäre. (Vgl. Lettner, Arbeiterbewegung im Traisental, S. 91, der hier aus Otto Tschadeks Buch *Erlebtes und Erkanntes*, 1956, zitiert).
71 Emmerich Talos: *Das austrofaschistische Herrschaftssystem. Österreich 1933–1938*. 2. Aufl., Wien 2013, S. 248.
72 Ebenda, Ausspruch von Vaugoin im Ministerratsprotokoll 880, 490.
73 *Neue Freie Presse*, 12. September 1933.
74 Lettner, Arbeiterbewegung im Traisental, S. 92.
75 Ebenda.
76 *Wiener Zeitung*, Nr. 42, 12.2.1934, S. 2. Mein Vater zitiert Fey mit mehr Drastik: »Morgen schon werden wir mit dem Aufräumen beginnen, und wir werden ganze Arbeit leisten.« (Lettner, Arbeiterbewegung im Traisental, S. 93).
77 »Es sprach gegen jede Vernunft, den Kampf dorthin zu verlegen, wo Frauen und Kinder waren.« (Kreisky, Zwischen den Zeiten, S. 198).
78 Lettner, Arbeiterbewegung im Traisental, S. 93.
79 Zitiert nach: Lettner, Arbeiterbewegung im Traisental, S. 104.
80 Für die nachfolgenden Ausführungen vgl. Lettner, Arbeiterbewegung im Traisental, S. 101ff.
81 Zitiert nach: Lew, 1934–1945, S. 8.
82 Ebenda.
83 Über die Rolle von Julius Deutsch urteilt Kreisky ebenso scharf wie eindeutig: »Der Hauptschuldige, wenn man von einem solchen überhaupt reden will, war ohne Zweifel der Obmann des Schutzbundes, Julius Deutsch. Dadurch, dass er seine Führungsrolle nach den blutigen Ereignissen weiterhin als selbstverständlich betrachtete, machte er sich bei uns besonders unbeliebt.« (Kreisky, Zwischen den Zeiten, S. 198).
84 Kreisky, Zwischen den Zeiten, S. 198.
85 Lew, 1934–1945, S. 8.
86 Ebenda.
87 Lettner, Arbeiterbewegung im Traisental, S. 93.
88 Kreisky, Zwischen den Zeiten, S. 203.

89 https://de.wikipedia.org/wiki/Koloman_Wallisch#cite_note-13 (8.7.2022).
90 Kreisky, Zwischen den Zeiten, S. 203.
91 Beschluss Kreisgericht St. Pölten, Abt 9, am 14. März 1955, 9 s 1226/54.
92 Nö. Landesarchiv, Kreisgericht St. Pölten, Vr 1934, 258/34, Akt Johann Hoys (sic!), Rohrbach.
93 Ebenda.
94 Nö. Landesarchiv, Kreisgericht St. Pölten, Vr 1934, 287/34, Akt Viktor Rauchenberger, Rohrbach.
95 Lettner, Arbeiterbewegung im Traisental, S. 96.
96 Siehe die Abbildung bei Lew, 1934–1945, S. 7.
97 Der heute bestehende, größere Grabstein stammt aus dem Jahr 1974, er trägt die Inschrift: »Sie gaben als Sozialisten ihr Leben für Freiheit und Demokratie«.
98 Unter ihren Gegnern kursierte der Spottvers: »Hahnenschwänzler, Hahnenschwänzler, bist ein armer Tropf. Was der Hahn am Hintern hat, trägst du stolz am Kopf.«
99 Eine ausführliche Dokumentation der Geschichte des Schutzbunds, seiner Führer und seines Versagens sowie der Hilflosigkeit und der politischen Fehler der damaligen Sozialdemokratischen Partei bietet das unveröffentlichte Manuskript von Bernhard Kuschey im Archiv des Vereins für Geschichte der ArbeiterInnenbewegung: *Eine sozialdemokratische Geschichte der Ersten Österreichischen Republik. Politische Taktik in Arbeiterräten und Arbeiterjugend, dem Republikanischen Schutzbund und der SDAP(D)Ö*, Typoskript, VGA-Sign: 5749.
100 Franz Sattler, Interview vom 23.3.2008.
101 Bruno Wochner, Interview vom 7.10.2010.
102 Otto Bauer erlag am 4. Juli 1938 in Paris im Alter von 56 Jahren einem Herzinfarkt.
103 Ab hier ist die Quelle ihrer Aussagen stets das Anamnesegespräch vom 25.3.1934 in der Krankenakte.
104 Franz Rauscher, Wiener Sozialdemokrat und Schutzbündler, beim Sozialistenprozess 1935 zu einer Haftstrafe von 10 Monaten in Wöllersdorf verurteilt, 1939 von der Gestapo verhaftet und ins KZ Buchenwald gebracht. Nach 1945 Mitbegründer der SPÖ, 1946/47 Staatssekretär im Bundesministerium für Vermögenssicherung und Wirtschaftsplanung, 1945–49 Nationalratsabgeordneter, kritisierte die Entscheidung meines Vaters, 1938 dem Druck der Nazis nachgegeben zu haben.
105 Krankenakte Wilhelmine Lettner, Krankenbeobachtung.
106 *St. Pöltner Zeitung*, Nr. 25/21.6.1934, S. 16.
107 So sahen es das Strafgesetz von 1852 und die Strafprozessordnung von 1873 vor (vgl. Taschenausgabe der österreichischen Gesetze. 4. Bd.: Strafgesetz/Preßgesetz, 15. Aufl., Wien 1884, S. 60), die Bestimmungen wurden in die Gesetzgebung der Ersten Republik übernommen.
108 Zitiert nach: Lettner, Arbeiterbewegung im Traisental, S. 104.
109 Zitiert nach: Lettner, Arbeiterbewegung im Traisental, S. 103; vgl. die gleichlautende Aussage in: *St. Pöltner Zeitung*, Nr. 24/21.6.1934, S. 16.
110 Zitiert nach: Lettner, Arbeiterbewegung im Traisental, S. 103. Diese Aussage wird, fast eins zu eins, auch in der St. Pöltner Zeitung vom 21. Juni 1934 wiedergegeben.
111 *St. Pöltner Zeitung*, Nr. 25/21.6.1934, S. 16.
112 Zitiert nach: Lettner, Arbeiterbewegung im Traisental, S. 104.

113 Ebenda, S. 103.

114 So meine Mutter in einem Brief an Josef Podlipnig am 12.5.1946.

115 Franz Lettner, unveröffentlichte Lebenserinnerungen.

116 Meine Großmutter hatte nach dem Tod ihres Mannes, Josef Lettner, ihren Arbeitskollegen Josef Stix geheiratet, Thoma war der Familienname meiner Tante Anna, der Schwester meines Vaters.

117 Joseph Buttinger: *Am Beispiel Österreichs. Ein geschichtlicher Beitrag zur Krise der sozialistischen Bewegung*. Köln 1953, S. 340f. und 349. Dass mein Vater damals von den Kommunisten »zurückgewonnen« worden wäre, beruht allerdings auf einem Irrtum Buttingers, der davon herrührt, dass mein Vater im Anhaltelager gemeinsam mit Kommunisten in einer Baracke untergebracht war.

118 Lettner, Arbeiterbewegung im Traisental, S. 106.

119 Ebenda.

120 Die Verhaftung in Salzburg erwähnt auch Joseph Buttinger (Am Beispiel Österreichs, S. 416): Mein Vater war gemeinsam mit dem Landesleiter der RS Salzburg, Josef Pfeffer, festgenommen worden, er hatte damals gerade die Stelle Podlipnigs eingenommen, der zuvor in Linz verhaftet worden war.

121 Hans und Steffi Kunke waren als Juden, Intellektuelle und linke Sozialisten unter den Nazis besonders gefährdet und wurden bereits 2 Monate nach dem Einmarsch verhaftet und in KZs eingewiesen. Hans wurde in Buchenwald erschossen, Steffi starb 1943 in Ausschwitz.

122 Es handelt sich wohl um Peperl Weikhart, langjähriger Bezirksobmann der SPÖ in Liesing.

123 Anhaltebescheid Wilhelmine Lettner, vom 10. Dezember 1936 (Nachlass Wilhelmine Lettner).

124 Ebenda.

125 Lettner, Arbeiterbewegung im Traisental, S. 108.

126 Ebenda.

127 Ebenda.

128 Ebenda.

129 Brief meiner Mutter an Josef Podlipnig, 12.5.1946.

130 Gerhard Zeillinger: *Überleben. Der Gürtel des Walter Fantl*. Wien 2018.

131 Susanne Schönbrunner: *Erdäpfelzeiten. Zeitzeugenberichte aus dem Bezirk Lilienfeld 1918–1955*. Berndorf 2011.

132 Brief meiner Mutter an Josef Podlipnig, 12.5.1946.

133 Brief Josef Podlipnigs an meinen Vater, 1.9.1946.

134 Lettner, Arbeiterbewegung im Traisental, S. 110.

135 Ebenda.

136 Vgl. die Liste in: Lettner, Arbeiterbewegung im Traisental, S. 111. Vgl. auch: https://johann-ebner.zurerinnerung.at/ (aufgerufen 3.5.2023).

137 Die »Rote Hilfe« war eine 1923 gegründete und von der KPÖ gelenkte überparteiliche Mitgliederorganisation, sie wurde 1933 verboten, bestand jedoch im Untergrund bis zum Ende des Zweiten Weltkriegs. Mitglieder sammelten Geld zur Unterstützung bedrohter Arbeiter, wobei sich die Solidarität nicht nur auf Kommunisten, sondern auch auf Sozialdemokraten und Parteilose bezog.

138 Brief meiner Mutter an Josef Podlipnig, 12.5.1946.
139 Er selbst hatte es abgelehnt, die Aufsicht zu übernehmen; Brief meiner Mutter an Josef Podlipnig, 12.5.1946.
140 Unveröffentlichte Erinnerungen meines Vaters.
141 Ebenda.
142 Brief meiner Mutter an Josef Podlipnig, 12.5.1946.
143 Vater der Krankenschwester Resi Lutz, die meine Mutter 1934 in Mauer-Öhling gepflegt hatte.
144 Gemeint ist die bei SS-Männern in den Oberarm eintätowierte Blutgruppe.
145 Vgl. die Zeitzeugenschilderung in: Schönbrunner, Erdäpfelzeiten, S. 263.
146 Vgl. die Chronologie der letzten Kriegstage auf: https://www.museumnoe.at/de/das-museum/blog/18-april-24-april-1945 (aufgerufen 3.5.2023). Zur Schadensbilanz vgl. auch Lettner, Arbeiterschaft im Traisental, S. 115.
147 Die Schutzhütte auf dem im niederösterreichischen Alpenvorland zwischen der Pielach und der Traisen gelegenen Kaiserkogel. Sie liegt auf 716 m und gehört dem Österreichischen Touristenklub, Sektion Eschenau-St. Pölten.
148 Dokument im Nachlass von Franz Lettner.
149 Antrag des Innenministeriums und Entschließung der Präsidentschaftskanzlei gemäß § 27 VG 1947 vom 12.8.1947, Aktenzahl 2912.
150 Brief Josef Podlipnigs vom 1.9.1946.
151 Ebenda.
152 Lettner, Arbeiterbewegung im Traisental, S. 124f.
153 Lettner, Arbeiterbewegung im Traisental, S. 123.
154 Brief Josef Podlipnigs vom 27. Jänner 1979.
155 Brief Josef Podlipnigs vom 19.12.1978.
156 Beamtenentschädigungsgesetz vom 18. Juli 1952, BGBl Nr. 181.
157 Brief Franz Lettners an Franz Horr vom 21.12.1953.
158 Lettner, Arbeiterbewegung im Traisental, S. 144.
159 Lew, 1934–1945, S. 5.
160 Vgl. Lew, der einen Bericht Bruckners von einer von den Kommunisten nach 1934 organisierten Versammlung zitiert, die verraten und von der Polizei ausgehoben wurde. (Lew, 1934–1945, S. 11).
161 Dokumentationsarchiv des österreichischen Widerstandes (DÖW), Spanienarchiv 25000/D003.
162 Gemeint ist Dr. Otto Wolken (1903–1975); vgl. Christoph Lind: *»… sind wir doch in unserer Heimat als Landmenschen aufgewachsen …«. Der »Landsprengel« der Israelitischen Kultusgemeinde St. Pölten: Jüdische Schicksale zwischen Wienerwald und Erlauf*, St. Pölten 2002, S. 141ff.
163 Diese Geschichte ist nicht verifizierbar und beruht wohl auf Legendenbildung nach dem Krieg. Vgl. ähnliche, auf Vom-Hören-Sagen beruhende Erzählungen bei Schönbrunner, Erdäpfelzeiten, besonders S. 268 und 305f.
164 Die BEA war eine der vier 1919 von Otto Glöckel gegründeten staatlichen Bundeserziehungsanstalten, die besonders begabten Kindern unabhängig von den Einkommensverhältnissen der Eltern und dem Wohnort den Besuch einer höheren Schule ermöglichen sollten. Die Standorte dieser unmittelbar dem Unterrichtsministerium

unterstellten Anstalten waren ehemalige k.k. Offiziers-Kadettenschulen, im Fall der BEA in Wien die einstige k.k. Franz-Joseph-Militärakademie, in deren Garten bis in die Siebzigerjahre ein Standbild Kaiser Franz Josephs (gleich dem im Burggarten) stand.

165 In der Juchgasse gab es damals ein Repassiergeschäft, das Nylonstrümpfe »repassierte«, d.h. die Laufmaschen auffing und sie wieder in Ordnung brachte. Nur ein kleiner, waagrechter Strich verriet, dass ein Strumpf »repassiert« war.

166 Der Ausspruch »Für so an' alten Faschisten, wie Du einer bist, ist der Arbeiter- und Angestelltenbund g'rad recht« wird vollständig zitiert in: https://igkultur.at/politik/oesterreich-schau-auf-deinen-schilling-und-behuete-den-lieben-gott-kulturpolitische (aufgerufen 3.5.2023).

167 Brief Karl Renners an Adolf Schärf, in: Jacques Hannak: *Karl Renner und seine Zeit*. Wien 1965, S. 699.

168 Andics, 50 Jahre unseres Lebens, S. 183.

169 https://austria-forum.org/af/AustriaWiki/Walter_Heinrich (aufgerufen 3.5.2023).

170 Das Bild des als so beflissen geltenden Adam Müller wurde erstmals in den 1960er-Jahren zurechtgerückt: *Der Spiegel* nannte ihn in seiner Ausgabe vom 19.11.1967 (Nr. 48) einen »Rechtsintellektuellen«.

171 Andics, 50 Jahre unseres Lebens, S. 603.

172 https://www.lotta-magazin.de/ausgabe/85/alternder-welterkl-rer (aufgerufen 3.5.2023).

173 https://de.wikipedia.org/wiki/Taras_Borodajkewycz (aufgerufen 3.5.2023).

174 Elisabeth Beer/Brigitte Ederer/Wilhelmine Goldmann et al.: *Wem gehört Österreichs Wirtschaft wirklich?* Wien 1991.

175 Die Österreichische Post- und Telegraphenverwaltung (ÖPT) wurde später in Post- und Telegraphenverwaltung (PTV), dann Post- und Telekom AG (PTA), schließlich in Post- und Telekom Beteiligungs Gesellschaft (PTBG) umbenannt.

176 *Profil*, 21.10.2014.

177 Armin Thurnher in *Falter*, Nr. 18/20, 29.4.2020, S. 5.

178 Isolde Charim: »Kurz. Der Sozialismus. Und der Feind«, in: *Falter*, Nr. 8/20, 19.2.2020, S. 9.

179 Ebenda.

180 In den österreichischen Medien am 8.10.2021 veröffentlicht.

181 In den österreichischen Medien am 7.2.2022 veröffentlicht.

182 Während einer Sitzung des parlamentarischen Verfassungsausschusses zum Thema ORF-Gesetz am 27.6.2001 bekundete Kohl: »Das Einzige, was sich ändern wird im ORF, ist, dass nicht wie früher ständig die roten Gfrieser aus dem Fernseher rinnen werden.«

183 Thomas Schmid am 12.3.2019 in einer Chat-Nachricht an seine Assistentin, nachdem er vom Finanzministerium an die ÖBAG-Spitze wechselte und dabei seinen Diplomatenpass abgeben musste, siehe https://www.derstandard.at/story/2000127224389/oh-gott-reisen-wie-der-poebel-die-causa-oebag-in (aufgerufen 3.5.2023).

184 *Profil*, Nr. 36, 1.9.2019, S. 80–84.

185 *Falter* 8/20, S. 9.

186 https://tvthek.orf.at/history/Die-Aera-Kreisky/6284171/Kreisky-LernenS-ein-bissl-Geschichte/6565177 (aufgerufen 3.5.2023).

187 *Oberösterreichische Nachrichten*, 12.2.2014, https://www.nachrichten.at/

politik/innenpolitik/Portisch-Es-gibt-keine-geteilte-Schuld-am-Buergerkrieg-1934;art385,1303484 (aufgerufen 3.5.2023).

188 Vgl. den Beitrag »Der designierte Innenminister und das Dollfuß-Museum in seiner Heimat« im *Standard* vom 6.12.2021, https://www.derstandard.at/story/2000131678077/der-designierte-innenminister-und-das-dollfuss-museum-in-seiner-heimat (aufgerufen 3.5.2023).

189 Bei einer Diskussionsveranstaltung im Wien Museum anlässlich der Präsentation von Lucile Dreidemys Buch *»Der Dollfuß-Mythos. Eine Biographie des Posthumen«* am 19.11.2014.

190 Zum bedenklichen Umgang der ÖVP mit Engelbert Dollfuß vgl. besonders: https://kontrast.at/engelbert-dollfuss-oevp/ (aufgerufen 3.5.2023).

191 Lettner, Arbeiterbewegung im Traisental, S. 144.

# Dank

Ich danke dem Verlag Promedia, der als einziger mein Buch verlegen wollte und es publiziert hat. Ich danke meinen Schreibfreundinnen Ana Znidar, Maxa Danesi und Angela Szivatz, die mich immer wieder ermuntert haben, weiter zu schreiben und nicht aufzugeben. Meiner Familie danke ich für ihre große Unterstützung und stetige Ermunterung. Ich danke meinen Eltern, die mir durch ihren Kampf für eine bessere Welt Vorbild und Inspiration waren. Meinen Kindern, Enkelkindern und deren Generation eine vergessene, aber gar nicht so ferne Vergangenheit näher zu bringen, war meine Motivation.

Besonderen Dank schulde ich Professorin Karin Harasser, die mein Manuskript sorgfältigst redigiert hat. Nicht zuletzt und vor allen anderen bin ich Gerhard Zeillinger zu Dank verpflichtet, der mir in der letzten Phase des Schreibens mit Rat und Tat zur Seite gestanden ist. Ohne ihn hätte ich das Buch nicht fertig geschrieben

*Wien, im Juli 2023*
*Wilhelmine Goldmann*

Friedrich Adler

## Vor dem Ausnahmegericht

### Das Attentat gegen den Ersten Weltkrieg. Herausgegeben von Michaela Maier und Georg Spitaler

ISBN 978-3-85371-406-5, br., 248 Seiten, 19,90 €

Bernhard Müller/
Constantin Weinstabl (Hg.)

## Sozialdemokratische Außenpolitik

### Historisches Selbstverständnis und aktuelle Ausblicke

ISBN 978-3-85371-484-3, br., 360 Seiten, 24,90 €